基督教经典译丛

何光沪 主编
副主编 章雪富 孙 毅 游冠辉

Apology

护教篇

[古罗马] 查士丁 著
石敏敏 译

三联书店

Simplified Chinese Copyright © 2014 by SDX Joint Publishing Company.
All Rights Reserved.

本作品中文简体版权由生活·读书·新知三联书店所有。
未经许可，不得翻印。

图书在版编目（CIP）数据

护教篇／（古罗马）查士丁著；石敏敏译．—北京：生活·读书·新知三联书店，2014.6 （2022.5 重印）
（基督教经典译丛）
ISBN 978-7-108-04939-1

Ⅰ.①护…　Ⅱ.①查…　②石　Ⅲ.基督教-护教学　Ⅳ.①B975

中国版本图书馆 CIP 数据核字（2014）第 052805 号

丛书策划	橡树文字工作室
特约编辑	刘　峣
责任编辑	张艳华
装帧设计	罗　洪
责任印制	董　欢
出版发行	生活·讀書·新知 三联书店
	（北京市东城区美术馆东街 22 号 100010）
网　　址	www.sdxjpc.com
经　　销	新华书店
印　　刷	北京隆昌伟业印刷有限公司
版　　次	2014 年 6 月北京第 1 版
	2022 年 5 月北京第 3 次印刷
开　　本	635 毫米 × 965 毫米　1/16　印张 16.75
字　　数	223 千字
印　　数	10,001-13,000 册
定　　价	45.00 元

（印装查询：01064002715；邮购查询：01084010542）

基督教经典译丛

总　序

何光沪

在当今的全球时代,"文明的冲突"会造成文明的毁灭,因为由之引起的无限战争,意味着人类、动物、植物和整个地球的浩劫。而"文明的交流"则带来文明的更新,因为由之导向的文明和谐,意味着各文明自身的新陈代谢、各文明之间的取长补短、全世界文明的和平共处以及全人类文化的繁荣新生。

"文明的交流"最为重要的手段之一,乃是对不同文明或文化的经典之翻译。就中西两大文明而言,从 17 世纪初以利玛窦(Matteo Ricci)为首的传教士开始把儒家经典译为西文,到 19 世纪末宗教学创始人、英籍德裔学术大师缪勒(F. M. Müller)编辑出版五十卷《东方圣书集》,包括儒教、道教和佛教等宗教经典在内的中华文明成果,被大量翻译介绍到了西方各国;从徐光启到严复等中国学者、从林乐知(Y. J. Allen)到傅兰雅(John Fryer)等西方学者开始把西方自然科学和社会科学著作译为中文,直到 20 世纪末叶,商务印书馆、生活·读书·新知三联书店和其他有历史眼光的中国出版社组织翻译西方的哲学、历史、文学和其他学科著作,西方的科学技术和人文社科书籍也被大量翻译介绍到了中国。这些翻译出版活动,不但促进了中学西传和西学东渐的双向"文明交流",而且催化了中华文明的新陈代谢,以及中国社会的现代转型。

清末以来,先进的中国人向西方学习、"取长补短"的历程,经历了两大阶段。第一阶段的主导思想是"师夷长技以制夷",表现为洋务运动之向往"船坚炮利",追求"富国强兵",最多只求学习西方的工业技术和物质文明，结果是以优势的海军败于日本，以军事的失败表现出制度的失败。第二阶段的主导思想是"民主加科学"，表现为五四新文化运动之尊崇"德赛二先生"，中国社会在几乎一个世纪中不断从革命走向革命之后，到现在仍然需要进行民主政治的建设和科学精神的培养。大体说来，这两大阶段显示出国人对西方文明的认识由十分肤浅到较为深入，有了第一次深化，从物质层面深入到制度层面。

正如观察一支球队，不能光看其体力、技术，还要研究其组织、战略，更要探究其精神、品格。同样地，观察西方文明，不能光看其工业、技术，还要研究其社会、政治，更要探究其精神、灵性。因为任何文明都包含物质、制度和精神三个不可分割的层面，舍其一则不能得其究竟。正由于自觉或不自觉地认识到了这一点，到了20世纪末叶，中国终于有了一些有历史眼光的学者、译者和出版者，开始翻译出版西方文明精神层面的核心——基督教方面的著作，从而开启了对西方文明的认识由较为深入到更加深入的第二次深化，从制度层面深入到精神层面。

与此相关，第一阶段的翻译是以自然科学和技术书籍为主，第二阶段的翻译是以社会科学和人文书籍为主，而第三阶段的翻译，虽然开始不久，但已深入到西方文明的核心，有了一些基督教方面的著作。

实际上，基督教对世界历史和人类社会的影响，绝不止于西方文明。无数历史学家、文化学家、社会学家、艺术史家、科学史家、伦理学家、政治学家和哲学家已经证明，基督教两千年来，从东方走向西方再走向南方，已经极大地影响，甚至改变了人类社会从上古时代沿袭下来的对生命的价值、两性和妇女、博爱和慈善、保健和教育、劳动和经济、科学和学术、自由和正义、法律和政治、文学和艺术等等几乎所有生活领域的观念，从而塑造了今日世界的面貌。这个诞生于亚洲或"东方"，传入了欧洲或"西方"，再传入亚、非、拉美或"南方"的世界第一大宗教，现在因为信众大部分在发展中国家，被称为"南方宗教"。但是，它本来就不属于任何一"方"——由于今日世界上已经没有一个国家没有其存在,所以它已经不仅仅在宗教意义上,而且是在现实意义上展现了它"普世宗教"的本质。

因此,对基督教经典的翻译,其意义早已不止于"西学"研究或对西方文明研究的需要,而早已在于对世界历史和人类文明了解的需要了。

这里所谓"基督教经典",同结集为"大藏经"的佛教经典和结集为"道藏"的道教经典相类似,是指基督教历代的重要著作或大师名作,而不是指基督徒视为唯一神圣的上帝启示"圣经"。但是,由于基督教历代的重要著作或大师名作汗牛充栋、浩如烟海,绝不可能也没有必要像佛藏道藏那样结集为一套"大丛书",所以,在此所谓"经典译丛",最多只能奢望成为比佛藏道藏的部头小很多很多的一套丛书。

然而,说它的重要性不会"小很多很多",却并非奢望。远的不说,只看看我们的近邻,被称为"翻译大国"的日本和韩国——这两个曾经拜中国文化为师的国家,由于体现为"即时而大量翻译西方著作"的谦虚好学精神,一先一后地在文化上加强新陈代谢、大力吐故纳新,从而迈进了亚洲甚至世界上最先进国家的行列。众所周知,日本在"脱亚入欧"的口号下,韩国在其人口中基督徒比例迅猛增长的情况下,反而比我国更多更好地保存了东方传统或儒家文化的精粹,而且不是仅仅保存在书本里,而是保存在生活中。这一事实,加上海内外华人基督徒保留优秀传统道德的大量事实,都表明基督教与儒家的优秀传统可以相辅相成,这实在值得我们深长思之!

基督教在唐朝贞观九年(公元635年)传入中国,唐太宗派宰相房玄龄率官廷卫队到京城西郊欢迎传教士阿罗本主教,接到皇帝的书房让其翻译圣经,又接到皇宫内室听其传讲教义,"深知正真,特令传授"。三年之后(公元638年),太宗又发布诏书说:"详其教旨,玄妙无为,观其元宗,生成立要。……济物利人,宜行天下。"换言之,唐太宗经过研究,肯定基督教对社会具有有益的作用,对人生具有积极的意义,遂下令让其在全国传播（他甚至命令有关部门在京城建造教堂，设立神职，领赐肖像给教堂以示支持）。这无疑显示出这位大政治家超常的见识、智慧和胸襟。一千多年之后，在这个问题上，一位对中国文化和社会贡献极大的翻译家严复，也显示了同样的见识、智慧和胸襟。他在主张发展科学教育、清除"宗教流毒"的同时，指出宗教随社会进步程度而有高低之别，认为基督教对中国民众教化大有好处："教者，随群演之浅深为高下，而常有以扶民性之偏。今假景教大行于此土，其能取吾人之缺点而补苴之，殆无疑义。且吾国小民之众，往往自有生以来，未受一言之德育。一旦有人焉，临以帝天之神，时为耳提而面命，使知人理之要，存于相爱而不欺，此于教化，岂曰小补！"（孟德斯鸠《法意》第十九章十八节译者按语。）另外两位新文化运动的领袖即胡适之和陈独秀，都不是基督徒，而且也批判宗教，但他们又都同时认为，耶稣的人格精神和道德改革对中国社会有益，宜于在中国推广（胡适：《基督教与中国》；陈独秀：《致〈新青年〉读者》）。

当然，我们编辑出版这套译丛，首先是想对我国的"西学"研究、人文学术和宗教学术研究提供资料。鉴于上述理由，我们也希望这项工作对于中西文明的交流有所贡献；还希望通过对西方文明精神认识的深化，对于中国文化的更新和中国社会的进步有所贡献；更希望本着中国传统中谦虚好学、从善如流、生生不已的精神，通过对世界历史和人类文明中基督教精神动力的了解，对于当今道德滑坡严重、精神文化堪忧的现状有所补益。

尽管近年来翻译界出版界已有不少有识之士，在这方面艰辛努力，完成了一些极有意义的工作，泽及后人，令人钦佩。但是，对我们这样一个拥有十几亿人口的千年古国和文化大国来说，已经完成的工作与这么巨大的历史性需要相比，真好比杯水车薪，还是远远不够的。例如，即使以最严格的"经典"标准缩小译介规模，这么一个文化大国，竟然连阿奎那（Thomas Aquinas）举世皆知的千年巨著《神学大全》和加尔文（John

Calvin)影响历史的世界经典《基督教要义》,都尚未翻译出版,这无论如何是令人汗颜的。总之,在这方面,国人还有漫长的路要走。

本译丛的翻译出版,就是想以我们这微薄的努力,踏上这漫长的旅程,并与诸多同道一起,参与和推动中华文化更新的大业。

最后,我们应向读者交代一下这套译丛的几点设想。

第一,译丛的选书,兼顾学术性、文化性与可读性。即从神学、哲学、史学、伦理学、宗教学等多学科的学术角度出发,考虑有关经典在社会、历史和文化上的影响,顾及不同职业、不同专业、不同层次的读者需要,选择经典作家的经典作品。

第二,译丛的读者,包括全国从中央到地方的社会科学院和各级各类人文社科研究机构的研究人员,高等学校哲学、宗教、人文、社科院系的学者师生,中央到地方各级统战部门的官员和研究人员,各级党校相关教员和有关课程学员,各级政府宗教事务部门官员和研究人员,以及各宗教的教职人员、一般信众和普通读者。

第三,译丛的内容,涵盖公元1世纪基督教产生至今所有的历史时期。包含古代时期(1—6世纪)、中古时期(6—16世纪)和现代时期(16—20世纪)三大部分。三个时期的起讫年代与通常按政治事件划分历史时期的起讫年代略有出入,这是由于思想史自身的某些特征,特别是基督教思想史的发展特征所致。例如,政治史的古代时期与中古时期以西罗马帝国灭亡为界,中古时期与现代时期(或近代时期)以17世纪英国革命为界;但是,基督教教父思想在西罗马帝国灭亡后仍持续了近百年,而英国革命的清教思想渊源则无疑应追溯到16世纪宗教改革。由此而有了本译丛三大部分的时期划分。这种时期划分,也可以从思想史和宗教史的角度,提醒我们注意宗教和思想因素对于世界进程和社会发展的重要作用。

中国人民大学宜园
2008年11月

目　录

中译本导言 .... 格伦·汤普森　1
第一护教篇 ....　1
第二护教篇
　——致罗马元老院 ....　59
与特里弗的对话 ....　73

译名对照表 ....　240
译后记 ....　243

中译本导言

格伦·汤普森*

公元2世纪早期,基督教会开始迅速发展。由于基督徒举行私人崇拜,避免参加传统的公共宗教节日,就有谣言开始流传,说他们的崇拜仪式里有乱伦、吃人等不道德行径。人们开始不断地向罗马政府指控他们。当时有一位名叫小普林尼的罗马高官受图拉真皇帝(98—117年在位)委派,到罗马行省庇推尼(Bithynia)和本都(Pontus,今天的土耳其西北部)帮助规范行省的财政。当时他在那里处理行政事务,接到需要审判的其他司法案件,其中包括许多被指控为基督徒的案件。普林尼便写信给图拉真,请教如何处理这些基督徒案件。这封信今天尚存。在信中,图拉真同意了普林尼的提议:如果他们不向异教诸神祷告并咒诅基督,就把他们处死。

在这期间,有些基督徒作出回应,以书面申诉皇帝,否定乱伦的不实谣言,解释基督教的基本信念。这些人被称为护教者,他们的作品就称为护教篇(apologies,源于希腊文"*aplolga*"一词"辩护")。两百年后,优西比乌(Eusebius)在他著名的《教会史》第四卷里,用很大篇幅讨论了这些作者和作品,认为这是教会发展史的关

---

* 格伦·汤普森(Glen L. Thompson),美国威斯康星路德学院历史学教授、教父学专家,现任教于香港路德学院。

键时期。他把这场运动的开端追溯到图拉真统治时期一位名叫夸德拉图斯（Quadratus）的基督徒，说"夸德拉图斯写给图拉真的信，包含对我们信仰的辩护，因为一些恶人企图给我们[基督徒]找麻烦。很多弟兄，还有我本人，都仍然保存着这份文件。它清楚地显示了夸德拉图斯的聪明才智，也表明了他知道正确的使徒教训）。"（4.3.1）

优西比乌还提到其他作者，如跟随夸德拉图斯领导的埃里乌斯·亚里斯蒂德（Aelius Aristides），然后写道，"查士丁，对真哲学的真正热爱者"（4.8.3）。后来，优西比乌又称查士丁是"活跃在那些时代的人中最著名的一位，他以哲学家的方式为圣道辩护，也在他的作品中为信仰战斗"（4∶11.8）。优西比乌在第四卷里花了超过四分之一的篇幅介绍查士丁和他的作品，可见在他看来，查士丁是多么重要的人物。

查士丁的生平

查士丁是体现罗马帝国时期地中海文化多样性的一个最佳例子。他成长于罗马殖民地弗拉维亚·尼阿波利斯[Flavia Neapolis，圣经所言的示剑（Shechem），今天的纳布卢斯（Nablus）]的撒玛利亚（Samaria，巴勒斯坦中部）。当殖民地于1世纪70年代早期建立时，他的父母或者祖父母就移民到那里（护一1.1）。他们很可能是原先住在东地中海的另一头，在殖民地建立之后搬到弗拉维亚的操希腊语者。他们以某种方式，最有可能是通过在罗马军队里服役，取得了罗马公民的身份。他的家庭既不是犹太人，也不是基督徒。关于他的生平，我们只能从他自己的作品，优西比乌的一些评论，以及关于他殉道的一则简短说明——被认为有一定的历史根据——搜集到仅有的信息。

查士丁出生于100年至114年之间，从小接受希腊式教育。他先学了阅读和写作，然后开始研究希腊哲学。他经年旅游，学习一系列哲学观点，最先是斯多葛主义，然后是逍遥学派和毕达哥拉斯学派，最后是柏拉图主义（对话2.6）。在此期间他肯定接触到许多基督徒，他们受逼迫和面临死亡时的勇敢以及自信给他印象深刻（护二12.1）。最后，约于第二次犹太战争之际（132—135年），一位"智慧老人"帮助他归信基督教（对话8.1）。

他的归信并不是外在地改变他的生活方式。他仍然以哲学家的身份旅行、教学，但如今他宣称耶稣基督的信息高于所有其他哲学。有一段时间他显然在以弗所教学，因为据说他与犹太人特里弗的对话就发生在那里。后来（约148—161年），他在罗马居住并教学了一段时间（护一1.46）。在那里他建立了一个学派，发表他的护教篇。著名的基督徒学者塔提安（Tatian）是他的学生之一。他也与异教哲学家克雷桑（Crescens）以及其他人争论基督教的功德。可能是克雷桑这个激烈反对基督教的人，或者另一个不知名的人，最终使查士丁以及其他六位信徒（其中几位是他的弟子）被捕，为信仰而死。根据《殉道》（*Martyrdom*）记载，此事发生在朱尼乌斯·卢斯提库斯（Junius Rusticus）任罗马总督（162—168年）期间。

护教者查士丁

当基督教传到罗马世界时，它与希腊—罗马文明的两个对应方面——宗教和哲学发生了冲突。希腊罗马的神话传说及文学中保存着对传统十二主神的崇拜，社会的多个层面践行着这种崇拜。这些都是为了确保家庭、城市、帝国的安全和繁荣。构成崇拜核心的祭祀和公共节日得到公众的资助，所有居民都被要求参加。基督徒却拒绝参加，不免有冒犯之嫌。

虽然希腊罗马宗教力图保持神人之间的良好关系，但它没有为人际交往提供详尽的道德结构，也没有回答人与宇宙的关系或者关于人的必死性这类宏大问题。过去几个世纪的希腊（以及后来的罗马）思想家对这些问题作出了针锋相对的回答。早期的希腊思想家（今天称为前苏格拉底学派）早已研究过这些问题，即使不是系统的研究；他们运用理性，对这些问题不断革新，作出新的回答。后来的哲学三巨头苏格拉底、柏拉图和亚里士多德将这样的论证推向新的完善水平，希腊化各学派（犬儒学派、斯多葛学派、伊壁鸠鲁学派、毕达哥拉斯学派、智者学派以及其他许多学派）则进一步发展。基督教出现之后，也宣称要回答这些问题，但基本上基于神圣启示，就是犹太圣经里可以找到的、由拿撒勒人耶稣及其门徒所阐释的神启，这种进路受到大多数哲学学派的嘲笑。

像查士丁这样的护教者力图解释基督教的宗教和哲学进路，以便消除人们对基督教所产生的误解。基督徒诚然不崇拜传统诸神，但他们不是无神论者，相反，他们崇敬独一、全能的创造主上帝。在崇拜中，他们为邻人、城市和皇帝祷告，所以他们是良民，不是要助长无宗教倾向，也不是要削弱国家政权。他们的宗教其实有一套比其他宗教更令人信服的道德法则，所以他们也不是要削弱社会的道德结构。虽然他们的一些信念在传统的逻辑范畴里没有意义，但护教者们常常利用哲学方法和哲学术语表明，基督教信仰并不是完全非理性的，它具有一种内在贯通性和合理性，这是其他哲学学派所缺乏的。果真如此，那么基督徒岂不应当大受欢迎，至少是可以容忍的，而不是受逼迫、被追捕并被处死？他们是在帮助人建立更强大、更道德的帝国，而不是损害它。查士丁和其他护教者力图表明"哲学是真理，理性是属灵权能，而基督教是两者的实现）。"[1]

然而，教会的敌人并非只有异邦的宗教和哲学。基督教宣称，拿撒勒的耶稣是犹太圣经即旧约里预言的弥赛亚，但大部分犹太宗教领袖都拒斥那样的宣称。随着基督教的发展，也由于犹太人反罗马统治的两次暴动（66—73年和133—135年）失败，教会与犹太会堂之间的敌意日益加深。甚至在基督教会内部，

---

[1] L. E. Barnard, *Justin Martyr: The First and Second Apologies*, ACW 56 (NY: Paulist, 1997), p. 3.

也往往难以确定基督徒生活的宗教习俗与犹太人奉行的礼仪之间应当是什么关系。

此外，教会自身里出现了大量教义。基督信仰与其说与希腊宗教相似，不如说与希腊哲学更相似，因为它的特点是一个包含核心信念的信仰体系。新加入的基督徒被要求在那些信念上接受教导，理解它们，然后心甘情愿地认信它们，并按照它们生活——即使那最终意味着死亡。随着教会的发展，关于构成信仰的最准确教义是什么的问题出现了不同的观点。由于永恒救赎依赖于准确信念，所以这些分歧引起热烈的讨论，最后往往以产生持不同教义的独立团体而告结。

2世纪的护教者也在应对这些挑战。如果需要在基督教与异教和哲学信念的关系上作出解释，并捍卫信仰，那么也需要从它与犹太教的关系角度阐述信仰，回应犹太教师对基督徒提出的误读旧约的指控。随着教会内部的纷争日益剧烈，出现了专门检查并驳斥主流教会及其教义中产生的"其他教义"或异端的专论。

查士丁的一生和他的文字作品都在处理这些问题。他幸存的两篇作品，《第一护教篇》和《第二护教篇》是针对异教和外邦哲学为基督教提供哲学上的辩护，另外一篇保留下来的作品《与特里弗的对话》篇幅稍长，是一位犹太教师与查士丁之间的一场友好争论。在争论中，查士丁捍卫基督教对旧约作出的解释，以及它的观点：耶稣是旧约里众多关于弥赛亚的预言的成全。我们认为这三篇作品保存在一部独立手稿中。①

查士丁还写过一些作品讨论基督教会内部的假教义。有一篇比较综合性的，叫《驳一切异端》(*Against All Heresies*)（护一26.8），另一篇是《驳马西昂》(*Against Marcion*)（爱任纽 *Adv. her.* 4.6.2 也反驳这

---

① Paris, Bibliothèque Nationale, Gr. 450, written in 1363.

一异端），马西昂或许是2世纪中叶罗马最著名的基督教异端和分裂主义者。这两篇作品和查士丁的其他一些作品都在几个世纪中佚失了。①虽然保存下来的归于查士丁之名的引证有几十种之多，但能令人信服地证明是真迹的极少。有些较为完整的作品保存下来也被冠以查士丁之名，但几乎可以肯定不是出于他笔下。②因此，他作为最伟大的护教者之一的名誉主要基于他的两篇《护教篇》以及《对话》。现在我们就来看看这三篇作品。

《第一护教篇》

从文本本身看，查士丁两篇《护教篇》之间的关系并不清楚，学者们对这个问题也一直没有统一看法。《第二护教篇》似乎是一份独立的文件，写在《第一护教篇》之后。③《第一护教篇》写给安东尼·庇护皇帝（138—161年在位）和他的两个养子：马可·奥勒留和卢修斯·韦鲁斯，他们都是未来的皇帝。写作时间只能大概确定是140年至155年，再精确就难了。④

作为希腊教育的一部分，查士丁应该精通公共演讲的基本原则和范式，所以我们可以预料，本作品必定遵循那些宽泛的范畴和惯例。它将法庭辩论（forensic speech，力求确定过去事件的真相）的目标和

---

① 早期和中世纪的资料在引用中所提到的查士丁著作有如下题目：《论复活》（On the Resurrection），（见下一注）；《驳希腊人》（Against the Greeks）；《驳斥》（Refutation）；《论上帝的一》（Concerning the Unity of God）以及《诗篇》（Psalter）。
② 这些作品包括，Address to the Greeks；Hortatory Address to the Greeks；On the Sole Government of God；Letter to Diognetus；Exposition of the True Faith；Replies to the Orthodox；Christian Questions to Gentiles；Gentile Questions to Christians；Letter to Zenas and Serenus；and Refutation of Certain Doctrines of Aristotle。
③ Minns 和 Parvis 最近指出，《第二护教篇》的最后两章其实是《第一护教篇》的结尾，《第二护教篇》的其他章节都是查士丁作品的残篇，随意拼凑在一起，并没有什么顺序（Justin, Philosopher and Martyr, pp. 21 - 31）。
④ 文中提到哈德良的特殊"朋友"Antinouos 的死（130年），也提到犹太 Bar Kochba 暴动（132—136年）是最近的事，这表明作品写于2世纪40年代早期。但是从它的行文看，当时马西昂异端似乎已经广为传播，而那是50年代才发生的事。它还说基督出生于150年前（约46年），所以150年上下这个时间应该不会相差太远。

形式与协商演讲（deliberative oration，针对某个话题力求说服听者）结合起来。它按传统分法分成六十八章，开头是传统的引言（1），接着简短地概述对基督徒提出的指控，呼吁更加公正的听证（2—3），驳斥对这种新信仰提出的指控（4—13），然后提出主要论证，表明基督教就其自身来说不应被看作恶教而拒斥（14—67），结尾的概述估计是为了激发听众赞同这样的论证（68）。然而，在不偏离这个一般性大纲的前提下，查士丁不时地离题，随意插入另外的话题，让人感觉整部作品具有个人特点，有点随性而作。

他一开头就说，理性命令人应当跟随真理，拒斥并惩处邪恶，对基督徒也应当这样，对他们进行正式调查，只有确证他们犯了罪才定罪（2—3）。但是现在，基督徒只因他们所拥有的这个称号被判刑，即便他们像苏格拉底那样，是基于理性否认传统诸神（4—5）。对他们的主要指控都是假的：他们虽然不信诸神，但他们不是无神论者，而是一神论者，敬拜万物之创造主。他们承认自己是基督徒，是因为他们诚实，过着善良生活，死亡不能吓倒他们；他们是好公民，不惧怕被上帝亲自审判（6—13）。

查士丁警告读者不要被鬼魔误导。他指出，社会各阶层和各民族中有许多人在成为基督徒之后，彼此和睦地过着新的生活，努力遵循基督制定的更为严厉的道德法则（14—16），其中包括缴税的义务（17）。基督徒相信死人复活，但他们的教义绝不比占卜者的更坏，与某些希腊哲学学派教导的也并无很大不同（18—22）。真正非理性的是异教教义，而基督教的许多教义可与希腊神话传说相类比（21—22）。但基督徒相信这些事是基于极其古老的旧约启示，它说，耶稣基督是上帝的独生子，他成了人，做人类的教师（23）。然而，唯有基督徒受到惩罚，其他伪宗教分子行真正可羞耻的事，却逍遥法外；基督徒不弃婴，也不行放荡淫乱之事（24—29）。

基督远不只是一位行神迹者，他是弥赛亚预言的成全者。摩西、以赛亚、弥迦、西番雅和其他先知就将有一位弥赛亚要到来作了大量预言——这位弥赛亚也要被他自己的民拒斥（30—38）。这一信息由他的十二门徒向全世界传播，当归信者被指控为基督徒时，他们高兴地面对死亡，而不是说虚谎的话（39）。旧约的预言确信基督的永恒统治，所以当他们描述这样的预言时用的是过去时态（40—42）。每个人都可选择行善或作恶，每个人必因此各受报应。柏拉图和其他人通过阅读旧约和摩西作品得知其中一些真理（43—45）。

尽管基督活在世上只是150年前的事，但基督教不是一种新的宗教，因为基督是上帝的头生子，他的事工救赎或定罪所有活在他前面的人（46—47）。很早以前就有预言说，耶路撒冷要被毁，基督要医治病人，使死人复活，他要受苦并受死作为赎价，外邦人要接受他，犹太人要拒斥他（48—51）。既然那么多诸如此类的预言都已经成真，基督徒相信，基督要在荣耀里二次来临审判世界的预言也必将成真（52—53）。其他人看起来似乎也行同样的神迹，但那是借着鬼魔的力量拙劣的仿效，不是真正的大能（54—58）。柏拉图和其他人所获得的真理是从摩西继承来的（59—60）。

基督教的洗礼不同于异教庙宇里所奉行的洒水礼，它要先有教导，还包括承认过去的罪和重生（61—62）。这是借着基督的名，以及在旧约时代已经存在的圣灵的名而行的。新加入的基督徒可以一起祷告，也可以参加圣餐（感谢祭）（63—66）。主日聚会用来教导这些真理，诵读"使徒福音书和先知书"，祷告，集资捐助有需要的人。所以，理性必会促使皇帝学习他父亲哈德良的做法。最后，查士丁附上哈德良的一封信，信里吩咐，只有提供了作恶的证据，才能惩罚基督徒（68）。①

---

① 学者们通常认为哈德良的这封信是真实的。在保存下来的手稿中，另有一封模仿它的信，据称是安东尼·庇护发出的（CPG 1074）。这表明查士丁的《护教篇》说服了皇帝，使他改变了政策。这第二封信也保存在优西比乌的《教会史》里（4.13），但似乎是2世纪晚期或3世纪伪造的作品。

《第二护教篇》

所有证据似乎都表明查士丁的《第一护教篇》从来没有被皇帝看到过，或者至少没有对帝国政策产生任何影响。在它写完一段时间后，罗马发生的一件事促使查士丁再次拿起笔，那就是三位基督徒被罗马城的总督乌尔比库斯（144—160 年）批捕，并被立即处决（护二 1）。事件的起因是一个异教徒正式指控力图与他离婚的妻子是基督徒。教导她基督教的人和另一名基督徒也被一同处决，不是因为任何恶行，仅仅因为他们是基督徒（2）。查士丁觉得他本人和基督团契里的其他人有遭受同样命运的危险，这种恨意很大程度上是由一个名叫革勒士的犬儒学派哲学家激起的。他在城里的名声就是靠煽动市民反对基督徒得来的，但他"完全没有读过基督教的教义"（3）。①

查士丁接着再次概述为何基督徒应当与其他人一样，按照他们的行为审判，而不能只是因为有"基督徒"这个名称就被定罪。上帝交给他们在地上传播好消息的工作，这就是为什么尽管他们永远不会自杀，但他们愿意被处死，宁死也不愿否认基督的原因（4）。堕落天使和鬼魔造出这个世界上的恶，但基督比他们更强大，能够克服他们的恶（5—6）。上帝必带来审判，但现在他延迟审判，是为了基督徒和他们正在为他做的工（7）。

正如以前的一些哲学家仅仅因为遵循逻各斯②赐给他们的教训而受到惩罚，同样，如今，基督徒得到完整的逻各斯信息，他们不应因遵循教义而受到惩罚（8）。虽然人们对何谓善恶可能观点不一，但这并不意味着没有善恶（9）。由于基督徒得赐耶稣的完全教义，完全逻各斯，

---

① 在这份保存手稿的第八章和第九章中，有关于革勒士的内容。而优西比乌曾引用过这内容，并说它属于第二章之后的内容（《教会史》4.16—17）。大多数版本和译者都接受优西比乌的这一说法，认为这种可能性更大。

② *Logos* 为希腊语，意思是"教训，话语"。在希腊哲学里它有非常多的含义，基本上都与某种能够把真理传递给人类的神圣理智有关。《约翰福音》用 *Logos* 来描述耶稣本人以及他的教训。

所以他们愿意为自己的信仰而死（10）。关于基督徒的许多虚假故事是断章取义产生的。基督徒过着有道德的生活，因为他们知道他们的行为将受到上帝的审判（12）。虽然柏拉图、斯多葛主义者和其他人发现了部分真理，但基督徒拥有整个"深植的种子"（逻各斯），所以拥有整个真理（13）。最后查士丁请求皇帝准许公开他的诉求，并发布一则通令，命令法庭公正处理基督徒（14）。反过来基督徒将一如既往地祷告"愿全地的人配得真理"，愿他们的统治者公正地审判各人（15）。

《第二护教篇》在篇幅上只有《第一护教篇》的四分之一。它几乎没有添加什么新材料，但它进一步发展了查士丁关于"深植的逻各斯"的思想。我们可以明白为何有些学者把它看作查士丁作品的摘录什锦。

《与特里弗的对话》

《与特里弗的对话》是查士丁的第三篇作品，它的篇幅是《第一护教篇》的三倍（现代编辑把它分成142章）。本文的特点和文风与后者也完全不同。它并非为反对罗马政府追捕及处死基督徒的政策、捍卫基督教教义而作，而是要使我们透过本文，洞悉到犹太教与蓬勃发展的基督教运动之间持续存在的张力。这对于研究早期基督徒对旧约圣经，尤其是对弥赛亚预言的解释，为我们提供了一个相当详尽的案例。虽然查士丁的进路可能并不是早期所有基督徒的进路，但它显然是最能代表正统教会里的那些人看待这些经文的典范。

本作品声称是查士丁与以弗所一位犹太教师及其同仁之间的持续两天的对话。它可能源于一场真实对话，查士丁后来把它编辑成一篇文学作品。原作几乎完整地保存下来，但前言的开头部分佚失了。另外，在第七十四章中间似乎缺失了内容。总的来看，我们看到了一篇有理有据、有逻辑的讨论。它始于哲学，之后迅速转入证明：旧约将临于弥赛亚的预言在拿撒勒人耶稣身上得以成全。查士丁常常离开论题，转向旁题，所以指出他论证的要旨有助于读者理解。作品的前三分之一内容，主要集中地表明基督新法的成全使摩西律法被废除（10—47）。然后，他解释为什么基督是神这一教义并不意味着基督徒不是真正的一神论者（48—108）。最后，他表明为何基督徒才是真正的以色列（109—141）①。在这种阐释过程中，查士丁从七十士希腊文译本圣经②引用以赛亚和其他旧约作者的完整章节。因此与《护教篇》不同，本作品较少谈到基督教与希腊哲学的对比，更多地谈论早期教会对旧约的解经观点。有些学者在查士丁毫不妥协地反对犹太教的立场中看到一种反犹语调，但本作品似乎只是反映这样一个现实，即犹太教与基督教团体彼此在观点及语言上都在变得强硬。

作品一开始，查士丁边散步，边沉湎于哲学思考，然后遇到一位犹太人特里弗，他曾在希腊接受苏格拉底哲学的训练（1）。当他问到查士丁的哲学时，查士丁解释了如何遇到一位老人，并转向认识上帝，因为正如柏拉图所说，上帝可以靠心灵识别（3）。那位老人向查士丁指出，要到古代希伯来先知那里寻求真正的真理和知识，因为那些作品"充满圣灵"，并解释"事物的开端和终局"（7）。查士丁听从他的劝告，由此在基督里找到了真哲学，于是他鼓励特里弗也这样去做（8）。对此，特里弗和他的弟子们抱以嘲笑，但特里弗同意继续听下去，于是对话由此展开（9）。

特里弗承认，"所谓的"福音书包含某种高尚的道德教义，但它们有所不足，因为它们不强调仪式（10）。查士丁宣称，那些仪式已经被基督的顺服取代（11）。他完整地引用《以赛亚书》53章著名的"受苦仆人"经段（13），然后引用《以赛亚书》55章，指出洗礼是在属灵意

---

① 这一概述出于 E. Osborn, "Justin Martyr," in *The First Christian Theologians*, E. R. Evans ed.,（Oxford: Blackwell, 2004）, pp. 115 - 120。
② 七十士希腊文译本圣经是当时对希伯来圣经翻译的几个希腊文译本之一。它成为最受欢迎的一个译本，常常被新约作者比如圣保罗引用旧约时使用。该译本的名称源于希腊语 *septuaginta*，意为七十，因为据说翻译是由七十位犹太学者共同完成的。

义上，而不是在身体意义上洗涤（14）；他也引用了《以赛亚书》58 章关于真正的禁食的经文（15），说明旧约制定律法是因为犹太人的心刚硬（18）。古代犹太人甚至在割礼建立之前就因信心而得救，这表明割礼并没有救人的力量（19）。同样地，关于洁净食物（20）、安息日（21）以及祭祀的律法都是符号，或者是为了使犹太人远离假崇拜才确立的（22）。基督使心灵受割礼，并邀请所有人都去真耶路撒冷（24）。犹太人只要相信，也可以承继上帝的应许（25—26），但时间将尽（28）。犹太人读旧约先知书，却没有抓住要点——基督能赐给人力量去面对死亡，也必在荣耀和大能中再临，尽管他"受咒诅，被钉十字架"（29—32）。《诗篇》110 篇说的不是希西家（麦基洗德）（33），《诗篇》72 篇也不是说所罗门，两者都是"圣灵口授给大卫"，是关于基督的预言（34），还有《诗篇》24、47 和 99 篇都是这样（36—37）。逾越节羊羔也是基督的一个预表（40），就如洁净了的麻风病人献上的细面祭品是主晚餐的预表（41）。基督完全地成全了律法（43），凡是相信他的道的人，必得救（46）。

因此耶稣成全了旧约所有的预言和应许，而施洗者约翰是以利亚，在基督第一次降临之前到来（48—51）。雅各预言了他的两次降临和他的统治，而撒迦利亚预言他要骑在驴背上进入耶路撒冷（52—54）。 在橡树下的亚伯拉罕的故事、摩西的故事以及燃烧的荆棘的故事里，基督显现为天使，但也被指称为"主"（56—60）。圣经里圣灵对同一位基督使用了众多名称（61），非常详尽地谈到他成为人（63），查士丁还引用《诗篇》19 篇和 99 篇证明犹太人也可以借着基督得救（64）。 基督徒把荣耀归于基督没有错，因为上帝父也这样做（65）。《以赛亚书》7—8 章预言基督由童女出生，这不可能是指希西家王或者任何别的人（67—68）。犹太人不应篡改七十士译本，译本中对此和其他预言说得很清楚（71—73）。文本到这里告一段落，正如第一天的讨论也到此结束。

第二天，查士丁继续谈论许多旧约经段如何表明基督的威严和统治权能（77—78）。查士丁支持基督在永恒的天上统治之前在耶路撒冷统治一千年的教义，但承认并非所有基督徒都认同（80—81）。然后他转向童女生子（83—84），基督胜过鬼魔的权能（85），旧约十字架的记号（86），再谈论基督为人类成全律法（87—88），为何必须要有十字架上的死（89—91）才能救犹太人和外邦人（92—99）。《诗篇》22篇非常鲜明地表明基督的活动，以至成为一种详尽的阐释（100—106），然而犹太人仍然看不见，拒斥他（107—108）。

查士丁在作品的最后三分之一的内容里，以《弥迦书》4章作为证据表明，呼召外邦人做上帝的子民原是有预言的，要在时间中应验（109—112）。旧约里的两个约书亚仍然是基督的另一预表（113—115）。查士丁并没有因为敌意不叫犹太人悔改，因为他也叫撒玛利亚人（116—120）接受基督的真光和新约（121—122），基督使所有人做"至高者的子孙"（123—124）。犹太人被误导陷入歧途，因为他们没有正确理解以色列的含义（125）及基督的含义（126），甚至不知道"上帝说"是什么意思，那是指上帝的儿子基督（127—129）。旧约预言了外邦人的归信（130），咒诅要临到那些拒绝弥赛亚和他信息的人（134—135）。被拣选者必得救，就像挪亚一样（136—138）。然而所有人最终都要按他们自己的信仰和行为受审判（140）。基督不得不受苦，但人有自由意志，所以没有人能推诿（141）。两个讨论者友好分手，查士丁祈祷，希望特里弗能"相信耶稣是上帝的基督/弥赛亚"（142）。

查士丁与2世纪的基督教教义

查士丁的作品之所以重要，原因之一在于，它们是我们拥有的从2世纪中叶以来的基督教作品的主要部分。这三篇保存下来的作品虽然不能说是基督教教义的概论和纲要，但它们确实让我们看到当时的教会究竟在教导什么，以及这些教义如何反映在他们的生活中。我们看到,当时对圣经表现出高度尊敬,当然通常仍然是七十士希腊文译本的旧约圣经。其次圣灵不断被提到,说他启了那些作品。另外,还提到福音书和"使徒回忆录"的权威性,也就是我们今天所说的新约。不过,如何正确解释所有这些经文,也已经成为一个确定正当信仰和理解的问题。提到的异端(特里弗、马古斯·西蒙和其他人)表明,教会内部已经产生本质性的分歧,但仍然可以认为,有一个基本的教义体系是所有真正基督徒所接受(并且必须接受)的,即使可能仍然存在某些分歧(比如在千禧年问题上)。

基督显然是整个教义的中心。相信他就是上帝的儿子——由童贞女所生,来到世上,过有罪之人不可能过的完全生活,然后通过在十字架上真实的死,为罪人赎罪,最后复活升天,预示着所有信徒的复活和升天——这是必须明白和认同的基本知识,以便配得"基督徒"的称号。洗礼和圣餐是基督新约的组成部分,取代旧约的割礼仪式、常规祭献以及所有那些已经由基督成全的法规。救赎属于那些忠信于基督的工并按其生活的人,不分犹太人和外邦人。上帝预定了一切,但人和天使拥有堕落的自由意志,并且仍然可以选择拒斥他的信息。

查士丁与希腊思想

查士丁常常被誉为第一位使用希腊哲学范畴、术语和风格解释基督教教义的作者。这对他来说是自然而然的,因为他在基督教教义里找到平安之前,经年都在研究一系列的哲学学派(护二 2)。因此他提到恩培多克勒、毕达哥拉斯、苏格拉底、斯多葛主义、柏拉图主义、逍遥学派,以及理论学派并非只是沽名钓誉,这些都是他有深刻了解的哲学学派和教义。①

---

① 恩培多克勒(护一 18)、毕达哥拉斯(护一 18,对话 2, 5, 6)、苏格拉底(护一 18)、斯多葛主义(护一 20;对话 2)、柏拉图主义、逍遥学派和理论学派(对话 2)。

《与特里弗的对话》在形式上不那么严格地遵循《柏拉图对话集》，教导者通过问题澄清与其对话的那些人的思想。①然而，查士丁把旧约作为权威，不时引用经文，而不只是运用理性思想，这为《与特里弗的对话》引入一种全新的元素。

　　不过，我们不能陷入现代人的思维方式，以为查士丁是在力图调和信仰与理性。其实查士丁早就得出结论，耶稣就是所应许的弥赛亚，基督的启示比任何哲学家关于上帝、被造世界和人类这些实体的纯粹理性解释要有"意义"得多。虽然他能够理性地为基督教教义的真理论辩，但他这样做不是因为心灵上需要将这种信仰与他的智性问题调和起来。相反，他早就明白，基督教教义完全取代了希腊哲学所能提供的任何教训。哲学家只能模糊地瞥见人存在的真义和通向神的道路（护二 13），而犹太人和基督徒的圣经则讲述了完整的故事，我们若不理解耶稣基督究竟是谁，以及他所成就的究竟是什么这些问题的历史真相，就永远不可能正确领会或完全明白关于世界的形而上故事。

缩略语

《第一护教篇》：护一

《第二护教篇》：护二

《哲学家兼殉道者查士丁与犹太人特里弗的对话》或《与特里弗的对话》：对话

参考书目

版本和译本

Barnard, L. E., trans. *Justin Martyr: The First and Second Apologies*, Ancient Christian Writers 56. New York: Paulist Press, 1997.

---

① 查士丁提到柏拉图和柏拉图主义多达几十次。唯有《蒂迈欧篇》提到了篇名（护一 60；对话 5）。

Halton, T. P. and M. Slusser, eds.; T. Falls, trans. *Dialogue with Trypho*, Selections from the Fathers of the Church 3. Wash. DC: Catholic University of America Press, 2003.

Marcovich, M., ed. *Iustini Martyris Apologiae pro Christianis*. Patristische Texte und Studien 38. Berlin/New York: de Gruyter, 2005.

Marcovich, M., ed. *Iustini Martyris Dialogus cum Tryphone*. Patristische Texte und Studien 47. Berlin/New York: de Gruyter, 1997.

Minns, D. and P. Parvis, eds. and trans. *Justin, Philosopher and Martyr: Apologies*. Oxford Early Christian Texts. Oxford/New York: Oxford University Press, 2009.

研究性书目

Allert, C. D. *Revelation, Truth, Canon, and Interpretation: Studies in Justin Martyr's Dialogue with Trypho*. Supplements to Vigiliae Christianae 64. Leiden: Brill, 2002.

Bellinzoni, A. J. *The Sayings of Jesus in the Writings of Justin Martyr*. Leiden: Brill, 1967.

Osborn, E. F. *Justin Martyr*. Beiträge Zur Historischen Theologie 47. Tübingen: Mohr Siebeck, 1973.

Osborn, E. "Justin Martyr", in *The First Christian Theologians*, ed. E. R. Evans (Oxford: Blackwell, 2004), pp. 115 - 120.

Rokeah, D. *Justin Martyr and the Jews*. Leiden: Brill, 2002.

Shotwell, W. A. *The Biblical Exegesis of Justin Martyr*. London: SPCK, 1965.

Skarsaune, O. *The Proof from Prophecy. A Study in Justin Martyr's Proof-Text Traditions: Text-Type, Provenance, Theological Profile*. Novum Testamentum Supplements 56. Leiden: Brill, 1987.

第一 护教篇

第一章　呈献

我，查士丁，巴勒斯坦的弗拉维亚·尼阿波利斯（Flavia Neapolis）人普里斯库斯（Priscus）的儿子、巴克西乌（Bacchius）的孙子，代表各族中所有受到不公正的憎恨和恣肆侮辱的人（本人就是其中的一员）向皇帝安东尼·庇护（Titus Aelius Adrianus Antoninus Pius Augustus Caesar），向皇子哲学家、凯撒的亲子维里西姆（Verissimus），向庇护的养子、热爱学问的哲学家卢修斯（Lucius），并向圣元老院以及全体罗马人民呈上以下致辞和请求。①

第二章　要求公正

那些真正敬虔而有哲学头脑的人，理性引导他们只崇敬和热爱真理，而拒绝因循传统意见②，如果这些意见毫无价值的话。因为健全理性会引导我们拒绝受那些行事与教导错谬的人指导，而且追求真理的人也有责任尽一切努力选择行正当的事、说正确的话，即使自己的生命面临死亡威胁。这样，你们既被称为敬虔者、哲学家、正义的守护者、学问

---

① 这里的皇子维里西姆即后来即位的马可·奥勒留（Marcus Aurelius, 161-180），"维里西姆"是哈德良给他取的别号，意为"至真的"。哲学家卢修斯，即与他共治一段时间（161—169）的卢修斯·韦鲁斯（Lucius Verus），两人都是安东尼·庇护的养子。卢修斯的亲生父亲全名为Lucius Aelius Verus Caesar，是哈德良的第一个养子，于138年去世后，哈德良又收养了安东尼·庇护作继承人，哈德良收养安东尼·庇护的条件是：庇护要收马可·奥勒留和卢修斯·韦鲁斯为养子。故这里有"凯撒的亲子、庇护的养子"之称谓。——中译者注

② 直译作"古人的意见"。

的追求者，就理当留心听取我的致辞。而你们是否名副其实，自会昭然若揭。因为我们来，不是要用这部作品奉承你们，也不是要用我们的讲辞取悦你们，而是要请求你们经过确凿而深入的调查之后再作判断；不要被偏见迷了心窍，不要妄图取悦迷信之徒，也不要受非理性的冲动或者那些长期流传的恶意谣言所惑，以至作出使你们自相矛盾的裁决。至于我们，没有恶能伤害我们，除非我们被证实为作恶的，或者被证明是恶人。而你们，尽可以杀害我们，却伤不到我们。

第三章 要求司法调查

为避免有谁认为这番话荒唐、鲁莽，我们要求对基督徒的指控进行调查。如果指控属实，那就让他们得到应有的惩罚吧。[或者毋宁说，我们自己也要惩罚他们。]① 然而，如果没有人能证实所指控我们的任何事，那么真正的理性应禁止你们因为某个恶意谣言而冤枉无辜的人。你们这样做其实也亏待了自己，你们以为可以不通过判断而单凭一腔热情(passion)来处理事端。凡是头脑清醒的人都会说，唯一正当而公平的调解就是，臣民对自己的生活和信条作出正常说明，而统治者基于敬虔和哲学，而不是凭暴力和专制作出裁决。这样，统治者和被统治者双方都将受益匪浅。甚至有位古人在某处说过："除非统治者与被统治者都追求哲学，城邦就不可能成为有福的。"② 因此，我们的任务是为众人提供机会来考察我们的生活和教导，免得因了那些向来对我们的事一无所知的人，我们竟为自己也招来他们因认识上的无知而应得的惩罚；③ 而你们的职责是听了我们的辩解之后，按照理性的要求做好判官。你们若了解了真相却不秉公行事，在上帝面前就将无可推诿。

---

① Thirlby 认为括号里的句子是后人插入的。即使那些认为该句为作者原话的人，对其确切含义也意见不一。
② 柏拉图 Rep., v. 18。(参 473D。——中译者注)
③ 就是说，基督徒若拒绝或者忽视对自己的真实观点和行为作出解释，使之为别人所了解，就与那些因此而仍在黑暗中的人同罪。

第四章　基督徒仅仅因为自己的名称而受到不公正定罪

仅凭一个名称，焉能作出善恶论断，除非这个名称包含行为。事实上，到目前为止，至少就我们因之受指控的这个名称来看，可以说我们是最优秀、最良善的人。①但我们并不认为，假如我们已被证实是作恶的人，却单凭名称请求逃脱罪责，此乃公正之举。同样，不论是就我们自称为基督徒而言，还是就我们作为公民的行为而言，如果我们被证实毫无过错，那你们就要当心了。你们若对那些未被证明有罪的人实施不公正的惩罚，自己必然受到公正的惩罚。如果不能证明有高尚或卑劣的行为，仅凭一个名称，无论是给予赞美，还是施以惩罚，都不可能是合理的，除非能证明他有某种高尚或卑贱的行为。你们自己中间若有人受到指控，你们不会未等证明他们有罪就惩罚他们；而对我们，你们仅凭名称就定我们有罪。其实，就名称来说，你们倒更应当去惩罚指控我们的那些人，因为他们指控我们是基督徒(Christians)。那么，厌恶"好的"(Chrestian) 的东西岂是公正的呢？ 另外，如果有哪个被告否认这个名称，说他不是基督徒，你们就将他无罪释放，认为没有证据证明他是作恶的；而如果有人承认自己是基督徒，你们就因为这样的承认惩罚他。无论是承认自己是基督徒的人，还是否认自己是基督徒的人，正义都要求你们调查他们的生活。各人的行为会表明他是哪一类人。就如一些领受主基督的教导不去否认主的人，会在受审问时给别人带来鼓励。同样，行为不端的人也完全有可能让那些不辨是非的人有机可乘，指控基督徒都是不虔和邪恶的。这也不公平，因为有人也徒取哲学之名，徒披哲学之表，所行的却与自己所宣称的完全不配。你们很清楚地知道，那

---

① 在这里查士丁使用希腊语中在发音上相似的两个词 Χριστός (基督) 与 χρηστός (好、善；杰出、优秀) 来做文章。 本章贯穿这种双关语的用法，但英语读者有时并不能感觉得到。 〔不过，查士丁只是出于个人爱好而引用了当时流行的错误。苏维托尼乌斯 (Suetonius, *Life of Claudius*, 25 章) 举了一个这种错误的例子 "impulsore Chresto"。在其他教父的一些作品里也会看到这样的例子。〕

些古时的人在观点、教导上大相径庭，却仍然被统称为哲学家。这些人中有教导无神论的，还有你们中间的那些当红诗人，则用朱庇特（Jupiter）与其子孙的不检行为来博人一笑。但你们非但不约束接受这种教导的人，那些油腔滑调侮辱诸神的人，反倒给他们颁发奖牌，授予荣誉。

第五章　基督徒被指控为无神论者

那么，怎么会这样呢？就我们来说，我们保证自己不作恶，也不持这些无神论观点，但你们不审查核实对我们的指控，反倒屈服于非理性的激情，接受恶魔（evil demons）的煽动，不假思索、未经审判就惩罚我们。真相必将被宣告出来，因为自古以来，这些恶魔自己弄出些幻影(apparitions)来，玷污女人，败坏孩子，还向男人显示极其恐怖的景象。那些不用自己的理性判断所作行为的人就惊恐万状，因惊惧就丧失了理智，不知道这些原本是鬼魔，反倒称之为诸神，还赋予每个鬼魔为它们自己所择定的名字。①当苏格拉底凭借真正的理性和探究力图揭露这些东西，并将人从鬼魔的掌控中搭救出来时，正是这些鬼魔亲自利用那些欢喜罪恶的人，指控他"引进新神"，把他看作无神论者和亵渎神灵者置其于死地。而在我们的事上，它们又故伎重演。在希腊人中，理性（逻各斯）借着苏格拉底胜利地定了鬼魔的罪。不但如此，在野蛮人中，它们也被那理性（或曰道、逻各斯）本身所定罪，这理性—道穿戴形状成了人，被称为耶稣基督。我们因顺服于他，不仅不承认干这种事的是神，还断定它们是邪恶而不敬的鬼魔②，它们的行为就是与追求美德的人，也无法相提并论。

---

① 《哥林多前书》10:20。英国诗人弥尔顿（Milton）将这一事实插入到他的伟大诗歌里(I. 378)。他这种可敬的安排卓越地解释了教父关于神话起源的思想。
② δαίμων这个词在希腊语里意指一个神，但基督徒用这个词时意指一个邪灵。这里查士丁用同一个词既表示神也表示鬼魔。查士丁和其他基督教作家都认为邪灵与异教徒的诸神之间有关联，这从查士丁自己的表述中可以看出。但 διάβολος，即魔鬼，一般不用来指这些鬼魔。魔鬼只有一个，鬼魔却有很多。

第六章　反驳无神论的指控

由此我们被称为无神论者。若神是指上面这一类神,而不是指那位至真的上帝,公义、节制和其他众美德之父,毫无不洁的那一位,那么我们承认自己是无神论者。但我们敬拜、尊崇后面这位神,以及圣子(就是从父而来,教导我们这些事的。还有其他跟从他,并与他相似的善天使)①和说预言的圣灵,并以理性和诚实认识他们。凡是想要了解的人,我们会毫不吝啬地向他阐明我们所接受的教导。

第七章　每个基督徒都必须让自己的生命经受考验

有人会说,此前的确有些被拿的人被证实为作恶的。那是因为许多时候,你们是分别调查各个被告的生活,然后定他的罪,[他们被定罪]并非由于我们前面所谈的那些人。②我们看到,就如在希腊人中,那些教导各种实为取悦自己的学说的人,尽管其学说各不相同,却都被冠以"哲学家"之名。同样,在化外之民中,这个受到种种指控的名称["哲学家"],也是真正有智慧的人和那些貌似聪明的人的共同财产。什么样的人都称为基督徒,所以我们要求一一审断被告者的行为,使每个被判有罪的人是因为作恶才受到惩罚,而非因为他是基督徒。而且,如果有人明显无可指摘,那就将他无罪释放,因为仅仅就他是一个基督徒的事实

---

① 这是对查士丁原话的直译。但是从第十三、第十六、第六十一章来看,他显然并不希望教导天使崇拜。因此对于这段话我们得接受另外的译法,尽管这些译法有点粗糙。人们提出了这样两种译法:第一种把"我们"与"其他善天使军队"共同作为动词"教导"的宾语;第二种则将"这些事"与"其他善天使"放在一起,使这两者共同作为教导的主题。按第一种译法,译文就是,"教导我们和天使军队这些事";按第二种译法,译文就是,"以这些事以及跟从他的其他善天使的事教导我们"。[我大胆地在文中插入括号,它可以明白简单地表明作者的意图。Grabe 在 loc. 里的注解也提供了一种富于创见的解释,但最简单的才是最好的。]
② 根据 Otto 的解释,即:"不是由于我们一直在谈论的真诚的基督徒。"根据 Trollope,则是"不是由于前面提到的鬼魔(或,不是出于前面所说鬼魔[对你们]的煽动)。"

来说，他并没有犯错。①我们也不会要求你们惩罚告我们的人②，他们现在的罪恶以及对正义之事的无知，就使他们受到足够的惩罚了。

第八章 基督徒坦承对上帝的信仰

你们就当我们说这些事其实是为你们的缘故吧，因为我们被盘究的时候也可以否认自己是基督徒，但我们不愿靠说谎苟且偷生。我们渴望永恒纯洁的生活，就情不自禁地追求与上帝同在的居所。他是万物的父和创造主，所以我们迫不及待地承认自己的信仰，并确实信服、深信人若以行为向上帝表明他们跟从他，热爱与他同住在无罪搅扰之所，就能得到这些事物。简而言之，这就是我们所指望并已经从基督学到的，也是我们所教导的。柏拉图过去也常说到类似的事，他说剌达曼提（Rhadamanthus）和弥诺斯（Minos）会惩罚来到他们面前的恶人。我们也说恶人要受到惩罚，不过是在基督手下受惩罚，而且他要让恶人在同一个身体里，与现在就将受永恒惩罚的灵魂再次结合，去经受永恒的惩罚；并且这惩罚绝不只是如柏拉图所说的一千年这么点儿时间。也许有人说这不可信，或者不可能，但只要你们无法定准我们曾为害谁，那我们的这个错误就只与我们自己相关，而与别人无涉。

第九章 荒唐的偶像崇拜

我们也不会用许多祭品和花环去崇拜人手所造、放在庙里并称之为神的神祇，因为我们认为这些东西没有灵魂，是死的，不具有上帝的样式（我们不认为上帝有这样的样式，尽管有人说它们是在模仿上帝的尊荣），只有那些曾经现身的恶鬼的名称和样式。你们已经知道工匠切切割割、敲敲打打，要把材料塑造成何种样式，又何须我们来告诉你们呢？

---

① 或者"作为一个没有任何不良行为的基督徒"。
② 参照附在《第一护教篇》后面的哈德良法令（Rescript of Adrian）。

他们往往是用卑贱的器皿，仅仅改换一下形状，做成自己所要的模样，就造出了他们所谓的神。我们认为这样的东西不仅荒唐可笑，而且是对上帝的侮辱，他本有不可言说的荣耀和样式，现在他的名却与必朽坏的、需要人不住地侍奉的事物联系起来。而制造这些偶像的工匠不仅毫无节制，而且——不必详述具体情形——简直无恶不通，这一点你们知道得很清楚，甚至与他们一起工作的女孩，他们也糟蹋。这样放荡淫逸的人却雕刻、制作出神祇让你们崇拜，你们还任命他们在供奉这些神祇的殿里做看护，这是何等的迷狂！ 你们没有认识到：人做神的看护者，这样的事，连想一想或者说一说都是非法的。

第十章　应如何侍奉上帝

然而，传统告诉我们，上帝不需要人所能献的供物，因为事实上他自己才是供应万物给人的。我们所受的教育也教导我们，使我们相信，我们也真诚地相信，他只悦纳那些效仿他美德的人。这些美德住在他里面，就如节制、正义、博爱，以及许多专属于上帝的美德，这样的上帝，没有任何恰当的名字可以称呼他。我们已经领教过，知道他起初出于他的圣善，并为了人的缘故，从无形式的质料创造了万物。人若以自己的行为表明与他的如此设计相称，就被视为宝贵，我们也因此被接纳，得以与他同为主治的，脱离了败坏和苦难。就如他起初创造我们于未有之时，同样，我们认为，那些选择他所喜悦之事的人，也因着他们的选择，被视为配得不朽，也配得与他相交。我们最初的形成并非出于我们的能力；而且，为了使我们能遵行那些他所喜悦的事，通过他亲自赋予我们的理性功能选择那些事，他不但劝勉我们，还引导我们走向信仰。所有人都可以不受限制地了解这些事，甚至被敦促去了解这些事，我们认为这是与他们有益的。假如恶魔没有与各人心里以各种方式引诱人行各样恶的恶欲结为联盟，对我们散布许多捏造而渎神的莫须有指控，那么，人的法律无法达成的约束，道本可达到，因为他是神圣的。

第十一章　基督徒所寻求的是怎样的国度

当你们听说我们要寻求一个国度，你们就不做任何调查，想当然地认为我们是在谈论一个属世的国度。其实我们说的是与上帝同在的国度，那些被指控为基督徒的人所做的认信也表明了这一点，尽管他们知道如此认信的结果就是死。我们若寻求一个属世的国度，也就不该认我们的基督了，免得因此而被杀；我们反倒应该想方设法避人耳目，好叫我们得到所指望的。但由于我们的心思并非紧盯住现在，所以我们不在乎人们何时砍我们的头，因为死也是无论如何都必须偿还的债。

第十二章　基督徒如同在上帝眼前生活

我们比其他任何人都更能帮助并支持你们促进和平，因为我们主张这样的观点：邪恶的、贪婪的、谋反的，跟有德性的人一样，都逃不过上帝的眼睛，人人都要按各自行为接受审判，或遭永罚，或得救赎。如果所有人都知道这一点，就不会有人选择邪恶了，哪怕只是小恶，因为知道自己可能受永火的惩罚。然而他会尽一切所能克制自己，用美德来装饰自己，以便得着上帝的美好恩赐，免于惩罚。犯罪的人由于你们所规定的法律条文和惩罚措施，总是想方设法避免被人发现（他们犯罪时也以为很可以避开你们的眼目，因为你们不过是人），这些人如果知道并且确信，任何事情，不论是已经做的还是打算做的，都不可能逃避上帝的眼目，他就会因那摆在前面的刑罚，竭力端正自己的行为，就是你们自己也会承认这一点。但你们似乎担心一旦所有人都成了义人，你们就无人可惩罚了。这或许会是担任公职的刽子手所担心的，却不应是好君主所担心的。当然如我们前面所说[①]，我们相信这些事是邪灵引发的，它们甚至接纳生活荒唐的人献祭和侍奉。至于你们，我们认为你们追求敬

[①] 见第五章。——中译者注

虔、好哲学[的名声]，不会做任何荒唐之事。但是，如果你们也像那愚昧人一样，宁要习俗，不要真理，那你们就照你们的权柄而行吧。只是重视意见甚于真理的统治者，他的权能不过如强盗在荒无人烟的旷野。你们不会得逞，这是道所宣告的。我们知道没有哪个统治者比他更威严，更公正，他只在生他的上帝之后。正如所有人都恐怕沿袭父辈的贫穷、苦难、卑微，同样，凡是道禁止我们选择的，明智的人都不会去选择。我们的夫子已经预言，这一切的事都要成就；他既是父上帝的儿子和使徒，又是君王耶稣基督，我们因他得了基督徒的名称。所以我们更加确信他所教导我们的一切事，因为凡是他预言说要发生的事，我们看到确实正在发生；一件事还没有发生就作出预告，作了怎样的预告，就让它怎样发生，这是上帝的作为。我们原本可以到此为止，不再多说什么，因为知道我们需要的是正义和真理。但是我们清楚地知道，要突然改变一个无知的心灵没那么容易，所以我们准备再费点口舌，以便说服那些热爱真理的人，因为我们知道，通过呈现真理来赶走无知并非不可能。

第十三章　基督徒理性地侍奉上帝

大凡思维正常的人，谁不会承认我们并非无神论者呢？因为我们实实在在敬拜这宇宙的创造者，按照我们所受的教导那样，宣称这位造物主根本不需要祭血、奠酒、焚香。我们不停地祷告，为供应给我们的一切献上感恩，尽我们所能赞美他，因为我们得到的教诲是唯一与他相配的崇敬，就是不要把他为我们生存而造成的一切用火烧毁，而要利用它们为我们自己和那些需要的人服务，并怀着对他的感恩，通过祷告和赞美诗①向他献上感谢。感谢他创造我们，提供各种健康保障，又赐下种类

---

① πομπὰς καὶ ὑμνους "Grabe 认为，πομπὰς的意思是'庄严的祷告'，看起来应该是对的……他还指出，ὑμνοι可能是大卫的诗篇，也可能是初代基督徒写的那些诗篇和诗歌，优西比乌在《教会史》(H. E., v. 28) 提到过这些作品。"——Trollope

各异的事物和四季的变化;又要在他面前献上祈求,求他借着我们对他的信,让我们重新获得不朽的存在。教导我们这些事的就是耶稣基督,他也是为此而生。他在凯撒·提比略(Tiberius Caecar)时代于犹太总督本丢彼拉多手下被钉十字架。我们会证明我们是合乎理性地敬拜他,因知道他是真上帝的儿子,我们把他放在第二位,并把说预言的圣灵放于第三位。他们宣布我们发疯了,竟然把一个被钉十字架的人置于仅次于永恒不变之上帝、万物之创造主的位置,因为他们无法分辨这里面的奥秘。现在我们要向你们阐明这个奥秘,恳请你们侧耳细听。

第十四章　鬼魔歪曲基督教教义

我们预先告诫过你们要警惕,免得我们一直指责的那些鬼魔蒙骗了你们,使你们不读、也不理解我们所说的。它们竭力使你们做它们的奴隶和仆从,有时候通过梦境,有时候通过魔咒,谁要是不为自己的得救,努力而顽强地抵抗它们,就会被其制伏。我们也是做着这样的努力,因为我们信服道。我们远离它们(即鬼魔),只借着他的儿子,跟从那位独一、非受生的上帝(the Unbegotten God)——我们这些原先喜欢淫乱的人,如今只拥抱贞洁;原先利用巫术的人,如今只将自己献给那位良善、非受生的上帝;我们原本最看重财富的获得,如今把自己所拥有的一切纳入公共财产,分给每一个需要的人;我们原本彼此憎恨、毁灭,并因生活方式的不同不愿与异族共处①,如今由于基督的到来,与他们亲如一家,并为我们的仇敌祷告,努力劝说那些不公正地仇恨我们的人按照基督的美好律例生活,好叫他们最终可以分有我们充满喜乐的盼望,就是盼望从万物之统治者上帝得到奖赏。不过,在我们兑现承诺②给出当作的解释之前,我们认为应当先引用一些基督本人所立的诫命,免

---

① 直译作"不愿共享灶台或炉火"。
② 见第十二章末。

得我们看起来似乎是在强词夺理。而你们这些掌权的统治者,也恳请你们务来查究,看我们是否确实受到过这样的教导,以及我们是否确实教导这样的事。从他而出的话简明扼要,因为他并非智者,他的话原本是上帝的权能。

第十五章　基督本人所教导的

关于贞洁,他说过这样的话①:"凡看见妇女就贪求她的,在上帝面前这人心里已经与她犯奸淫了。"又说:"若是你的右眼叫你跌倒,就剜出来丢掉,宁可独眼进入天国,胜过带着双眼被丢在永火里。"还有:"人若娶这被休的妇人,也是犯奸淫了。"②还有:"有些阉人是被人阉的,也有生来就是阉人,并有为天国的缘故自阉的,但这话并不是所有人能都领受的。"③所以,凡是按照人的律法结两次婚的④,在我们主的眼里就是罪人;那些看见妇女就贪求她的,也是罪人。因为不仅行为上犯奸淫的是主所弃绝的,只动了淫念的也是。要知道,不仅我们的作为,而且我们的念头,在上帝面前都是敞开的。许多人,包括男人女人,从孩提时代就成了基督的门徒,到了六七十岁时一直保持纯洁。我敢说,我可以从任何一个民族举出些这样的人。那些已经改掉放纵的恶习并明白了这些事理的人,可谓数不胜数,对他们我还应该说些什么呢? 基督不是呼召义人悔改,也不是呼召圣洁人悔改,他乃是让不敬神者、淫荡者以及不义者悔改。如他的话所说:"我来本不是召义人,乃是召罪人悔改。"⑤因为天上的父愿意罪人悔改,而不是惩罚他们。他这样

---

① 读者会注意到,查士丁都是根据记忆引用经文,所以这里引用的耶稣的话与我们福音书里的记载有一些小小出入。
② 《马太福音》5:28、29、32。
③ 《马太福音》19:12。
④ διγαμίας ποιούμενοι,字面意思为"订两次婚"。二婚有三类:第一类,第一个妻子还活着,并且还是合法妻子,又娶了第二个妻子,也就是重婚;第二类,与第一个妻子离婚后娶了第二个妻子;第三类,第一个妻子死后娶第二个妻子。一般认为,查士丁这里是指第二种情形。
⑤ 《马太福音》9:13。

教导我们要爱所有的人:"你们若单爱那爱你们的人,那有什么新鲜的? 就是行淫乱的不也是这样行吗? 只是我告诉你们,要为你们的仇敌祷告,爱那恨你们的人,咒诅你们的,要为他祝福,凌辱你们的,要为他祷告。"①他又教导我们要分给穷乏的人,做什么都不要为着虚荣:"凡求你的,就给他。有借你东西的,不要向他背过身去;你们若借给人,指望从他收回,那有什么新鲜的呢? 就是税吏也这样行。不要为自己积攒财宝在地上,地上有虫子咬,能锈坏,也有贼挖窟窿来偷;只要积攒财宝在天上,天上没有虫子咬,不能锈坏。人若赚得全世界,赔上自己的生命,有什么益处呢? 人还能拿什么换生命呢? 因此,只要积攒财宝在天上,天上没有虫子咬,不能锈坏。"②"你们要慈悲,像你们的父慈悲一样。他叫日头照好人,也照歹人。所以不要忧愁吃什么、穿什么,你们不比飞鸟、野兽贵重得多吗? 上帝尚且养活它们,何况你们呢? 所以不要忧愁你吃什么、穿什么,你们天上的父知道你们需要这些东西。你们要先求天上的国,这些东西都要加给你们了。因为人的财宝在哪里,他的心也在那里。"③"不要将这些事行在人面前,叫他们看见;若是这样,就不能得你们天父的赏赐了。"④

第十六章 关于忍耐与起誓

主曾教导我们要忍耐别人的伤害,乐意服侍众人,不发怒,他这样说:"有人打你这边的脸,连那边的脸也由他打;有人夺你的外衣,让他拿去。凡向弟兄动怒的,难免受审判。有人强逼你走一里路,你就同他走二里路。让你们的好行为照在人前,叫他们看见这些好行为,便将荣

---

① 《马太福音》5:46、44,《路加福音》6:28。
② 《路加福音》6:30、34,《马太福音》6:19,16:26,6:29。
③ 《路加福音》6:36,《马太福音》5:45,6:25、26、33、21。
④ 《马太福音》6:1。

耀归给你在天上的父。"①我们不应争竞,他也不愿意我们效仿恶人,他乃是劝告我们要通过忍耐与温和,引导众人脱离羞耻和对恶的迷恋。有许多人的例子都实实在在地证明了这一点,这些人曾经也有像你们一样想法,但现在已经改变了残暴而专横的性格。他们的折服,或是因为亲眼看见了邻人②生命中的坚贞,或是因为注意到同路人受到欺骗时表现出的非同寻常的忍耐,或是在买卖中看到了对方的诚实。

关于我们完全不起誓,总要说真话,他有如下吩咐:"什么誓都不可起;你们的话,是,就说是;不是,就说不是;若再多说,就是出于那恶者。"③关于我们只当敬拜上帝,他这样劝诫我们:"最大的诫命是,你们要拜主你们的上帝,尽心、尽力侍奉造你们的主上帝。"④有人来到他面前称呼为"良善的夫子",他回答说,"除了创造万物的上帝以外,没有一个良善的。"⑤那些并未按他的教导生活的人,你们务要明白,他们并不是基督徒,尽管他们口里承认基督的戒律,因为不是口里说说的人要得救,而是那些实际去行的人才会得救。这是根据主的话:"凡称呼我'主啊,主啊'的人,不能都进天国;惟独遵行我天父旨意的人,才能进去。凡听见我的话就去行的,就是听那差我来的。必有许多人对我说:'主啊,主啊,我们不是奉你的名吃喝,奉你的名行许多异能吗?'我就明明告诉他们说:'你们这些作恶的人,离开我去吧!到那时必要哀哭切齿了,而义人要发出光来,像太阳一样,恶人要丢在永火里。'有许多人假我的名到你们这里来,外面披着羊皮,里面却是残暴的狼。凭着他们的果子,就可以认出他们来。凡不结好果子的树,就砍下来丢在火里。"⑥有些人并不是按他的这些教训生活,而只是在名义上称为基督

---

① 《路加福音》6:29;《马太福音》5:40、22、41、16。
② 即基督徒的邻居。
③ 《马太福音》5:34、37。
④ 《马可福音》12:30。
⑤ 《马太福音》19:17。
⑥ 《马太福音》7:21 等;《路加福音》13:26;《马太福音》13:42,7:15、16、19。

徒，对他们，我们要求你们一律严惩不贷。

第十七章　基督教导民众顺服

任何时候，我们都比任何人更努力地向你们所任命的税官纳税，包括常规的和额外的，这是我们从主所受的教导；当时有人来到他面前问他，是否应当向凯撒纳税，他回答说："告诉我，钱上的这像和这号是谁的？"他们说："是凯撒的。"他就说："这样，凯撒的物当归给凯撒，上帝的物当归给上帝。"①我们的敬拜单单献给上帝，但在其他事上我们乐意侍奉你们，我们承认你们是人的君王和统治者，并祈祷你们不但拥有王权，也能证明你们拥有可靠的判断。但即便你们不在意我们的祷告和坦诚的解释，我们也丝毫无损，因为我们相信（或者毋宁说主使我们相信）每个人都或要按所行的事受永火的刑罚，或要照着从上帝领受的能力向他交账，就如基督所暗示的，他曾说："多给谁，就向谁多取。"②

第十八章　不朽与复活的证据

回顾一下先王们的结局，他们哪一个不是跟众人一样死去。假如人死以后就全无知觉了，那么真可以说，死就是一切恶人的天赐之福。③然而，凡活过的人，知觉都将永远存在，并有永罚为其存留，因而你们要当心，不要漫不经心不肯信服，不要不相信这些事都是真实的。甚至连通灵术，你们利用纯洁无瑕的孩子所行的占卜，④你们的招魂术，⑤还有

---

① 《马太福音》22:17、19、20、21。

② 《路加福音》12:48。

③ ἕρμαιον，意料不到的运气，据说赫耳墨斯（Hermes）就是这种礼物的赐予者；vid. Liddell and Scott's Lex。

④ 即把男孩、女孩，甚至未发育成熟的胎儿从母腹取出，杀死后检查他们的内脏，相信这些祭品的灵魂（仍然保留意识，如查士丁指出的）能揭示隐秘的未来之事。Otto 和 Trollope 引过大量这样的例子。

⑤ 这种招魂术是古人熟悉的，查士丁还引用隐多珥（Endor）女巫招回撒母耳的亡灵来证明灵魂不朽（《与特里弗的对话》第一百零五章）。

那些所谓的魔法师、托梦者和服役的精灵（Familiars），①以及精通这些事的人所做的一切——就连这些事，都可以叫你们相信，灵魂即使死后也处在有知觉的状态。此外还有些人被死者的亡灵抓住抛来掷去，众人都称他是鬼附了体或者疯了。②还有你们所谓的神谕，比如安菲罗科斯（Amphilochus）神谕，多达那（Dodana）神谕，庇索（Pytho）神谕，以及诸如此类。还有你们作家的观点，比如恩培多克勒、毕达哥拉斯、柏拉图、苏格拉底的各种观点。还有荷马笔下的尤利西斯（Ulysses）挖掘壕沟，下去查看这些存在，③以及种种诸如此类的说法[这一切无不证明了死后知觉的存在]。你们给予这些人的好意，也请给予我们吧，因为我们在信神上并非没有他们坚定，而是比他们更加坚定；因为我们还指望再得回自己的身体，尽管它们是要死的，要丢进土里，因我们相信在上帝无事不能。

第十九章　复活是可能的

假如我们是没有身体的，而有人说，从一粒小小的人的精子，可以生出骨头、肌腱、血肉，并最终形成我们所看到的人形——对任何爱思考的人来说，还有比这更显得不可思议的事吗？　不妨这样假设：假如你自己不是现在这个样子，不是生于这样的父母[和原因]，然后有人向你显示人的精子和一幅人像，满有把握地对你说，从这样一个物质可以产生这样一个人，那么你在看见真实的生产过程之前会相信吗？　没有人敢否认[这样的话令人难以置信]。同样，你们因为从未看见死人复活，所

---

① 瓦勒西乌说（Valesius on Euseb. *H. E.*, iv. 7），魔法师有两类役使的精灵，一类被派出去用梦启示人，很可能给予他们关于未来之事的暗示；另一类被派出去看护人，保护他们避开疾病和不幸。他说，他们把第一类（如这里）称为ὀνειροπομπούς，第二类称为παρέδρους。

② 不论古代还是现代，查士丁并不是唯一一个将鬼附身者与疯子归为一类的作者；也不是唯有他认为鬼附身者是被死者的灵附体。Trollope的注释里也提到这类事。（Kaye 在 *Justin Martyr* pp. 105-111 对此有更充分的论述。）

③ 见《奥德赛》第十一卷第二十五行，描述尤利西斯用刀挖出一条洼沟或堑濠，洒上奠酒，以便把他周围的亡灵都召集起来。

以现在有怀疑。然而，正如你们一开始不相信那样的人可以从那小小的颗粒中产生，现在却看见人的确这样产生了。同样，你们也要明断，人的身体分解之后，即便像种子分解到泥土里，但也可以在上帝指定的时间复活，穿戴不朽，这事并非不可能。有人说，每个事物都回到它所产生的源头，就连上帝也不能超越这一点。我们无法设想在这些人看来，上帝具有怎样的权能，但我们清楚地看到，他们若不是现在看到自己的样子和整个世界的形成，也不会相信他们有可能从这样的物质成为这样的人。我们已经认识到，即使是对我们自己的本性，对人来说不可能的事，最好也相信它，这胜过像世上其余人那样不相信，因为我们知道我们的主耶稣基督说过，"在人不能的，在上帝凡事都能"①；又说："那杀你们的，不要怕他们，除此之外他们不能再做什么；惟有能把身体和灵魂都丢在地狱里的，正要怕他。"②地狱就是一个惩罚那些作恶多端以及不相信上帝借着基督所教导我们的事都必实现的人的地方。

第二十章　基督教教义与异教理论的类比

西比尔（Sibyl）③和希斯塔斯普（Hystaspes）说，可朽之物必被上帝分解。斯多葛学派的哲学家教导说，就是上帝本身也要分解为火，他们说世界要通过这种循环得以新造。但是我们认为，上帝，万物的创造主，他高于注定要变化的事物。这样看来，在某些观点上，我们与你们尊敬的诗人和哲学家所教导的一样，但在另一些观点上，我们的教导更完全，也更神圣，并且唯有我们对自己的主张提出了证据。既然如此，

---

① 《马太福音》19:26。

② 《马太福音》10:28。

③ 如今普遍认为西比尔神谕属异教残篇，大部分都是教会早期一些肆无忌惮的人插入的。对这些多少有些难解的文献，值得注意的说明见 Burton 的《三世纪前教会历史讲课集》(*Lectures on the Ecclesiastical History of the First Three Centuries*) 第十七讲。希斯塔斯普的预言也被早期基督徒公认为是真实的。[参 Casaubon, *Exercitationes*, pp. 65, 80, 论西比尔神谕和殉道者查士丁的部分。这部作品堪称一部包罗万象的大宝库，形式上是对 Card 的批评。Baronius. Geneva, 1663。]

为何我们要比其他人遭受更多不公正的憎恨呢？比如，当我们说，万物都由上帝创造，上帝将万物构建为一个世界，我们似乎是在言说柏拉图的理论；当我们说，一切都将被烧毁，我们似乎是在谈论斯多葛学派的理论；当我们断言，恶人的灵魂就是死后仍有感觉，所以受到惩罚，而好人的灵魂却要脱离惩罚获得有福的存在，我们似乎是在说诗人和哲学家们说过的话；当我们主张，人不应该崇拜人手所造的作品，我们说的恰恰就是喜剧诗人米南德（Menander）以及其他类似作家说过的话，因为他们宣称工匠比作品更伟大。

第二十一章 与基督生平的类比

同样，当我们说，道，上帝的独生子，不是从两性结合中生出的；他，耶稣基督，我们的夫子，被钉十字架，死了，又复活，且升到天上——当我们这样说时，我们所说的与你们谈到你们敬为朱庇特之子的那些人时所说的，没有什么分别。你们知道你们可敬的作家把多少人归为朱庇特之子墨丘利（Mercury），他阐释一切的话语（interpreting word），是众人的老师；阿斯克勒庇俄斯（Aesculapius），虽然是位伟大的医生，却遭雷击，并因此升天；巴克斯（Bacchus）也是这样，被肢解后升天；还有赫拉克勒斯（Hercules），为逃避苦役投身于火焰，之后升了天；勒达（Leda）的儿子们，以及狄俄斯库里（Dioscuri）；达娜厄（Danae）的儿子珀耳修斯（Perseus）；还有柏勒洛丰（Bellerophon），他虽然由凡人所生，却骑着飞马珀伽索斯（Pegasus）升上了天。至于阿里阿德涅（Ariadne）以及那些像她一样被宣告要列于星辰之中的，我还要说什么呢？你们中间那些死去的皇帝，你们相信应该被神化的人，为了他们，你们编造出某个人，让他起誓说，他看见了燃烧的凯撒从火葬柴堆升上了天，那要怎么说呢？这些被称为朱庇特之子的人，从记载来看，他们的行为是怎样的行为，对于早已知晓的人来说自不必说；要说也只能说，这些事被记载下来，难道竟是为年轻学人着想，为勉励他们吗？①因为所有人都认为效仿诸神是荣耀的事。所以，凡是心智正常的人，对诸神绝不能持如此看法，竟以为朱庇特本身虽是万物的创造者和统治者，却既是弑父者，也是弑父者的儿子，而且他还被卑鄙的情爱和可耻的享乐所辖制，拐走了美少年甘尼美德（Ganymede），还有那众多被他强奸的女子并以为他的那些儿子，其所作所为也与他如出一辙。就如我们上面所说的这些事都是恶魔所为。我们已经认识到，唯有那些以圣洁和美德活在上帝近旁的人才得以圣化。我们也相信，人若生活邪恶，拒不悔改，就要被投入永火中受罚。

第二十二章　基督儿子身份的类比

此外，上帝的儿子耶稣，即使只是一个按常规方式出生的人，凭借他的智慧，也配称为上帝的儿子；因为所有著作家都把上帝称为人和诸神的父。如果我们主张，上帝的道是以某种特殊的方式生于上帝，不同于常规的生，那么如上面所说，你们也不必把这看为非同寻常，因为你们也说墨丘利是神的天使之言。也许有人提出耶稣被钉十字架这一点来反对他，那么在这一点上，他也与那些被尊为你们朱庇特的儿子的相提并论，因为他们也遭受了我们现在所列举的苦难。据记载，朱庇特众子死时所受的苦并非千篇一律，而是各有各的苦，所以即使耶稣的受苦颇为独特，也不能因此就使他低于他们。恰恰相反，如我们在这篇讲论的前面所许诺的，我们现在要证明他的卓越——或者毋宁说我们已经证明了这一点，因为他的行为已经显出了他的卓越。如果我们甚至认为他是由童女所生，那么也请你们接受这一点，就如你们接受珀耳修斯的事那样。至于我们说他治愈了跛子、瘫子以及那些生来瞎眼的人，我们所说

---

① διαφοράν καί προτροπήν。这里的讽刺意味一目了然，没有必要采用学者所建议的读法：διαφθοράν καί παρατροπήν（败坏堕落）。Otto 倾向于采纳上面的读法，Trollope 则倾向于后一种读法，原因主要是前一种表达并不常见。参他在 loc. 中的注解，颇有见地。

似乎又跟你们所说阿斯克勒庇俄斯所做的事大为相似了。

第二十三章 论证

你们要明白一点——（首先①），无论我们根据基督的教导和他之前的众先知的教导主张什么观点，我们的观点都是唯一真实的，且比一切曾在世上的著作家的主张都要古老。我们宣称你们要承认我们，并不是因为我们说的与这些著作家说的一样，而是因为我们所说的是真事。(第二)，耶稣基督是上帝所生的独一儿子，是上帝的道，上帝首生的、上帝的权能。他根据上帝的旨意成为了人，并为人类的皈依和复原教导我们这些事。(第三)，在他成为人来到人间之前，有些人受前面提到的鬼魔的影响，曾经借着诗人的手段，预先描述了后来实际发生的情形。但他们的叙述是出于编造，就如他们捏造出造谣中伤之言，污蔑我们有什么不名誉、不敬神的行为，②其实他们的话既无人证也无物据——但我们现在要提出以下证据。

第二十四章 各种名目的异教崇拜

［我们提供证明］首先是因为，虽然我们所说的与希腊人所说的相似，却只有我们因基督的名遭人憎恨；我们没做错什么，却被当作罪人处死；而其他人在别的地方，一如既往地崇拜树木、河流、老鼠、猫、鳄鱼，以及其他许多非理性的动物。并非所有人都崇拜同样的动物，有的地方崇拜这种，有的地方崇拜那种，而正因为他们崇拜的不是同一对

---

① 本笃会编辑马拉努 (Maranus)、Otto、Trollope 在这里指出，查士丁在本章答应要提出三个不同的卓越观点：第一，唯有基督教教义是真理，并非因为它们与诗人或哲学家的观点相似，而是因其自身的缘故应该被接受；第二，耶稣基督是道成肉身的上帝之子，我们的老师；第三，在他道成肉身之前，鬼魔因对他将要成全的事有所了解，也能够使异教诗人和祭司在某些方面对道成肉身的事实作出预言，不过是以歪曲的形式。第一点他于第二十四至第二十九章确立，第二点在第三十至第五十三章，第三点在第五十四章以后各章。

② 这里我们遵照 Trollope 的版本解释。

象，所以这些人彼此看对方都是渎神。你们对我们提出的唯一指控就是，我们不敬拜你们的诸神，也不给死者供奠酒、献上脂油的香味，不给他们的雕像戴上冠冕，①献上祭品。你们清楚地知道，同样的动物，有些人敬为神明，有些人视为野兽，有些人则奉为祭牲。

第二十五章　基督徒弃绝假神

第二，因为我们与万民都不同，他们习惯于崇拜塞墨勒（Semele）之子巴克斯和拉托那（Latona）之子阿波罗（他们与人发生情爱，做出不堪至极甚至羞于提及之事），普洛塞尔皮娜（Proserpine）和维纳斯［她们疯狂地爱上美男子阿多尼斯（Adonis），你们也用庆典来记念阿多尼斯的奥秘］，或者阿斯克勒庇俄斯，或者那些被称为诸神中的某个神——而我们已经借着耶稣基督学会了鄙弃这些事，尽管因此受到死亡威胁。我们将自己献于非受生的、行不可能之事的上帝，而这位上帝，我们相信，他从未对诸如安提俄珀（Antiope）之类的女子或者甘尼美德之类的男子产生情欲，也从未由那个百臂巨人借助忒提斯（Thetis）来提供营救，他也根本不用因这个②而担心儿子阿喀琉斯（Achilles）会因其情人布里塞伊斯（Briseis）的缘故杀死众多希腊人。我们同情相信这些事的人，而那些杜撰出这些故事的，我们知道他们必是鬼魔。

第二十六章　基督徒不相信巫师

第三，因为在基督升天之后，鬼魔也曾推出一些自称为神的人，这些人不仅没有受到你们迫害，甚至还被你们认为值得尊敬。有个撒玛利亚人西蒙，是吉托（Gitto）村人，凯撒克劳狄（Claudius）统治时期，他

---

① ἐν γραφαῖς στεφάνους. 对此处文本唯一显得很可能正确的推测，就是本笃会编者在这里所沿用的［Grabe 依从 Salmasius 读作 ἐν ῥαφαῖς, 并引 Martial Sutilis aptetur rosa crinibus 为证。译出来就是"连缀花环"。］

② 即，因为他获得了忒提斯的帮助，为此要回报忒提斯。

在你们的皇城罗马，借着鬼魔在他身上施展的伎俩，用巫术行了一些能事。你们竟视他为神，还铸了一个雕像，把他作为神来尊荣，这个雕像就立在台伯河边，位于两桥之间，上有拉丁语所刻的题铭，"*Simoni Deo Sancto*"①，即"献给圣神西蒙"。几乎所有撒玛利亚人，甚至还有一些其他民族的人，都崇拜他，把他看作第一神。有个妇女叫海伦娜（Helena），当时常与他来往，她原本是个娼妓，他们却说她是由西蒙所生的第一理念。有个男人叫米安德（Meander），也是撒玛利亚人，来自卡帕勒泰阿（Capparetaea）镇，是西蒙的门徒，是受鬼魔蛊惑的，我们知道此人在安提阿的时候利用巫术蒙骗了很多人。他说服那些追随他的人相信他们自己永远不会死，甚至现在还有些人信奉他的这种观点。还有马西昂（Marcion），本都（Pontus）人，今天仍然活着，教唆其门徒相信另有一位神比创造主更伟大。他也在鬼魔的协助下，诱导各邦中的许多人亵渎神明，否认上帝是这个宇宙的创造者，而主张另有存在者比他更大，成就了更大的工。凡接受这些人观点的人，如我们前面所说，②也都被称为基督徒，正如有些人虽然理论学说与哲学家不一致，还是被冠以哲学家的名称一样。他们是否干了那些叫人难以置信的丑事③——打翻灯台、乱交、吃人肉——我们不知道，但我们实实在在地知道，他们既没有受到你们的迫害，也没有被你们处死，至少没有因他们的观点受死。不过，我已经写了一篇专论，反驳一切现存的异端，如果你们愿意一读，我自当奉上。

---

① 普遍推测，查士丁误以为这是为术士西蒙（Simon Magus）而立的雕像。这种推测是基于这样的事实，1574年在台伯岛上挖掘出一块大理石残片，上面刻有"圣神西蒙"等等字样，很可能是献给萨宾族（Sabine）为其神西蒙（Semo Sancus）所立雕像的底座。人们猜测查士丁可能是把这一刻字误当作上面提到的题铭了。但在我们看来，这始终只是很不充分的证据，难以据此反驳查士丁这里如此确凿的话；而查士丁应该不会冒险在一篇向罗马演讲的护教辞里说这种话，因为那里人人都有办法确证其是否准确。若如普遍认为的，他真的搞错了，那么这个错误必定马上就会暴露出来，其他作者就不会再如此频繁地复述这个故事。见 *Burton's Bampton Lectures*, p.374.〔参 Grabe (1.51)的注解以及笔者在书末的注解1。〕

② 见第七章。

③ 这是对基督徒通常的指控。

第二十七章　遗弃孩子的罪

至于我们，我们受到这样的教诲，遗弃新生儿乃属恶人所为。这样的教诲，是为了避免我们对任何人有所伤害，也是免得我们犯罪得罪上帝。首先，因为我们发现几乎所有被这样遗弃的人（不仅女孩，男孩也如此），都被养育成卖淫者。就如我们听说古人饲养成群的牛羊和牧马，现在我们发现，你们养孩子也只是为了这种可耻的用途。因为这种污秽，每个邦国都出现了大量女性、阴阳人，以及行难以启齿之恶的人。你们原本应当把这些人赶出你们的领土，可你们却接受他们的租金、征收他们的税赋。凡是狎玩这类人的，除了不虔、无耻、污秽的交媾外，还可能正与自己的孩子、亲人、兄弟交媾。有些人甚至让自己的妻女去卖淫，还有人为了鸡奸公然自残。他们把这些秘密仪式献给诸神之母，还在你们敬为诸神的每个神祇旁边画一条蛇，①作为一个大符号、大秘密。事实上，这些事②你们不但公然去行，还为其叫好，仿佛神圣之光已被倾覆、熄灭了，可你们却拿这些来指控我们。说真的，这样的指控，对我们畏惧不去行这类事的人，不会有任何伤害，唯对行这些事并作假见证告我们的人才会有伤害。

第二十八章　上帝对人的顾念

在我们中间，邪灵的首领被称为蛇、撒但、魔鬼，你们可以在读我们的作品时得知。基督曾预言，这魔鬼与它的使者、还有跟从他的人将被送入永火，永无止期地受刑罚。而上帝之所以推迟这样的惩罚，是因他对人类的顾念。他预先知道有人要借着悔改得救，其中有些甚至是还没有出生的。上帝起初造了人类，赐予他们思想的能力，选择真理和行

---

① Thirlby 指出，蛇特别用来象征永恒、权能、智慧，几乎没有哪一种神圣属性，异教徒没有从这种动物身上发现其样式。亦见 Hardwick, *Christ and other Masters*, vol. ii. 146（第二版）。

② ［请注意他如何回敬"打翻灯台"的污蔑（第二十六章）。］

善的能力,好叫众人在他面前都无可推诿,因为他们生来原是有理性、能思考的。若有人不相信上帝在意这些事,①那他要么会由此暗示上帝不存在,要么会说,上帝尽管存在却喜欢邪恶,或者会说上帝就像石头一样存在,且无所谓美德、邪恶,只是人的观点把这些事看为或善或恶罢了。而这就是最大的渎神和邪恶。

第二十九章　基督徒的自制

另外[我们之所以不敢遗弃孩子],是恐怕其中有些没人捡起来,死了,那我们就成了杀人犯。但我们若结婚,那只是为了要养育孩子;我们若拒绝婚姻,那是要过自制的生活。为叫你们明白乱交不是我们的秘仪,我们的一个成员不久前向亚历山大的总督菲利克斯(Felix)提出请求,恳请菲利克斯准许外科医生给他做阉割手术。因为那里的外科医生说,若没有总督的批准,他们不能做这样的手术。菲利克斯断然拒绝签署这样的许可,但这位年轻人始终保持独身,认为只要他自己的良心作证,并有那些与他持相同观点的人赞同他,那就够了。我们想,若在这里提到安提诺斯(Antinous)也不算离题;他不久前还活着,众人都因为害怕被迫敬他为神,虽然他们都知道他是谁,也知道他的来历。②

第三十章　基督不是个巫师吗

有人可能会向我们提出这样的问题:我们称为基督、从人生而为人的那一位,怎么证明他不是借巫术行了我们称为他的大能作为的事,并

---

① 指那些关乎人得救的事。特洛普和其他阐释者也这样理解,但 Otto 把这里的 τούπων 看作阳性名词,认为它是指最初谈到的人的事。[见柏拉图《法律篇》(opp. Ix. p. 98, Bipont., 1786),以及 Tayler Lewis 教授所编第十卷的珍藏版 (52 页注) ,New York, 1845.]

② 这里是在影射一段臭名昭著的历史,包括哈德良夸张的悲痛以及民众的奴性,详尽描述见 Smith 的《传记词典》(Dictionary of Biography),"Antinous"条后。[请注意"众人因为害怕被迫敬他为神",等等。由此我们可以看出,对"哲学家"的——本护教篇就是以这个响亮的称号开始的——这种辛辣讽刺是何等大胆的行为。]

借此显现为上帝的儿子呢？ 为免得人拿上述问题来刁难我们，现在我们要提出证据，并且我们的证据不是只靠独断，而必须靠那些在这些事还未发生之前就指着他说预言的人来说服，因为我们亲眼看见那些事正如预言所说的发生了，或者正在发生。我们认为，这在你们看来同样也是最可靠、最可信的证据。

第三十一章　希伯来先知的证据

犹太人中有些人是上帝的先知，发预言的圣灵借着他们，在事件未发生之前就预先宣布将来要发生的事。众先知说了这些预言之后，就用自己的语言即希伯来语把它们编纂成书，然后，当时正巧统治犹太人的历代君王再将它们收归私有，仔细保存。埃及的托勒密王建了图书馆后，就想方设法收集一切作者的作品，他也听说了这些先知书的事，就派人去希律那里——希律当时是犹太人的王①——要求把先知书寄给他。希律王确实把这些如前所说用希伯来语写成的作品原样寄给了托勒密，但他发现埃及人无法阅读书中的内容，于是又打发人去，要求把书交人译成希腊语。书译成希腊语后，就存留在埃及人那里，直到今天。它们也是全世界所有犹太人的财产。然而，尽管犹太人也读这些书，却不明白书中所说，反倒把我们当作仇人和敌人，并且他们跟你们一样，一旦有了权力就屠杀、惩罚我们。这是你们完全可以相信的。比如，在最近发动的犹太战争中，犹太人叛乱领袖巴尔科谢巴斯（Barchochebas）下令，唯有对基督徒要严厉惩罚，除非他们否认耶稣基督，并说渎神的话。我们发现这些预言的书里已说到耶稣我们的基督会来，由童女所生，长大成人，他医治各样疾病，使死人复活，被人憎恨，受人厌弃，被钉十字架，死了，又复活，升到天上，被称为上帝的儿子。我们还发现，

---

① 有人认为这个年代错误出于查士丁，有人认为出于他的抄写员。托勒密（Ptolemy）当时任用的是大祭司以利亚撒（Eleazar）。

书中预言到某些人会受他差遣,进入各国传扬这些事,而相信他的,与其说是犹太人,不如说更多的是外邦人。他还未出现就被预言了,第一次是五千年前,然后是三千年前,再是一千年前,八百年前,因为代代相继之中,不断有一批又一批的先知起来[预言他的事]。

第三十二章　摩西预言了基督

摩西是第一位先知,他就说了这样的话:"杖必不离犹大,立法者必不离他两脚之间,直等到王来到,权杖为他预备。他必是万民所仰望的。他把他的小驴拴在葡萄树上,在葡萄汁中洗了袍褂。"①你们应当准确考查,确定犹太人直到哪个时代才有自己的立法者和君王。直到耶稣基督的时代——他教导我们、为我们解开尚未有人明白的预言——他们才有立法者,就如预言的圣灵借着摩西所预告的,"有位君王,他不会叫犹太人指望落空,直到他到来,王国为他留存"(因为犹大是犹太人的祖先,犹太人这个名称就得自于"犹大"),然后,他(即基督)出现之后,你们开始统治犹太人,得了他们的整个领土。预言还说,"他必是万民所仰望的",表示万民中会有一些人渴望他再临。这一点其实你们自己可以看到,事实也向你们证明了。各族各民中都有人寻求那在犹太地被钉十字架的主,他被钉十字架之后,那地直接落入你们之手,成了你们的战利品。预言所说,"把他的小驴拴在葡萄树上,在葡萄汁中洗了袍褂"也是富有意义的象征,表示将要临到基督的事以及他要做的事。那驴驹原本拴在村口的葡萄树上,他命令跟随他的人牵来他这儿;牵来之后,他就骑上驴驹,进入耶路撒冷,那里有犹太人的圣殿,后来被你们毁了。之后他被钉十字架,为叫预言的其余部分一一应验。因为这里所说的"在葡萄汁中洗了袍褂"是预言他所遭受的苦难,他用他的血洗净信他的人。圣灵借着先知所说的"他的袍褂",就是那些相信他的人,在他们

---

① 《创世记》49:10—11。

里面有上帝的种子，①即道。所说的"葡萄汁"②表示将要显现的那一位尽管不是出于人的精子，而是出于上帝的权能，却仍然会有血液。仅次于父上帝、万有的主的第一权能就是道，这道也是子。在后文我们会谈到他如何取了肉身成为人。就如不是人造了葡萄汁，而是上帝；同样这里暗示，那血不是出于人的种子，乃是出于上帝的权能，如我们上面所说的。另一位先知以赛亚用另外的话预言了同样的事，他说："有星必出于雅各，从耶西的根必开出花朵，万民必倚靠他的膀臂。"③光明之星已经升起，花朵已从耶西的根绽放——就是这位基督。借着上帝的权能，他由雅各后裔中的一位童女怀胎，雅各是犹大的祖先，而犹大，我们已经证明他是犹太人的祖先；又根据预言，耶西乃是这位基督的祖先，因此基督从血统上的确是雅各和犹大的子孙。

第三十三章　预言基督的出生方式

再听听以赛亚如何明确预言他将由一位童女出生，他说："看哪，必有童女怀孕生子，给他起名叫'上帝与我们同在'。"④在人看来不可思议、绝不可能的事，上帝借着预言的灵预定必要发生，好叫这些事发生的时候人不是不信，而是信，因为这些事早有预言。不过，为免得有人无法理解这里所引用的预言，就像我们指控诗人那样——诗人说朱庇特因淫欲进入女子的身体——来指控我们，我们要尽力解释这段话。"看哪，必有童女怀孕"，这话意指童女没有与男人同房却要怀孕。如果她与哪个人同房，那就不再是童女；但上帝的权能临到这位童女，荫庇她，使她还是童女时就怀了孕。当时奉差来这位童女面前的上帝的使者还给

---

① Grabe 不把这里读作 σπέρμα，而认为是 πνεῦμα，即"灵"。但那位本笃会修士、Otto 和 Trollope 都认为不应对这里作任何改动。
② 此短语直译为"葡萄的血"，中文译文不能见出其中的"血"字。——中译者注
③ 《以赛亚书》11:1。
④ 《以赛亚书》7:14。

她带来好消息,说:"看哪,你要因圣灵受孕,将要生一个儿子,他要称为至高者的儿子,你可以给他起名叫耶稣,因他要将自己的百姓从罪恶里救出来。"①那些记载了我们救主耶稣基督一切事的人也曾如此教导,而我们也相信他们,因为说预言的圣灵也曾借着我们现在所引的以赛亚,宣告救主要如我们之前所暗示的那样出生。因此,若把圣灵和上帝的权能理解成别的什么而非那道,是错误的。这道,如前所说的先知摩西所指示的,他也是上帝头生的;这道临到童女、覆庇她,便使她怀了孕,不是通过男女同房,而是借着权能。耶稣这个希伯来名字,就是希腊语里的 Σωτήρ(救主),因此,天使也对童女说:"可以给他起名叫耶稣,因为他要将自己的百姓从罪恶里救出来。" 众先知是受神圣之道的启示②,而不是别的什么启示,我想,这一点,即使你们也会同意的。

第三十四章　基督的出生地早有预言

听听他将要出生在世上哪个地方,如另一位先知弥迦所预言的,他说:"伯利恒,犹大之地啊,你在犹大诸王中并非最小,因为将来必有一位掌权的从你而出,喂哺我的百姓。"③今天的犹太人之地有个村庄,离耶路撒冷约三十五斯塔迪(stadia)④,耶稣基督就出生在那里,你们也可以从你们在犹大地的首任总督居里扭(Cyrenius)的征税册中得到确证。

第三十五章　其他应验的预言

基督诞生后如何避开他人的注意,一直长大成人,这也是应验了的

---

① 《路加福音》1:30;《马太福音》1:21。
② θεοφοροῦνται,字面意思是"被一位神承载着",该字用来表示一些据说在神灵介入下恢复健全的人。
③ 《弥迦书》5:2。
④ Stadia 为古希腊罗马的长度单位,约等于 607 英尺,其长度相当于一个运动场的跑道。——中译者注

事实,你们听听对此有何预言。①"有一婴孩为我们而生,有一少年赐给我们,政权必担在他的肩头上。"②这表示十字架的权能,因为当他被钉十字架时,他就使用了自己的肩膀。在后面的讨论中将更加清楚地阐明这一点。另外,还是这位先知以赛亚受预言的圣灵启示,说:"我整天伸手招呼那悖逆的百姓,他们随自己的意念行不善之道。如今他们向我求审判,胆敢亲近上帝。"③他又借另外的先知用另外的话说:"他们扎了我的手、我的脚,为我的里衣拈阄。"④其实,大卫这位君王、先知虽然说到这些事,但一件也没有经历过,是耶稣基督伸开双手,被那些攻击他、不认他是基督的犹太人钉了十字架。如先知所说,他们折磨他,把他置于审判台上,[讥讽]说:你审判我们吧。"他们扎了我的手、我的脚"这话指钉十字架的钉子,他的手和脚被这些钉子钉住。他被钉十字架后,把他钉上十字架的人又为他的里衣拈阄,分了他的里衣。这些事确实发生了,你们可以从《本丢彼拉多行传》(Acts of Pontius Pilate)⑤中得到确证。我们要引用另一位先知西番雅的预言,⑥那里差不多明确预言到他坐驴驹进入耶路撒冷。这些话如下:"锡安的女儿啊,应当大大喜乐! 耶路撒冷的女儿啊,应当欢呼! 看啊,你的王来到你这里,谦谦和和地骑着驴,就是骑在一头驴驹上。"⑦

第三十六章 预言有不同模式

当你们听到先知的话时,尽管这些话仿佛出自先知之口,你们也不

---

① 这些预言与查士丁想要阐明的观点几乎没有什么关联,所以有些编辑认为这里佚失了一个段落。但有些编辑认为此处表现出的不相关性不足以证明上述推测。[见下文第四十章]
② 《以赛亚书》9:6。
③ 《以赛亚书》65:2, 58:2。
④ 《诗篇》22:16。
⑤ ἄκτων。一般认为,本丢的彼拉多的行传,或者说彼拉多呈给提比略(Tiberius)皇帝关于他的活动的例行报告,应该在早期就已被毁,其原因可能是基督徒不断向他们提出无法回答的诉求。不过,现存有一份模仿这些行传的伪造文件。参 Trollope。
⑥ 读者会注意到这不是西番雅的话,而是撒迦利亚的话(亚9:9),查士丁本人还在《与特里弗的对话》第五十三章提到这些话。[因此,也许可以把它看作抄写员的一个笔误,在正文中改过来。]
⑦ 《撒迦利亚书》9:9。

可以为这是受灵感动的先知自己说的，实在是感动他们的圣道说的。有时候这道以预言家的方式宣告将要成就的事；有时候，他以主上帝、万物之父的身份说话；有时候，他以基督的身份说话；还有些时候站在百姓的角度回答主或他的父。这就像你们可以在你们自己的作家那里看到，某人可能是全书的作者，但他会引入对话者。拥有先知书的犹太人没有明白这一点，因此甚至在基督到来时也没有认出他来，反倒因为我们说他已临，并证明他已照预言所说被他们钉了十字架，就仇恨我们。

第三十七章　父的话

另外，为叫你们清楚这一点，父借着先知以赛亚说过以下的话："牛认识主人，驴认识主人的槽，以色列却不认识，我的民却不明白。悲哉！ 犯罪的国民，满是罪孽的百姓；行恶的种类，败坏的儿女，你们离弃主耶和华。"①另一处，该先知以同样的方式代表父说："耶和华如此说：'天是我的座位，地是我的脚凳。你们要为我造何等的殿宇？'"②在另一处又说："你们的月朔和安息日，我心里恨恶，大禁食和守安息，也不能容忍，你们来到我面前，我也不听，你们的手都满了杀人的血；如果你们带来细面、香品，那是我所憎恶的；羔羊的油脂和公牛的血，我都不想要。谁向你们要这些东西？ 你们要松开一切邪恶的契约，撕碎暴力合约的死结，给无房无衣者遮身，给挨饿的人饼。"③现在你们该明白上帝借着先知所教导的是什么样的事了吧！

第三十八章　子的话

当说预言的圣灵从基督的位格说话，所说的有这样一些："我整天伸

---

① 《以赛亚书》1:3—4。

② 《以赛亚书》66:1。

③ 参《以赛亚书》1:11—17。

手招呼那悖逆顶嘴的百姓，他们行的是不善之道。"①又说："人打我的背，我任他打；人击我的脸，我由他击；人吐我，我并不掩面。主耶和华必帮助我，所以我不抱愧。我硬着脸面好像坚石，我也知道我必不至蒙羞，因称我为义的与我相近。"②又说："他们分我的外衣，为我的里衣拈阄。他们扎了我的手、我的脚。我躺下睡觉，又起来，因为耶和华保佑我。"③还说："他们撇嘴摇头，说：'让他自己救自己吧。'"④你们可以查明，所有这些事，都由落在犹太人手里的基督遭遇了。他被钉十字架时，他们确实鼓舌摇头说："他既然使死人复活，就让他救自己吧！"⑤

第三十九章　圣灵直接的预言

当说预言的圣灵预先宣告那将要发生的事时，他是这样说的："因为训诲必出于锡安，耶和华的言语必出于耶路撒冷。他必在列国中施行审判，为许多国民断定是非。他们要将刀打成犁头，把枪打成镰刀；这国不举刀攻击那国，他们也不再学习战事。"⑥事实确实如此，我们可以向你们证明，因为有人从耶路撒冷出来，他们的数目是十二个，这些人虽然无知无识，也没有口才，却靠着上帝的大能向各个民族宣告，他们是受基督派遣，要将上帝的言语教导众人的。我们这过去常常相互杀戮的，如今不仅戒绝了与仇敌交战，而且宁可认信基督而死，好叫我们不必说谎，也不必欺骗那究察我们的人。有话说"舌头起了誓，但心灵未起誓"⑦，或许在这件事上我们可以套用一下这句话。你们招募的士兵若立下军令状，愿舍弃生命、父母、家乡、亲人以尽忠为国，那么他们就

---

① 《以赛亚书》65:2。
② 《以赛亚书》50:6—8。
③ 《诗篇》22:18, 3:5。
④ 《诗篇》22:7。
⑤ 比较《马太福音》27:39。
⑥ 《以赛亚书》2:3—4。
⑦ Eurip., *Hipp.*, 608.

得信守誓言,尽管你们其实不可能为他们提供任何不朽的东西。他们尚且如此,更何况我们呢? 我们这些热切渴望不朽的人,若不能忍受一切,为从那位能够赐给我们永恒之物的主那里得着我们所渴望的,岂不真正可笑?

第四十章 基督降临的预言

你们也要听听预言如何说到那些宣扬他教导、宣告他出现的人。前面提到的那位先知兼君王借着预言的圣灵如此说:"这日到那日发出言语;这夜到那夜传出知识。无言无语,也无声音可听。他们的量带通遍天下,他们的言语传到地极。他在日头上安设自己的帐幕,日头如同新郎出洞房,又如勇士欢然奔路。"①我们认为,除了这些之外,再提一些大卫的其他预言也是适当和切题的。从这些预言,你们可以得知预言的圣灵如何劝告人们的生活,如何预言犹太人的王希律、犹太人自己,以及你们在犹太人中设立的总督彼拉多及其士兵设计谋害基督;得知各族各邦的人如何相信他;为何上帝称他为儿子,并宣告他要让所有仇敌服在他的圣子以下;得知鬼魔如何无所不用其极,妄图脱逃父上帝和万有之主的大能,逃脱基督本人的大能;得知上帝如何呼召众人趁着审判之日未到而悔改。大卫是这样说到这些事的:"不从恶人的计谋,不站罪人的道路,不坐亵慢人的座位。惟喜爱耶和华的律法,昼夜思想,这人便为有福! 他要像一棵树栽在溪水旁,按时候结果子,叶子也不枯干。凡他所做的尽都顺利。恶人并不是这样,乃像糠秕被风吹散。因此当审判的时候,恶人必站立不住;罪人在义人的会中也是如此。因为耶和华知道义人的道路,恶人的道路却必灭亡。外邦为什么争闹? 万民为什么谋算虚妄的事? 世上的君王一齐起来,臣宰一同商议,要敌挡耶和华并他

---

① 《诗篇》19:2—5。[请注意查士丁如何就他的某些引文与论点明显脱节给出理由(第三十五章注释),不过他的解释完全是柏拉图式的。这些经文包含新颖的旨趣,意在激发读者去仔细研读经文。]

的受膏者，说：'我们要挣开他们的捆绑，脱去他们的绳索。'那坐在天上的必发笑，主必嗤笑他们。那时，他要在怒中责备他们，在烈怒中惊吓他们。然而，他已经立我在锡安他的圣山上为君王了，以传扬主的圣旨。耶和华曾对我说：'你是我的儿子，我今日生你。你求我，我就将列国赐你为基业，将地极赐你为田产。你必用铁杖打破他们，你必将他们如同窑匠的瓦器摔碎。'因此，你们这些君王应当省悟；你们世上的审判官该受管教！ 当存畏惧侍奉耶和华，又当存战兢而快乐。当接受管教，免得他发怒，你们便偏离正道灭亡，因为他的怒气已经发作。凡投靠他的，都是有福的。"①

第四十一章　他被钉十字架早有预言

在另一则预言中，预言的圣灵也是借着大卫，暗示基督被钉十字架后要做王。他这样说："全地都要向耶和华歌唱，天天传扬他的救恩。因耶和华为大，当受极大的赞美；他在万神之上，当受敬畏！ 外邦的神都属虚无，惟独耶和华创造诸天。有尊荣和威严在他面前，有能力与华美在他圣所。要将荣耀归给耶和华永恒的父。领受荣耀，来到他面前，在他的圣殿里敬拜。全地要在他面前战抖；它要确立，不会动摇。他们要在万民中喜乐。耶和华从木头上作王。"②

第四十二章　采用过去时态的预言

预言的圣灵谈到将要发生的事时，就如同它已经发生似的——甚至在我已经引用的经文里也可以看到这一点——但这种情形不能成为读者产生误解的理由，对此我们也要作出非常明确的说明。对于他肯定知

---

① 《诗篇》1、2篇。
② 《诗篇》96:1 等。我们的版本中没有最后一句，它或者出自七十士译本，或者出自希伯来文本，查士丁指责犹太人把这句抹去了。见 *Dial. Tryph.* , 73。[关于这句的18种犹太式改动，见 *Pearson on the Creed*, art. iv. p. 335, London,1824。]

道将要发生的事,圣灵作出预言时就仿佛这些事早已发生。你们如果充分留意,就会明白这些话必须这样来理解。上面引用的话,大卫是在基督道成肉身并被钉十字架一千五百年前①讲的,但无论在大卫之前,还是在大卫当时,没有哪个人因被钉十字架而给外邦人带来喜乐。但我们的耶稣基督被钉十字架死了,又复活,升天,做了王;通过使徒奉他的名在万民中传扬的那些事,他给那些指望他所应许的不朽的人带来喜乐。

第四十三章 肯定人的责任

有人或许会根据我们之前所说,推想我们会说无论发生什么,都是出于命运的必然性,因为那事已作为预先所知道的事被预言了。对此我们也要作出解释。我们从众先知得知,并且也深信,刑罚、惩戒和奖赏是根据各人行为的功过给予的。试想,如果不是这样,如果一切事都是出于命运而有,那就没有任何事物受我们掌控了。比如,如果此人命里注定是好人,彼人注定是恶人,那前者就没有功德可言,后者也没有什么可指责的。同样,人类若没有能力凭自由意志择善避恶,那他们对自己的行为,不论什么样的行为,也就没有责任可言了。但是我们下面要证明,他们无论行正路还是跌倒,都是出于自由选择。我们看到,同一个人会从一端转向另一端;试想,倘若他成为好人或坏人是命运安排的,那他绝不可能兼有行善和作恶的能力,也不可能有多次转变的能力了。甚至也不会有些人好、有些人坏,否则,我们就是把命运当作恶的源头,并显示他的行为是自相矛盾的。又或者,我们前面提到的一种观点就显得是正确的了,即无所谓美德和邪恶,事物只是根据人的意见被认为或善或恶。然而就如真道所表明的,这是最大的不虔和邪恶。但我们主张,人不可避免的命运乃是,选择善的,必得相应的奖赏;选择恶

---

① 这是个年代错误,只是不知道是抄写员犯的,还是查士丁本人犯的。

的，也必遭当得的报应，因为上帝造人不同于造其他事物，比如树木、野兽，它们不可能根据选择作出行为。倘若人不是自己选择善，而是被造时就注定了要奔向这个目标，①那他就不该得到奖赏或赞美；反过来，他若成为恶人也不该受到惩罚，因为不是他自己要成为恶，他只能成为被造的样子，而不可能成为别的。

第四十四章　人的责任并不因预言而废除

　　预言的圣灵曾教导我们，就是借着摩西告诉我们，上帝曾这样对最初被造的人说："看哪，我将善恶陈明在你们面前，要选择善。"②又借着另一位先知以赛亚说出下面一段话，仿佛是父上帝和万有之主亲口说的："你们要洗濯、自洁，从我眼前除掉你们心灵的恶行；学习行善，给孤儿伸冤，为寡妇辨屈。耶和华说：'你们来，我们彼此辩论，你们的罪虽像朱红，必变成雪白；虽红如丹颜，必白如羊毛。你们若甘心听从，必吃地上的美物；若不听从，反倒悖逆，必被刀剑吞灭。'这是耶和华亲口说的。"③这里所说的"必被刀剑吞灭"意思不是说，悖逆的人要被刀剑杀死，而是说上帝的刀剑是火，凡是选择作恶的就成为这火的燃料。因此他说："'必被刀剑吞灭。'这是耶和华亲口说的。"假如他说的是能砍并即刻致死的刀剑，那他就不会说"吞灭"了。同样，柏拉图说，"指责归于作出选择的人，上帝无可指责"④，这话也是取自先知摩西而说的，因为摩西比所有希腊作家更古老。无论哲学家和诗人关于灵魂不朽、死后惩罚、对天上事物的沉思或者诸如此类的教义说了什么，他们都是从众先知得了一些暗示，而这些暗示使得他们能够明白并阐释这些事。这样看来，人人心中都有真理的种子，但他们错就错在发出自相矛

---

① 或作"被造如此"。希腊文作ἀλλὰ τοῦτο γενόμενος，查士丁在此何指已足够明了。
② 《申命记》30∶15、19。
③ 《以赛亚书》1∶16—20。
④ 柏拉图《理想国》第十卷。

盾的论断时，自己并没有准确理解真理。所以，当说到将来之事已有预告时，我们的意思不是说它们出于命运的必然性发生，而是说上帝早已预知一切人要做的一切事。由于他的定旨乃是人将来的行为必根据各自不同的功过一一得到报应，所以他就借着说预言的圣灵预告，他要按人行为的功过给予相应的报赏。他始终勉励人尽心努力和回忆，同时也表明他顾念、供应他们所需。但由于鬼魔的作用，你们就下令要处死那些阅读希斯塔斯普或者西比尔①或者先知书的人，要利用惧怕阻止读这些书的人领受善的知识，而将他们掌控在自己的奴役之中。然而，鬼魔并非总能得逞，因为我们不仅毫无畏惧地阅读这些书，而且如你们所看到的，还将这些书带来让你们审查，也因为我们知道书中的内容必为众人所喜悦。如果我们能够劝服人，哪怕只有一小部分人，我们得到的好处也是巨大的，因为我们必如好农夫，从主得奖赏。

第四十五章　基督在天上的时期已有预言

万物之父上帝将使基督从死人中复活，之后带他到天上，并留他在天上②，直到他制伏他的仇敌，就是众鬼魔，以及他所预知的良善有德之人的数目满了；而且，为了这些人的缘故，他还在推迟这个终局的到来。关于这一点，请听听先知大卫是怎么说的。他说："耶和华对我主说：'你坐在我的右边，等我使你仇敌作你的脚凳。'耶和华必从耶路撒冷差权力的杖给你，你要在你仇敌中掌权。当你掌权的日子，政权与你同在，还有你美丽的众圣徒；我从晨星的腹中③生了你。"④他所说的"耶和华必从耶路撒冷给你权力的杖"，是在预言那大能者，就是道，他

---

① ［关于奥菲斯（Orphica）和西比尔（Sibyllina），见 Bull, Works, vol. vi. pp. 291-298。］
② Thirlby、Otto、Trollope 似乎都这样理解 κατέχειν（留住）这个词。然而，查士丁是否既借用了《帖撒罗尼迦后书》2:6、7 的术语，也借用了其意义，似乎是个值得思考的问题。
③ 或作"在晨星以前"。
④ 《诗篇》110:1—3。

的使徒从耶路撒冷出来向各处传讲这道,尽管你们下令要处死教导或仅仅认信基督之名的人,但我们处处都拥护这道,教导这道。如果你们也是以敌对的心读这些话,那么就如我前面所说的,你们最多只能杀死我们,这其实对我们毫发无损,对你们以及所有不当憎恨我们且不悔改的人,却要招来永火的刑罚。

第四十六章　基督到来之前就在世上的道

或许有人无缘无故、只为歪曲我们的教导,就断言我们是说基督出生在一百五十年前居里扭统治时期,后来到了本丢彼拉多任巡抚时才开始教导我们所说他曾教导的那些道理。也许这些人还会极力反对我们,似乎凡在基督之前出生的人都不必负责任——为避免这种情形,我们当提前预防,解决这个难题。我们受到这样的教导,基督是上帝的头生子(first-born),我们在上文说过,他也是各族人都分有的道,而那些按理性[①]生活的人都是基督徒,尽管他们一直被认为是无神论者。比如在希腊人中有苏格拉底、赫拉克利特以及诸如此类的人,在化外之民中有亚伯拉罕、亚拿尼亚(Ananias)、亚撒利亚(Azarias)、米沙利(Misael)、以利亚(Elias)以及许多其他人,他们的名字和作为我们这里不一一列举,因为我们知道那会显得冗长乏味。所以,即使是在基督到来之前不按理性生活的人,也是邪恶的、敌基督的,他们杀害了那些按理性生活的人。然而,耶稣借着道的权能,按着父上帝和万有之主的旨意,生自一位童女,成为人,取名为耶稣,被钉十字架,死了,又复活,升到天上——有理智的人必能从我们上文的大量解说中明白这事。 由于关于这个话题的证据现在并非那么紧迫,所以我们要暂时转向证明那些紧迫的问题。

---

① μετὰ λόγον,"按理性"或者"道"。[这段话很有名,论到异教徒也可得救且要承担责任,值得注意。见古怪而严谨的 Ed. King 著,"论《马太福音》25:32",*Morsels of Criticism*,p. 341,London,1788。]

第四十七章　犹太地将变荒凉早有预言

关于犹太人的土地将要变成荒场，请听听预言的圣灵是怎么说的。这些话似乎出自对所发生之事感到困惑不解的人之口，如下："锡安变为旷野，耶路撒冷成为荒场。我们圣洁的殿成了一道咒诅，我们列祖赞美的荣耀被火焚烧，它的一切荣耀之物尽都荒废。耶和华啊，有这些事，你仍忍得住，仍静默，使我们深受苦难。"① 耶路撒冷已经照着所预言的被毁，对此你们也信服。关于它将成为荒野，任何人不得在其中居住，以赛亚有以下预言："他们的地土已经荒凉，他们的仇敌当着他们的面焚毁它，他们谁也不能在地上居住。"② 的确，你们看管着这地，不容任何人居住，抓到想进去的犹太人就可以下令处死，这些你们都知道得非常清楚。③

第四十八章　基督的工作和受死早有预言

曾有预言说，我们的基督要治愈各种疾病，使死人复活。这些话如下："他一到来，瘸子必跳跃像鹿，结巴的舌头必出言清晰。瞎子将看见，麻风病人将得洁净，死人将复活，并且四处走动。"④ 你们可以从《本丢彼拉多行传》中得知，他确实行了那些事。关于预言的圣灵如何预言不但他、连那些仰望他的人也要被杀，请听以赛亚是怎么说的。他说："看哪，义人死亡，无人放在心上；虔诚人被收去，无人思念。这义人被收去是免了将来的祸患。他得享平安，从我们中间被收去。"⑤

第四十九章　他被犹太人弃绝早有预言

另外，关于以赛亚如何说到素来没有寻求他的外邦人要敬拜他，常

---

① 《以赛亚书》64：10—12。
② 《以赛亚书》1：7。
③ ［Ad hominem，指哈德良的残酷法令，安东尼（Antonines）皇帝也没有将其废除。］
④ 《以赛亚书》35：5—6。
⑤ 《以赛亚书》57：1—2。

期待他的犹太人却在他到来时不认识他。他的话就像出自基督本人之口,如下:"素来没有访问我的,我向他们显现;没有寻找我的,我叫他们遇见;没有称为我名下的,我对他们说:'我在这里!'我伸手招呼那悖逆的百姓,他们随自己的意念行不善之道。这百姓时常当面惹我发怒。"①犹太人拥有预言,一直在盼望基督的到来,却没有认出他;非但认不出他,甚至还以可耻的方式对待他。而外邦人,直到使徒从耶路撒冷出去传讲基督的事、将预言带给他们之前,从来没有听说过有关基督的事,但他们却满有喜乐和信心,抛弃了他们的偶像,借着基督将自己献给那位非受生的上帝。至于[犹太人]如何将以这些丑事来攻击那些认信基督的人,还有那些杀死基督并说还是保留古时规条好的人必遭悲惨下场,也是预先就知道的,请听以赛亚如何简明扼要地说到这些事。他说:"祸哉! 那些以苦为甜,以甜为苦的人!"②

第五十章 他受羞辱早有预言

关于他为我们的缘故成为人,忍受苦难和羞辱,且还要带着荣耀再临,请听论到这事的预言:"因为他们把他的灵魂交给死亡,他被列在罪人之中,所以他担当了多人的罪,并要为罪人代求。看哪,我的仆人行事必有智慧,必被高举,且大大升高。许多人因你惊奇,你的形容要在世人面前损毁,你的荣光要向他们隐藏,许多国民必感到惊奇,君王要向他闭口。因他的事未曾传到的人,他们要明白,未曾听见的,也要明白。主耶和华啊,我们所传的有谁信呢? 耶和华的臂膀向谁显露呢? 我们在他面前像孩子宣告,像根出于干地。他无佳形美容,我们看见他的时候,也无形容美貌。相反,他的面貌比世人憔悴,他的形容比世人枯槁;他被藐视,被人厌弃,多受苦痛,常经忧患。他被藐视,好像被人

---

① 《以赛亚书》65:1—3。

② 《以赛亚书》5:20。

掩面不看一样。他诚然担当我们的罪过，背负我们的痛苦，我们却以为他受责罚，被击打苦待了。哪知他为我们的过犯受害，为我们的罪孽压伤。因他受的刑罚，我们得平安；因他受的鞭伤，我们得医治。我们都如羊走迷，各人偏行己路。耶和华将我们众人的罪孽都归在他身上。他被欺压，在受苦的时候却不开口。他像羊羔被牵到宰杀之地，又像羊在剪毛的人手下无声，他也是这样不开口。因他受辱，他的审判被夺去。"①于是，在他被钉十字架之后，甚至所有认识他的人都弃他而去，不认他。 而后来，他从死里复活，向他们显现，教导他们去读早就预告了这一切事都要发生的预言。他们看见他升上天去，就信了，并领受了他从上面差来的能力。此后，他们就奔走于各族，教导这些事，并被称为使徒。

第五十一章 基督的威荣

预言的圣灵为要向我们表明，受这些苦的那一位拥有不可言说的根源，并管制他的仇敌，就这样说道："谁能诉说他的世代？ 因为他的生命从地上被剪除，他因他们的罪过来到死地。我要让他与恶人同埋，死的时候与财主同葬，因他未行强暴，口中也没有诡诈。耶和华乐意洗净他的鞭伤。他若被舍作赎罪祭，你们的心就必看见他的后裔延长时日。耶和华乐于救他的心脱离忧愁，向他显出亮光，用知识塑造他，并称那尽心侍奉众人的义人为义。他要担当我们的罪孽。所以，他要承继许多产业，要与强盛的均分掳物。因为他的命被交给死亡；他也被列在罪犯之中，又担当多人的罪孽，又为他们的罪孽被救拔。"②再听他将如何按预言所说的升天，经上是这么说的："天上的众门要举起，众门要打开，

---

① 《以赛亚书》52：13—15，53：1—8。
② 《以赛亚书》53：8—12。

荣耀的王将要进来。荣耀的王是谁呢？ 就是有力有能的耶和华。"①关于他要如何带着荣耀从天上再临，请听先知耶利米提到这事所说的话②，他说："看哪，他像人子驾着天云而来，有他的众使者陪同。"③

第五十二章　预言必定应验

既然我们证明已经发生的事都是先知预先作了预言的，那么我们必须相信，那些以同样的方式作了预言但还没有发生的事，也必定发生。就如已经发生的事在预言时就已成就，只不过不为人知，同样，其余的事尽管也可能不为人所知、不为人所信，但也都要成就。众先知宣告了他［基督］的两次降临：第一次已经发生，即他作为受辱、受苦的人降临；但第二次，根据预言，他要带着他的天使军队在荣耀里从天再临，那时他还要使凡活过的人的身体复活，要让配得的人身体穿戴不朽，并把恶人的身体送入永火，让他们带着永恒的感知与恶鬼一同受罚。我们将证明，这些事也早已有过预言，必然要发生。借着先知以西结，有话这样说："筋与筋相连，骨与骨相结，肉要重新长出；万膝必向耶和华跪拜，万口必承认他。"④关于恶人将进入何种感知和惩罚，请听类似结构的话："他们的虫是不死的，他们的火是不灭的。"⑤那时他们要悔改，但已于事无补。关于犹太百姓看见他在荣耀中临到后要说要做的事，先知撒迦利亚有这样的预言："我要下令四风聚集分散的儿女，我要下令北风将他们带来，下令南风不要停住。到那时耶路撒冷必有大大的悲哀，不是嘴里唇间的悲哀，而是心里的悲哀；他们要撕裂的不是衣服，而是他们的心。他们一族挨着一族都要哭泣，到那时他们必仰望他，就是他们

---

① 《诗篇》24:7。
② 该预言并非出现在《耶利米书》，而是在《但以理书》7:13。
③ 《但以理书》7:13。
④ 《以西结书》37:7、8；《以赛亚书》45:23。
⑤ 《以赛亚书》66:24。

所扎的。他们要说：'耶和华啊，你为何使我们走差（岔）离开你的道，我们列祖所赞美的荣耀，在我们已经成为羞耻。'"①

第五十三章　预言的总结

尽管我们还可以提出许多其他的预言，但我们忍住不提，因为我们断定这些例子已足够说服那些有耳可听，并听得明白的人。我们也认为那些人能够看到，我们并非只是提出论断而无法提供证据，就像那些关于所谓的朱庇特之子的神话寓言一样。试想，我们为何会相信一个被钉十字架的人是非受生的上帝的首生者，并相信他必将亲自审判整个人类呢？除非我们已经找到关于他的证据，并且这些证据在他降临并出生为人之前就已公布出来；除非我们看到那些预言的事已经一一发生——犹太人的土地变荒芜，各族人借着使徒的传讲信服他的教导，并抛弃了他们受蒙蔽而向来浸淫其中的本族旧习。再看看我们自己就知道，与犹太人和撒玛利亚人中的基督徒相比，外邦人中的基督徒不仅数量更多，而且也更加忠诚。因为预言的圣灵把所有其他民族统称为外邦人，而把犹太人和撒玛利亚人称为以色列的支派、雅各家的。我们要举出一个预言，里面说到必有更多信徒出于外邦人，胜过犹太人和撒玛利亚人："你这不怀孕，不生养的要喜乐！你这未曾经过产难的，要发声叫喊，因为那被弃的，比有丈夫的儿女更多。"②原来所有外邦人原是真上帝的"弃儿"，侍奉自己手所做的；至于犹太人和撒玛利亚人，他们虽有上帝的道借众先知传给他们，并且向来盼望基督，但是当基督降临时，除了很少的一些人，都没有认出他。关于这极少数的人，说预言的圣灵借以赛亚之口预言说他们必得救。他就像站在他们的位置说话："若不是万军之耶

---

① 《撒迦利亚书》12：3—14；《以赛亚书》58：7，64：11。
② 《以赛亚书》54：1。

和华给我们稍留余种,我们早已像所多玛、蛾摩拉的样子了。"①根据摩西的记载,所多玛和蛾摩拉是不敬不虔之人的城,上帝用火与硫磺将二城烧毁倾覆,城中居民无一幸存,除了一个外来者,一个名叫罗得的迦勒底人,他的女儿也与他一同得救。留心的人还可以看到,他们的整个土地已成荒凉,被烧焦,变成不毛之地。为证明预言如何说到外邦来的信徒更加真诚、更加虔信,我们将引用先知以赛亚②所说的话,他说:"以色列人是心中未受割礼,外邦人却是身上未受割礼。"因此,只要有眼能看见,许多诸如此类的事已足以使那些拥抱真理而不固执己见、也不受制于激情的人心里信服,甚至生出信仰了。

第五十四章 异教神话的起源

诗人们创造了神话,传扬这些神话的人无法向学习神话的年轻人提出证据;而我们接下来要证明,这些神话是受恶魔影响而说的,目的是欺骗和引导人类走入迷途。他们听说众先知宣称基督要来,不义之人要受火的惩罚,就提出所谓的朱庇特的众子,以为他们能够使人们心里产生这样的观念,即那些所说关于基督的事也不过是神奇的传说而已,就像诗人所说的故事一样。这些关于基督的事希腊人中在说,列邦中也在说;它们[鬼魔]在这些民中听到先知预告说,唯基督将特别被人所信仰。然而,鬼魔并不真的理解先知所说,而只是模仿关于我们的基督所说的话,就像陷于谬误之中的人,对此我们将作出说明。先知摩西,如我们已经说过的,比一切作家更古老,借着他曾有如下预言,我们前面也引用过:"王必不离犹大,立法者必不离他两脚之间,直等到王来到,权杖为他预备。他必是万民所仰望的;他把小驴拴在葡萄树上,在葡萄

---

① 《以赛亚书》1:9。
② 以下所说不是记载在《以赛亚书》里,而是在《耶利米书》9:26。

汁中洗了袍褂。"①鬼魔听到先知的这些话，就也说巴克斯（Bacchus）是朱庇特的儿子，还叫嚣说他是葡萄酒的发现者，并把酒②[或驴]列入他的奥秘之一。他们教导说，他被撕成碎片之后升上了天，但摩西的预言没有明确指出将要到来的是否上帝的儿子，也没有说他骑在驹上时是仍然留在地上，还是升到了天上；而且，"驹"这个词既可以指驴驹，也可以指马驹。所以他们就不知道预言中的他是要带着驴驹还是马驹来，作为他降临的记号，也不知道他是否如我们上面所说的是上帝的儿子，还是说他只是人子。于是他们就宣传说，一个由人所生的人柏勒洛丰骑着他的马珀伽索斯上了天。他们又听说另一位先知以赛亚曾预言，他将由童女所生，并靠自己的能力升天，就谎称也有类似的话说到过珀耳修斯。他们听说有写下来的预言事先说到"他如勇士欢然奔路"③，如前面所引用的，他们就说，赫拉克勒斯很强壮，他的足迹遍布全地。还有，他们得知预言说他要治好各样疾病，并使死人复活，就杜撰出一个医神阿斯克勒庇俄斯。

第五十五章 十字架的记号

但是以上所举的例子中，包括在那些被称为朱庇特之子的人中，没有一个效法那位被钉十字架的，因为他们不明白，一切所说关于十字架的事都是以比喻方式说的。先知所预言的这十字架是代表他的权能和角色的最伟大记号，我们的所见所闻也证明了这一点。想一想这世上的种种事物，若没有这种十字形，是否还能正常发挥作用，或者还能不能有什么共通性。比如，没有称为帆的这种形状物牢牢固定在船上，船就不

---

① 《创世记》49:10。
② 抄本中是 οἶνον（酒），但从查士丁的论证来看，似乎应该是 ὄνον（驴）。Sylburg 在他编辑的版本里插入了后面这个词。Grabe 和 Thirlby 赞同这种读法，Otto 和 Trollope 也予以采纳。也许可以多说一句，ἀναγράφουσι 修饰 ὄνον 比修饰 οἶνον 显得更贴切。
③ 《诗篇》19:5。

可能横渡大海；没有这种形状物，人就无法犁地，因为若不是有这种形状的工具，锹和工人都无法施展手脚。人类的外形之所以区别于无理性动物，无非就是他能直立并伸展双手，又有脸上从前额伸出被称为鼻子的东西，从鼻子里发出气息，供应活的造物的需要，这种样子不是别的，正是十字的形状。因此先知曾说："我们面前的气息就是主基督。"①你们自己在"军旗"（vexilla）和战利品上所用的符号也证明了这种形状的权能，你们在所有的国家财产上也用了这种记号，你们以这些形状为你们权力和统治的徽章，尽管你们是无意识地这样做。②你们的皇帝死后，你们就用这形状为他们的像祝圣，刻上铭文称他们为神。因此，我们既然一面通过理性、一面通过一个明显的形状力劝过你们，并且尽了我们最大的能力，那么即使你们不相信，我们也知道，现在我们已经无可指责了，因为我们已经尽职，该做的都做了。

第五十六章　鬼魔仍在误导人

然而，邪灵不满足于只在基督显明之前说那些被称为朱庇特之子的是从朱庇特所生，而且在基督显现出来、降生于人间之后，当它们得知众先知曾如何预言他，以及万族都将信靠他，寻求他，它们就如上面所说的，又推出另外一些人，就是撒玛利亚的西蒙和米南德。这两人用巫术行了许多大能的事，蒙骗了多人，并且至今仍使他们执迷不悟。如我们前文所说的，③他甚至出现在了你们中间。凯撒克劳狄统治时期，西蒙曾出现在皇城罗马，圣元老院和罗马人民对他感到大为惊异，把他视为神，立起雕像来尊荣他，就像被你们当作神来尊荣的其他人一样。因此，我们祈祷，愿圣元老院和你们的人民与你们一起，为我们这份请愿

---

① 《耶利米哀歌》4:20（七十士译本）。
② 东方人乐于做这样的改良，但"十字架的耻辱"导致早期基督徒这样反驳异教徒。而 Labarum（罗马晚期帝国的军旗，旗帜上缀满金银宝石，绣有将军肖像。大君士坦丁将王冠、十字和名字前缀也都绣在上面。——中译者注）可能就是由此产生的成果。
③ 见上文第二十六章及本篇末的注释（第六十八章）。

书作公断，以便被那人教义掳去的人可以认识真理，避免谬误。至于雕像，你们若愿意，就当毁了它。

第五十七章　鬼魔仍在制造逼迫

鬼魔也无法让人相信不会有大火惩罚恶人，正如他们无法在基督到来之后让他隐而不现。他们只能造成一个结果，就是叫人——那些不按理性生活的人，那些在恶习中长大而放荡不羁的人，那些满心都是偏见的人——杀戮我们、憎恨我们。对这些人我们不仅不恨，事实证明我们反倒还怜悯他们，力图引导他们悔改。我们并不惧怕死亡，因为众所周知，人都是必死的，在事物的这种固定运转中，没有什么新事，万事永远一样。有些人享受这些事物只一个年头，但已充满厌倦，那么他当留意我们的教义，好叫他们可以永远活着，并脱离痛苦和匮乏。但是，如果他们相信死后什么都没有了，宣称人死了就进入无知无觉的状态，那么他们岂不成了我们的恩人，使我们脱离了此生的痛苦和困乏？同时他们也证明了自己是恶人、非人、小人，因为他们杀死我们不是意在解救我们，而是为了剥夺我们的生命和快乐。

第五十八章　鬼魔仍在抬升异教徒

如我们前面说的，鬼魔推出本都的马西昂，此人现在仍在教唆人否认上帝是天地万物的创造者，也否认众先知所预言的基督就是上帝之子。他传讲万物的创造主之外的另一个神，也传讲一个另外的子。不少人信此人的话，似乎唯有他才知道真理，他们还嘲笑我们。然而，他们所说的，没有任何证据，他们只是毫无分辨地被带走，就像羊被狼带走一样，成了无神论和鬼魔的猎物。因为那些鬼魔想要做的，无非就是诱骗人离开造了他们的上帝，离开上帝的首生子基督；那些无力抬升自己脱离地面的人，鬼魔曾把他们、现在更是把他们钉在属地的事物上，钉在他们自己手所做的工上；而对那些专心默观神圣事物的人，它们就暗暗地反击，如果这些人没有明智、清醒的思维，没有过纯洁而脱离了邪情私欲的生活，它们就驱使他们陷入不敬不虔。

第五十九章　柏拉图受惠于摩西

为了叫你们知道，柏拉图正是从我们的众教师那里——我们指的是借着众先知留下的记载——借用了这样的陈述，说上帝改变没有形状的质料，创造出世界，请听借着摩西所说的话，上面已经表明，摩西乃第一位先知，是比希腊作家更伟大的古人。预言的圣灵借着他指出上帝起初如何并从何种质料造出世界，他说："起初，上帝创造天地。地是空虚混沌，渊面黑暗，上帝的灵运行在水面上。上帝说：'要有光'，就有了光。"①可见，柏拉图及其追随者，还有我们自己都已经知道，并且你们也可以信服：整个世界是凭上帝的话，从摩西前面提到的物质（substance）创造出来的。我们知道，诗人称之为埃里伯斯（Erebus）②的，其实摩西早就说过了。③

第六十章　柏拉图的十字论

柏拉图在《蒂迈欧篇》里对上帝之子作了生理学上的讨论，④他说："他将他交叉放在宇宙中成十字"。⑤这里他同样借用了摩西的说法，因为在摩西的作品里这样记载着：当时，以色列人从埃及出来，进入旷野，遇到毒蛇猛兽，包括蝰蛇和虺蛇（眼镜蛇）以及各种各样的蛇，咬死了很多人。摩西靠着上帝的启示和威力，取铜铸成一个十字架的形

---

① 《创世记》1:1—3。
② 希腊神话中人世与地狱之间的黑暗区域。——中译者注
③ 比较《申命记》32:22。
④ 字面意思是"从生理学角度出发的讨论"。
⑤ 他[上帝]将他[上帝之子]印作 xíαομα，即字母 x 的形状，置于宇宙之上。柏拉图是在谈论宇宙灵魂。[Timaeus, Opp., vol. ix, p. 314。亦见 Langus 对 Grabe 第 113 页的注解（37 页）。这里查士丁突然模仿同时代学者的方式，插入柏拉图派哲人的说法，可能是为了迎合柏拉图在哲学领域的至高权威。参见 Jowett 教授的《〈蒂迈欧篇〉引论》，相信对众学人会有所帮助。]

状,把它立在圣幕里,对百姓说:"你们若仰望这个并相信,就必因此得救。"① 据记载,摩西做了这事以后,那些蛇就都死了,百姓又彼此传递这个十字形,借此避免了死亡。柏拉图读了这个故事,但没有准确理解,他不明白这原是代表十字架的形状,以为其意思就是交叉斜放,所以他说,仅次于第一位神的那权能,被交叉斜放在宇宙中。至于他谈到的第三位,他之所以谈到他,是因为他读到摩西曾说——如上文提到的——"上帝的灵运行在水面上"。他把第二的位置给予与上帝同在的道,他说这道被交叉地斜放在宇宙中;又把第三的位置给予运行在水面上的圣灵,他说:"第三位环绕第三位。"② 你们听预言的圣灵如何借着摩西指明将有一场大火。他说:"必有永火降临,并要吞灭直到阴间。"③ 可见,并不是我们跟别人持相同的观点,而是所有人都在模仿我们的说法。在我们中间,就是从不认识字母形状的人那里,也可以听到这些、学到这些。他们虽然没有受过教育,言语粗俗,有些人甚至身有残疾,双目失明,但他们头脑明智,心里相信。这是要叫你们明白,这些事不是出于人的智慧,乃是上帝的权能说的。

第六十一章 基督徒的洗礼

我还要说说我们借着基督更新之后如何献身于上帝,免得因忽略了这一点,就使得我们正在作的解释似乎不那么公正。只要有人被说服以及相信我们所教所说是对的,并保证能够按照这些来生活,我们就会教导他们向上帝祷告,且禁食恳求上帝赦免他们过去的罪,而我们也与他们一起祷告和禁食。然后我们将他们领到有水的地方,我们怎样得到重生,就使他们也怎样得以重生。那时他们奉上帝、父即宇

---

① 《民数记》21:8。
② Τὰ δὲ τρίτα περὶ τὸν τρίτον。
③ 《申命记》32:22。

宙之主的名，并奉我们的救主耶稣基督和圣灵的名，领受水洗。基督也曾说："人若不重生，就不能进入天国。"① 人人都清楚，已经出生过一次的人不可能重回母腹，但如我们上文所说，② 先知以赛亚曾指示那些犯了罪但悔改的人如何脱离自己的罪，他说："你们要洗濯、自洁，除掉你们灵魂里的恶行；要止住作恶，学习行善，给孤儿伸冤，为寡妇辨屈。耶和华说：'你们来，我们彼此辩论。你们的罪虽像朱红，我必使之变成雪白；虽红如丹颜，我必使之白如羊毛。你们若不听从，反倒悖逆，必被刀和剑吞灭。这是耶和华亲口说的。'"③

我们从众使徒得知，举行这一礼仪的理由如下。我们的出生不是出于自己的知识或者选择，而是靠着父母的结合，然后，我们又在恶劣习惯和不良训练中长大。所以，为了使我们不再做必然和无知的孩子，而成为选择和知识的孩子，并在水里获得对先前所犯之罪的赦免，向那决意重生并悔改自己罪的人，就向他宣告父上帝和宇宙之主的名；那引着要受洗之人到洗礼池的，唯独借这名呼召受洗者。没有人能说出不可言说的上帝的名，如果有人敢说有一个名，那是疯狂至极的胡言乱语。这洗濯被称为光照，因为明白这些事的人，就在自己的理解力上得到了光照。此外，[举行这仪式]也要奉耶稣基督的名，他在本丢彼拉多手下被钉十字架，并奉圣灵的名，他曾借众先知预言耶稣的一切事，那蒙了光照的人也就受了洗。

第六十二章　鬼魔的效仿

的确，鬼魔听说了先知宣布的洗礼仪式，就煽动那些进入它们的庙里、准备用奠酒和燔祭接近它们的人，叫这些人也往自己身上洒水；当他们离开[祭物]、准备进入供奉鬼魔塑像的庙宇时，还让

---

① 《约翰福音》3:5。
② 第四十四章。
③ 《以赛亚书》1:16—20。

他们洗濯全身。祭司还命令进入神殿崇拜的人脱掉鞋子,这原是鬼魔得知了上述发生在先知摩西身上的事,就依样画葫芦,也发出这样的命令。当时摩西受命下到埃及,把那里的以色列民带出来。那时他正在阿拉伯牧养他舅舅的羊群①,我们的基督以荆棘火焰的形象向他显现,对他说:"脱下你的鞋子,走近来,听我说。"他脱了鞋,走近去,听到有话叫他下到埃及,把那里的以色列人带出来。之后他从基督领受了大能,就是以火的形象向他说话的,就下去,带领百姓出来,行了大而奇的事。如果你们想知道这些事,从摩西的作品中就可以确切地了解。

第六十三章　上帝怎样向摩西显现

所有犹太人甚至今天还这样教导,无名可称的上帝曾对摩西说话。由此,预言的圣灵借着先知以赛亚指责他们,说:"牛认识主人,驴认识主人的槽;以色列却不认识我,我的民却不明白。"②耶稣基督也因犹太人不认识父是谁、子是谁而指责他们,又曾亲口说:"除了子,没有人知道父;除了子和子所指示的人,没有人知道父。"③要知道,上帝之道就是上帝之子,我们前面已经说过。他被称为天使、使徒,因为凡是我们应当知道的,他都宣告,凡所启示的,都是他奉差来指示于人,就如我们的主亲口所说:"听从我的就是听从那差我来的。"④从摩西的著作也可看明这一点,比如书中写有这样的话:"上帝的使者从荆棘里的火焰中向摩西显现,说,我是自有永有的,是亚伯拉罕的上帝,以撒的上帝,雅各的上帝,你祖先

---

① Thirlby 推测,这里查士丁将摩西与雅各的历史相混淆了。
② 《以赛亚书》1:3。
③ 《马太福音》11:27。
④ 《路加福音》10:16。

的上帝；当下到埃及去，将我百姓领出来。"①你们若想知道后面的事，也可以从这些作品中去了解，这里不可能完整讲述。但经上有太多地方证明耶稣基督就是上帝的儿子和使者，他自古就是那道，有时候显现为火焰，有时候显现为天使，但如今按照上帝的旨意，他为人类成了人，忍受了鬼魔煽动无知的犹太人加在他身上的种种苦难。虽然摩西的作品曾明确证实，"耶和华的使者从荆棘里的火焰中向摩西显现，说，我是自有永有的，是亚伯拉罕的上帝，以撒的上帝，雅各的上帝"，但他们仍然坚持认为，说这话的乃是父和宇宙的创造主。对此，预言的圣灵也指责他们，说："以色列不认识我，我的民不明白我。"②另外，我们已经表明，耶稣与他们同在时也说过："除了子，没有人知道父；除了父和子所愿意指示的，也没有人知道子。"③犹太人自始至终认为，向摩西说话的是宇宙的父。其实向摩西说话的就是上帝的儿子，那被称为天使和使者的。所以，犹太人受责备是应当的，预言的圣灵和基督本人都责备他们既不认识父也不认识子，因为他们以为子就是父，这就证明他们既不认识父，也不知道宇宙之父有一子。他作为上帝首生的道，同样也是上帝；他在古时曾向摩西和其他先知显现为火焰或使者，如今在你们统治时期，④如我们前面所说，他又根据父的旨意，为拯救信他的人借童女成为了人，忍受人的轻视，忍受苦难，好借着死和复活征服死。那从荆棘丛中向摩西说的话，"我是自有永有的，是亚伯拉罕的上帝，以撒的上帝，雅各的上帝，你祖先的上帝"⑤，是表明这些人虽然死了，却仍然存在，并且是属基督自己的人，因为他们是所有人中最先倾心寻求上帝的人，如摩西所记载的，亚伯拉罕是以撒的父亲，以撒是雅各的父亲。

---

① 《出埃及记》3:6 等。
② 《以赛亚书》1:3。
③ 《马太福音》11:27。
④ 毋宁说"在你们的帝国里"。
⑤ 《出埃及记》3:6。

第六十四章　进一步歪曲真理

从以上所说，你们可以明白，鬼魔模仿摩西说的话，宣称普洛塞尔皮娜（Proserpine，冥后）是朱庇特的女儿，煽动人们在众水泉的源头树立她的雕像，并冠以科勒[Cora，科拉，即少女或女儿]之名。因为如我们前文所写，①摩西曾说过这样的话："起初上帝创造天地。地是空虚混沌，渊面黑暗，上帝的灵运行在水面上。"于是他们就模仿这里所说的上帝的灵运行在水面上，说普洛塞尔皮娜[或科拉]是朱庇特的女儿。②同样，他们还狡猾地捏造出密涅瓦是朱庇特的女儿，并且不是通过两性结合生育的。他们知道上帝借着道孕育并创造了世界，于是就说密涅瓦是第一概念[ἔννοια]。我们认为这极其荒谬，竟然把概念的形式说成是一名女性模样。同样，那些被称为朱庇特之子的人，他们的行为也能充分定他们的罪。

第六十五章　管理圣事

信服并接受了我们教导的人，我们给他施洗之后，就把他领到那些称为弟兄之人聚集的地方，目的是共同为我们自己、为受洗[得光照]的人，也为各处各方的人献上热心祷告，叫我们晓得真理后，也可以借着我们的行为被算为配得，就是配算为良民、守诫命的人，从而可以靠永恒的救恩得到拯救。祷告结束后，我们彼此亲吻致意。③然后把饼和一杯兑水的酒递给主持的弟兄；他拿起来，奉圣子、圣灵的名，将赞美和荣耀归于宇宙之父，再献上相当长的感谢辞，感谢他算我们配领受他手上

---

① 第五十九章。
② 从而使她主管以上所说的众水。
③ 即爱心之吻，平安之吻或者"那平安"之吻，是使徒保罗在《哥林多书》、《帖撒罗尼迦书》和《罗马书》里吩咐的，因而成为基督徒的惯例。西方教会沿袭了这一惯例，并加了一些规定，防止其滥用，一直到13世纪。Stanley (*Corinthians*, i. 414) 指出："科普特教会的崇拜中还在延续这种惯例。"

的饼和杯。主持人结束祷告和感恩后，在场的众人就共唱"阿们"表示认同。阿们这个词是希伯来语里对 γένοιτο（但愿如此）的回应。主持人致完感谢辞，众人表示认同之后，那些我们称为执事的人就给每个出席者分一份祝谢过的饼和兑水的酒，也给那些未出席的人带一份回去。

第六十六章　管理圣餐

这食物我们称为 Εὐχαριστία（圣餐）①，人唯有相信我们所教导的事是真实的，被赦罪和重生的水洗过，并且按基督的盼咐生活，才准领受。因为我们不是将其当作普通的饼和酒领受；我们的救主耶稣基督借上帝的道成了肉身，为救我们有了血和肉，我们也这样领过教，知道这借他祷告的话语祝福过、使我们的血肉通过转化而得到滋养的食物，就是那成了肉身的耶稣的血和肉。②几位使徒在其撰写的回忆录、也就是我们所说的福音书里，也这样将所盼咐于他们的事传给我们：耶稣拿起饼，祝谢了，说，"你们也要如此行，为的是记念我；③这是我的身体"。同样，他也拿起杯，祝谢了，说，"这是我的血"，又把杯递给他们，并且只递给他们。恶鬼在密特拉（Mithras，古代波斯的光神）崇拜的秘仪里模仿这事，下令人做同样的动作。他们在举办接受某人入会的秘仪里，要摆上施过某种咒语的饼和一杯水。你们可能知道这种事，即使不知道也是可以得知的。

---

① 直译为感恩。见《马太福音》26∶27。
② 加尔文宗、路德宗信徒和罗马天主教信徒都声称查士丁的这段话支持他们的教义。事实上，这段话用词非常含糊，各宗派都可以坚持说他们的观点有这段话的支持，并且听起来也都有理。[不过，对于我们主亲口说的话，也完全可以这样说。既然分歧很大的基督徒都可以接受这段话，那谁会觉得遗憾呢？]"他祷告的话语"，或我们从他领受的祷告的话语，似乎是指对饼和酒的祷告，这是模仿我们的主在掰饼之前的感恩祷告。[我必须反对这里用词"含糊"的观点，因他是自然地表达他自己，他相信这是饼，但不是"普通的饼"。罗马主教 Gelasius（490年）也这样认为，"通过圣礼，我们成为神性的分有者，然而饼和酒的实质和本性并非不再存在于这两样事物中"，云云。（原文见 Bingham's Antiquities，xv. cap. 5。见 Chrysost.，Epist. ad. Caesarium，iii，p753.，Migne 编。）想要研究这个问题的人可以在 Historia Transubstantionis Papalis 等文中看到教父的权威论述（F. Meyrick 编，Oxford，1858）。Ratranin（840年）的著名论文于1838年发表于牛津，附有 Aelfric（960年）的简易版解经书。]
③《路加福音》22∶19。

第六十七章　基督徒的每周崇拜

我们后来一直彼此提醒这些事。我们中间的富人帮助穷人；我们始终在一起；为着供应给我们的一切，我们借着圣子耶稣基督、也借着圣灵颂赞万物的创造者。在称为礼拜天（主日）的日子①，住在城里或乡村的人都聚集到一处，照着时间所允许的诵读使徒的回忆录或先知的作品。诵读者读完后，主持人就逐字逐句地教导，劝勉众人要仿效这些美好之事。然后我们起身祷告，如我们前文所说，祷告完毕后，就拿来饼和酒水，主持同样尽他所能②献上祷告和感恩，人们附和，口说阿们。然后给每个人分一份祝谢过的东西，③没有到席的人由执事派送一份。有能力也愿意的人捐出自己认为适当的东西，收集起来的钱物由主持保存，他用这些去资助孤儿寡妇，以及那些因疾病或其他原因陷入穷困的人，那些债务缠身的人，以及我们中间的寄居者，总之就是关照一切困乏的人。但礼拜天是我们所有人同守共同会的日子，因为它是上帝改变黑暗和质料而创世的第一日；我们的救主耶稣基督也在这一日从死里复活。他在土星日（星期六）的前一天被钉十字架，并在土星日后一天，也就是太阳日向他的使徒和门徒显现，教导他们这些事。我们也已经把这些事传给你们，供你们思考。

第六十八章　结论

这些事在你们看来若是合理的、真实的，那就尊重它们吧；如果

---

① τῇ τοῦ Ἡλίου λεγομένῃ ἡμέρα．
② ὅση δύναμις αὐτῷ——关于这个短语有很多争议，但这里似乎就是文内所说的意思，并没有别的意思。［Langus 译作 Pro virili suâ，"不必有任何争论"；Grabe 引 Apost. Const., lib. viii, cap. 12 加以证明。我们自己的博学译者则把同一个短语（上文第十三章）译作"尽我们最大能力"。有人说这样的译法更合乎即兴祷告时的用语，另一些人则反对此说。唉！无论采取哪一种译法，究竟有多大要紧呢？反正我们都是"尽我们的力量"唱赞美诗。］
③ 或作"圣餐的饼和酒"。

你们认为这些事很荒唐，那就当作荒唐事摒弃吧，只是不要下令处死那些不曾犯错的人，像是对待仇敌一样。因为我们预先告诫过你们，你们若一如既往地行不义，必不能逃避将来上帝的审判。同时，我们自己也愿请求你们行讨上帝喜悦的事。虽然我们可以凭借最伟大、最杰出的皇帝哈德良（Adrian）——就是你们先父——的书信，要求你们命令法庭作出我们想要的裁断，但我们作出这样的请求和解释，并不是基于哈德良的决议，而是因为我们知道自己所求是正义的。我们把哈德良书信的副本附在下面，好叫你们知道我们所说句句属实。以下就是抄本：

哈德良维护基督徒的书信①

你的前任塞勒尼乌·格拉尼亚努（Serenius Granianus）是一位杰出的人，他写给我的信，已经收讫。对这封信我不愿缄默不语，漠然置之，免得无辜者平白遭难，而告密者乘机作孽。所以，如果你所管行省的居民至今仍然坚持这一请求，要在某个法庭上指控基督徒，我不禁止他们这么做，但我不能容忍他们只是凭借哀求和喧嚷来指控别人。有人要指控某人时，你作出裁决，这是再正当不过的。因此，如果有人状告某人，并提供证据证明被诉之人做了违背法律的事，你就要根据被告的罪行来量刑。赫拉克勒斯在上，你要特别留意，如果有人只是出于诽谤，对这些人中哪一个提出指控，你们要根据他的恶行报他以更严厉的惩罚。

安东尼致亚细亚大会的书信②

罗马皇帝、教皇、国父安东尼·庇护，在其执政的第十五年，即他第三次担任执政官期间，致信亚细亚大会：我原本就应当想到，就连诸神自己也不会让这样的罪人逃脱。他们若自己有权能，更可

---

① 写给 Minucius Fundanus［一般认为是真实的］。
② 被认为是伪造的。

能惩罚那些拒不敬拜他们的人。不过,现在是你们在找这些人的麻烦,指控他们所持观点是无神论者的观点,还把我们无法证实的一些别的事拿来指控他们。然而,如果你们认为他们是为自己所受的指控而死,那将是对他们有益的,并且他们也胜了你们,因为他们毫不留恋地放弃生命,而不是照着你们的要求屈服。你们提到已经发生的和正在发生的地震,似乎一有地震,你们就很不得体地惊慌失措。你们让我们想起他们,你们的表现与他们截然相反,因为他们对上帝的信心比你们自己要大得多。事实上,在这样的时刻,你们似乎就忘了诸神,忽略了神殿,完全不像是敬拜神的人了。因此你们嫉妒那些真正侍奉神的人,迫害他们致死。关于这样的人,其他行省的某些总督也写信给我至圣的父亲;他回复他们说,他们完全不应该为难这些人,除非发现他们有企图反对罗马政府的行为。还有不少人也向我本人密告这些人,而我也按我父亲的裁决回复了他们。如果有人控告这类人中的某一个,却仅仅因为他是这样一个人,①那就要宣判被告无罪,尽管可以证明他就是这样的人;而原告则要受到正义的制裁。

马可·奥勒留致元老院的书信;
他在信里见证基督徒乃是他得胜的原因②

皇帝马可·奥勒留(Caesar Marcus Aurelius Antoninus, Germanicus, Parthicus, Sarmaticus)致信罗马人民和圣元老院:我曾向你们解释我的宏大计划,我在日耳曼范围内取得的战略优势。由于被敌人包围,我们经受了诸多辛劳和苦难:我自己也被七十四名士兵困在沙特尔(Carnuntum),他们距我仅在九英里之外。侦察兵向我们指出,敌人近在咫尺。我们的将军庞培亚努(Pompeianus)向我们指出,附近有一支 977000 人

---

① 即如果有人控告一名基督徒仅仅因为他是基督徒。
② 无疑是伪造的,但这一主题的文献非常丰富。

组成的混合部队正在向我们包抄过来,而我们确实已经看见他们了。我被这一大群人困住,身边只有一个营,由第一、第十队两支海上军团组成。我检查了自己的位置、自己的军队,考虑到野蛮人和敌人如此众多,我马上向帝国的诸神祷告,但他们无动于衷。于是,我召集我们中间那些以基督徒之名去的人,经过调查之后,我发现他们人数众多,阵势很大,就对他们发怒,但这绝不是适当的,因为后来我知道了他们的力量。他们开始作战时,不是装备武器、兵力,也不是忙着吹军号;他们由于心怀上帝,就看这样预备战斗为可恶的。因此,我们以为是无神论者的那些人,很可能有上帝做他们的支配力量,护卫他们的心。他们扑到地上,不仅为我祷告,也为整个军队祷告,求上帝救他们脱离眼下的饥渴。整整五天了我们没喝过水,因为没有水。我们处在日耳曼中心地区,在敌人的地盘上。就在他们匍匐在地向上帝(我所不认识的一位神)祷告的时候,水从天上倾盆而下,降在我们头上时清凉宜人,降在罗马的敌人头上时,却是毁灭性的[①]冰雹。我们马上意识到,上帝——一位不可战胜、不可毁灭的神,与我们同在,他应允了我们的祷告。有基于此,我们还是放过这些称为基督徒的人吧,免得他们也祷告并获得这样的武器来反对我们自己。所以我建议,对这样的人,不能因为他是一个基督徒就指控他。如果发现有人指控一个基督徒说他是基督徒,我希望,对那被指控为基督徒并承认自己是基督徒的,最多就清楚判定他是一个基督徒;但那控告基督徒的人,却要把他活活烧死。我还希望,受托管理行省的官员,不可强迫承认并证实自己是基督徒的人说自己不是基督徒,也不可拘禁他。我希望元老院颁布法令把上述这些确定下来。我也命令将我这一法令在图拉真广场(Forum of Trajan)公布,让众人都去读。维特拉修·波利奥(Vitrasius Pollio)总督将确保它传播至周围各行省,并使

---

① 字面意思为"火样的"。

凡想使用或拥有我现在发布的这份文件的人，都可以获得文件的副本而不受阻挠。①

---

① ［注1（见第二十六章和第五十六章。）
1851年我在梵蒂冈认出这块石头，并满怀激情地读出上面的文字。我将它抄录如下：
　　"Semoni
　　Sanco
　　Deo Fidio
　　Sacrvm
　　Sex. Pompeius. S. P. Col. Mussianvs.
　　Quinquennalis Decur Bidentalis Donum Dedit。"
意思可能是说，人们实际上把术士西蒙（Simom Magus）当作了西蒙神，就如人们把巴拿巴和保罗当作了宙斯和希耳米（徒14:12），归给他们神样的尊荣一样。或者撒玛利亚人可能告诉了查士丁他们对这则铭文的理解，并为他们同胞的成功而自豪（徒8:10），他们视之"为上帝的大能"。见 Orelli（No. 1860），Insc., vol. i. 337.
注2（The Thundering Legion.）
罗马安东尼柱上的浮雕是对这个故事非常著名的补充，不过对祷告的回应并非神迹。我只抄下Alzog's Universal Church History 的美国译本中关于 Legio Fulminatrix 给出的参考资料："Tertull., Apol., cap. 5; Ad Scap., cap. 4; Euseb., v. 5; Greg. Nyss. Or., 11 in Martyr.; Oros., vii. 15; Dio. Cass. Epit.: Xiphilin., lib. lxxi. Cap. 8; Jul. Capitol. In Marc. Antonin., Cap. 24."］

第二护教篇
——致罗马元老院

第一章　前言

罗马人，近来①在乌尔比库斯（Urbicus）②治下发生在你们城里的事，以及其他各处统治者做的类似的荒唐事，迫使我为你们写下了这篇作品。你们是拥有同样情感的人，是他们的兄弟，尽管你们不知道这些事，并且因为以你们所敬为高贵的东西为荣而不愿承认这些事。③任何地方，若有任何治理人的（有一种人除外：他们已经相信不义和放纵者必在永火里受罚，而有德性的、像基督一样生活的人却必与上帝同住，脱离一切苦难——我们指的是那些成了基督徒的人），因为犯了错，心肠刚硬，贪爱享乐或不肯受人劝告回归正路，而受到他的父亲、邻居、孩子、朋友、兄弟、丈夫或妻子的指正，邪恶的鬼魔——它们恨恶我们，常叫这些人臣服于它们，在审判官的位置侍奉它们——就会引诱这些被邪灵煽动的统治者，叫他们置我们于死地。不过，为了使你们清楚地知道乌尔比库斯统治下所发生的一切是出于何种原因，我要把他们所做的事一一叙来。

第二章　乌尔比库斯定基督徒死罪

某个女人与放纵的④丈夫生活在一起。她本人也曾经是个放荡的

---

① 直译是"昨天和前天"。
② Grabe 推测这位总督是历史学家罗利乌斯·乌尔比库斯（Lollius Urbicus）。
③ 他称他们这些人——皇帝、元老院、士兵、公民——为"罗马人"，因为他们全都以这样的称号为荣。
④ ἀκολασταίνοντι，这个词的意思包括不贞和其他放纵行为（比如我们说的挥霍无度）。

人，但是当她认识了基督的教导之后，就变得头脑清楚，并努力劝说丈夫也做节制的人。她引用基督的教义，使他相信人活着时若不守节制，不效法正确的理性，必将在永火里受罚。但这个丈夫放纵如故，他的行为使他与妻子日益疏远。妻子认为，与这样一个丈夫、这样一个想方设法寻求纵欲之乐而违背自然法则的人继续生活下去是邪恶的，也是违背正义的，于是就想与他离婚。可是她的朋友劝她继续与丈夫生活，因为也许什么时候她丈夫有希望改正。她被说服了，硬是抗拒自己的情感，仍然与丈夫一起生活。然而，这个丈夫后来去了亚历山大，据说他的行为举止比以往更加恶劣，于是她恐怕若继续与他保持婚姻关系，与他同桌吃饭、同床睡觉，可能也会有分于他的邪恶不敬，就给了丈夫一张你们所说的离婚书①，离开了他。然而这位高尚的丈夫——他原本应当感到高兴，因为他的妻子已把从前耽于饮酒和各样恶行时与仆人雇工所做的那些无所顾忌的行为尽都抛弃，并希望他也放弃同样的行为，当他发现妻子没有得到他的同意就离开他之后，竟去告她，证实她是基督徒。她向您，皇帝大人②提交了一份申请，要求允许她先安排自己的事务，当她的事安排妥当之后再对指控提出辩护。您同意了。她的这个前夫，因为现在不能再告发她了，就转而攻击一个叫托勒密（Ptolemeaus）的人。于是，乌尔比库斯惩罚了这位托勒密，就是曾经教导她基督教教义的老师。他是这样做的：他说服一名百夫长——他把托勒密投入监狱，但对托勒密本人很友好——提审托勒密，只问这样一个问题：他是不是基督徒？托勒密是爱慕真理的人，不会说谎或骗人，他承认自己是基督徒，于是百夫长把他捆绑起来，叫他长期在牢里受罚。最后，此人③来到乌尔比库斯面前，被问的还是同一个问题：他是不是基督徒？他意识

---

① ρεπούδιον，即 repudium（断绝关系）。
② 更准确地说，是"您，暴君"，非常大胆的称呼，就像胡斯对西吉斯蒙德（Sigismund）皇帝的称呼，这个称呼使他又羞又恼，脸上绯红。
③ 即托勒密。

到自己的职责，以及这份职责因基督的教导而具有的高贵，于是再次承认自己在神圣德性上是做门徒的。因为他若否认什么，或因谴责事情本身而否认它，或因意识到自己的不配或疏远而否认它，无论哪种情形，都不是真正基督徒该做的。乌尔比库斯下令带他去受刑，此时一个叫卢修斯（Lucius）的人，他本人也是基督徒，看到他们作出的荒谬审判，就对乌尔比库斯说："你依据什么作出这样的裁决？你凭什么惩罚这个人？他不是奸夫，不是私通者，不是杀人犯，不是窃贼、强盗，你们也没有宣判他犯了什么罪。他只是承认自己被称为基督徒而已！乌尔比库斯啊，你作出的这个裁决，与皇帝庇护不相称，与凯撒的那位哲学家儿子不相称，也与圣元老院不相称。"①面对卢修斯的质问，他没说别的，只说了这样一句话："在我看来，你似乎也是这样一个人（即也是基督徒）。"卢修斯回答："我当然是！"于是他又下令把卢修斯也带下去。卢修斯祝谢了，因他知道自己将要脱离这些邪恶的统治者，去到父和诸天之王那里。又有第三个人站出来，也被定罪受罚。

第三章　查士丁指责革勒士对基督徒持有无知的偏见

因此，我也预料我所提到的那些人中，有人会图谋反对我，把我绑到树桩上。这个人或许就是革勒士（Crescens），那个喜欢虚张声势、自吹自擂②的人。此人不配称为哲学家，他在自己并不明白的问题上公然作证反对我们，说基督徒是无神论者，是不敬神的，以此博取受骗群众的支持，取悦他们。如果他根本没有读过基督的教义就攻击我们，那他就彻底堕落了，且比无知无识的人更糟糕，因为无知无识的人对自己不明白的事往往缄口不语，也不作假见证。而如果他读了基督的教导，但不明白里面包含的威严，或者明白了还那样做，免得自己被怀疑为基督

---

① 关于这段话，见 Donaldson, *Critical History* 等，vol. ii, p. 79。
② 这几个词的发音类似于"哲学家"，原文即 φιλοφόφου καὶ φιλοκόμπου。[其他地方也出现了这个段落。见第八章注释，Grabe 支持的文本中。]

徒，那他就更是卑鄙无耻、彻底堕落了，因为他受制于褊狭、荒谬的观点，受制于恐惧。我希望你们能知道，我曾就这个话题向他提出一些问题，询问过他的看法，然后非常确定地发现，他其实是一无所知。如果这些争辩尚未报告到你们这里，为证明我所说的是事实，我也乐意当着你们的面再辩论一次。这样做可能与王的身份相称。但如果你们已经得知了我的问题、他的回答，那你们就已经知道他对我们的事是一无所知的；或者，如果他其实了解这些问题，只因惧怕那些可能听他说话的人，就不敢像苏格拉底那样说出来，那么就如我在前文所说的那样，他只是证明了自己根本不是什么哲学家，而是个爱慕虚荣的人①，至少他没把苏格拉底那句最可佩服的话放在心上："人在真理面前绝不可自得尊荣。"②然而，一个对自身结局漠不关心的犬儒主义者，不可能知道什么善，他只有冷漠而已。

第四章 基督徒为何不自杀

为了免得有人对我们说，"那你们都去自杀吧，现在就去见上帝，别来烦我们了"。我要告诉你们，我们为何不自杀，而在受到盘查时，我们为何又毫不畏惧地认信。我们受教知道，上帝创造这个世界并非毫无目的，他乃是为人类创造了世界。我们前文还说过，他喜悦那些效仿他的属性的人，厌恶那些信奉可鄙之物的人，不论是以话语还是以行为。假如我们都去自杀，至少从我们里面就会引出以下问题：为何干脆不让一个人生下来，不让一个人受神圣教义的教导，甚至可以问，为何干脆不要有人类呢？而且，我们倘若这样做，本身就在做违背上帝旨意的事。但当我们受到盘查时，我们不否认自己的信仰，因为我们一无恶念，只知道在一切事上都要说真话，否则就是不敬虔。我们知道，这样做也是

---

① φιλόδοξος，可以指爱慕虚荣的人。
② 见柏拉图，*Rep*., p. 595。

上帝所喜悦的。另外，还有一个原因就是，现在我们也非常希望帮助你们摆脱不义和偏见。

第五章　天使如何悖逆

也许有人会产生这样的想法：我们既然承认上帝是帮助我们的，就不该如我们所说的那样，受恶人压制、逼迫。对此我也会作出回答。上帝造出了完整的世界，把地上的事交给人，安排天体负责果实的生长、四季的交替，又制定了神圣法则——显然这些也是他为人而造的——然后，他就把关照人类和天下诸事的任务交给了他所设立来的管理这些的天使。但天使违背了这一任命，他们迷恋女人，生出孩子，就是那些被称为鬼魔的。后来他们又叫人类臣服于自己，有时是通过巫术书，有时是通过它们带来的恐惧和惩罚，有时是通过教导人们献祭、焚香、奠酒，这些他们成为淫欲的奴隶后所需要的东西。他们还在人中间播下仇杀、战争、通奸、放纵行为以及种种邪恶。而诗人和神话作者，由于不知道正是天使和天使所生的那些鬼魔对男人、女人、城邑、国家做了这些事，就在叙述这些事时将之归于神本身，归于那些被算作他子孙的，以及所谓的他兄弟——尼普顿（Neptune）和普鲁图（Pluto）——的子孙，以及这些子孙的子孙。天使们用什么名字来称呼自己和自己的子孙，诗人和神话作者们就照样用那名字称呼他们。

第六章　上帝的名和基督的名，它们的含义和权能

万有之父是非受生的，没有什么名字给予他，因为不论用什么名字来称呼他，那个给他取名的人就成了他的长辈了。但父、上帝、创造主、主、主人，这些词并不是名字，而是从他的善行和职能中引申出来的称呼。他的儿子，唯一应当称为子的那一位，与他同在且在一切造物之工之前被生的道，上帝起初借着这子创造并安排了万物——就是这子被称为基督，因为他是受膏者，上帝借着他命定万物。这个名字本身也

包含了某种不为人知的含义,就如"上帝"这个称呼不是名字,而是根植于人的本性中、对几乎不可能解释的事物的看法。而"耶稣",就是他作为人和救主的名字,也包含意义。如我们前面所说,基督也成为了人,他的成胎是按照上帝父的旨意,为了信主的人,为了鬼魔的毁灭。现在你们可以从自己能观察到的事物明白这一点。我们许多基督徒,奉耶稣基督的名,在全世界、在你们的城市赶出了数不胜数的鬼魔。这位耶稣在本丢彼拉多手下被钉十字架,他曾医治病人,如今仍在医治,他给绝望者以希望,把附在人身上的鬼赶走。而其他所有驱鬼者,还有那些使用咒语和药物的人,却医不好这些被鬼附的人。

第七章 世界因基督徒的缘故得以保存;人的责任

因此,上帝延迟不叫整个世界陷入混乱而毁灭——若此事降临,恶天使和鬼魔以及人类都将不复存在——是因着基督徒的种,他们知道自己就是自然得以保存的原因。① 假如不是这样,你们就不可能行这些事,也不可能被邪灵煽动了。相反却会有审判之火降临,彻底销毁一切,正如先前有大水淹没大地,只留下一个我们称为挪亚、你们称为丢卡利翁(Deucalion)的人及其一家,从他重新生发出众多生灵,有些是恶的,有些是善的。由此我们说,大火是必定有的,但不是像斯多葛学派所说的那样。根据他们的理论,万物都彼此转化,这听起来十分羞辱人格。但我们也不认为人做这事那事、遭受这样那样的痛苦完全是出于命运的安排。相反,我们认为,各人行正事或犯罪皆出于自由意志,并且正是由于受到恶魔的影响,真诚如苏格拉底之类的人才会遭受迫害、被囚禁,而撒丹纳帕路斯(Sardanapalus)、伊壁鸠鲁以及诸如此类的人,看起来却享有丰裕和荣耀。斯多葛学派看不到这一点,而坚持认为一切所发生的都是命运的必然。其实上帝起初创造天使和人类时,都赐

---

① 这里是 Donaldson 博士对原文一个从句的翻译,但本书编者对这里的读法和译法都持不同意见。

予了自由意志，所以他们必然为自己所犯的无论什么罪遭受永火的惩罚，这是公义的。一切被造之物，既能作恶，也能行善，这是本性。若非有能力转向善或转向恶，那就没有谁值得称颂了。世界各地都有一些人按照正确的理性立法或进行哲学思考，规定某些事该做而禁止另外一些事，这也证明了以上所说。即使是斯多葛哲学家，他们的道德教义中也坚定地尊重同样一些事，所以显然，他们关于诸原则和无形事物所说的话，并不十分恰当。他们若说人的行为由命运而来，那么他们要么得主张上帝不过是始终在变动、转化、分解为同样事物的东西，且他们显然将只拥有对可毁灭之物的理解，并认为上帝本身始终部分或整体地在各样邪恶中①呈现；要么，他们就得主张无所谓什么恶行或美德，但这与任何健全的观念、理性或认识都是背道而驰的。

第八章 凡里面有道居住的人都受到憎恨

我们知道，斯多葛学派的那些人——因为就他们的道德教诲而言，他们是可敬的，就如诗人在某些方面是可敬的一样，因为理性[逻各斯]的种子根植于每个族类——受到憎恨，并被治死，比如赫拉克利特(Heraclitus)；我们自己时代的人中则有缪索尼乌(Musonius)等人。如我们所提到的，鬼魔一直施加影响，凡是过着理性而认真的生活并躲避恶行的人，总是受到憎恨。而如果事实证明，那些不是按照弥散[在人里面]的局部的道生活，而是依据对整个道即基督的认识和沉思来生活的人，鬼魔使他们受到更大的憎恨，那也没有什么可奇怪的。鬼魔已被囚禁在永火里，它们必受到公正的审判和刑罚。因为，如果它们现在尚且被人借着耶稣基督的名推翻了，那就暗示着永火中的惩罚必然要降临到它们自身以及那些侍奉它们的人。众先知作了这样的预言，我们自己的

---

① 直译就是"在各样邪恶中部分或整体地生成着(γινόμενον)"。

夫子耶稣也是这样教导的。①

第九章　永罚不只是威胁而已

那些被看作哲学家的人说，我们宣称恶人要在永火中受罚，这只是说大话，吓唬人的；他们还说，我们是希望人们出于畏惧而过有道德的生活，并非因为这样的生活本身是善的和好的。为了免得再有人说这样的话，我要对此简略回答：假如事情不是这样，上帝就不存在了；或者他即使存在也不关心人，就无所谓什么美德或邪恶，并且正如我们前文所说，立法者惩罚那些违背善令的人是不公正的。然而这些立法者并非不公正，他们的天父自己怎样做，也便用话语教导他们怎样做；所以赞同这些事的人并非不公正。也许有人反对说，人的律法多种多样，有些人看这事为善、那事为恶，但他们看为坏的，另一些人却看为好，他们看为好的，另一些人却看为坏；若有人这样说，那就请他听听我们对此怎么说。我们知道，恶天使按照他们自己的邪恶立法，那些像他们的人也以这些律法为乐；而正当理性（right Reason）②到来后，就证明并非所有的观点都是好的，也并非所有的教义都是好的，相反其中有些是恶的，有些是好的。我也要对上面这类人说同样的话，如果必要，还要说得更加详尽。但眼下我要言归正传。

第十章　基督与苏格拉底比较

这样说来，我们的教理显然比所有属人的教导更加伟大，因为基督为我们显现，成了完整的理性存在者，有身体、有理性、有灵魂。立法者或哲学家若说了什么在理的话，那也是因为他们发现并沉思局部的道而推敲出来的。但由于他们不认识道的整体，也就是基督，所以往往自

---

① 在 Grabe 所编的文本中，关于革勒士的段落插在这里。
② 这个词既可以理解为逻各斯，也可以理解为它弥散在人里面的正确理性。

相矛盾。那些从肉体的出生来说比基督更早的,当他们试图通过理性思考并证明事物时,就被当作不敬的人和多管闲事的人带到审判台前。苏格拉底在这事上比一切人都热心,却跟我们受了一样的指控。他们说他引进新神,而不把城邦所承认的神看为神。相反,他把荷马①和其他诗人赶出城邦,并教导人们弃绝恶鬼和那些行诗人描述之事的人。他还劝他们通过理性的考察去认识他们所不认识的那位上帝,说:"发现万物之父和创造者是不易的,就算发现了他,要向众人宣告也是不安全的。"②但我们的基督借着他自己的权能行了这两样事。因为没有人信靠苏格拉底,以至于为这种理论去死,但对基督——甚至苏格拉底也对他有几分认识(因他以前是、现在也是每个人心里的道,他不但借着众先知预言了将来要发生的事,也亲自预言这些事。他曾成为了拥有类似情感的人,教导人这些事)——不仅哲学家、学者信他,就连匠人和完全未受教育的民众也鄙弃荣华,克服畏惧,轻看死亡来信他,因为他是不可言喻之父的权能,而不只是人的理性工具。③

第十一章 基督徒如何看待死

但是,我们既不应当被处死,恶人和鬼魔也不会比我们强大——假如不是每个出生的人都负了死债的话。因此当我们偿付这债务时,我们表示感谢。我们认为现在正是个时机,为了革勒士和那些像他一样胡言乱语的人,应该提到色诺芬所说的话。色诺芬说,赫拉克勒斯来到一个三岔路口,看见美德和邪恶以女人的样子向他显现。邪恶身穿华服,头饰珠宝,花枝招展,表情充满诱惑,眼神荡漾着将人迅速融化的温柔。④她对赫拉克勒斯说,如果他能跟从她,她将使他快乐度过一生,给他最华贵

---

① 柏拉图,*Rep*, xc. i, p.595。
② 柏拉图《蒂迈欧篇》,p.28,C(不过,柏拉图用的词是"可能",而不是"安全")。
③ 无疑,写出这一章以及其他诸如此类章节的作者,人不可能来指责他弱于修辞。
④ 另有读法作προς ταζ όφεις,指的是观看人的眼睛,可译作"迅速吸引人的视线"。

的装饰品,就如她本人身上那样。而美德面色憔悴,衣衫褴褛,她说,如果你服从我,你将得到的装饰品不是珠宝,不是转瞬即逝的美,而是永恒而宝贵的天恩。我们深信,凡是逃避那些看似好的事物,艰难地追寻那被人视为困难而陌生之物的,必获得福祉。当邪恶模仿不朽之物时(因为真正的不朽之物是邪恶既不拥有也不可能造出来的),就给自己的行为包装上美德的属性和那些真正美好的品质,俘虏那些心思属地的人,并把她自己的邪恶品质附加到美德身上。但那些了解属于真实事物的卓越品质的人,他们的美德也不会败坏。每一个明智的人都应当从这一点去思考基督徒、运动员,以及那些行诗人笔下所谓诸神所行之事的人,并从我们对死亡的蔑视——即使在可以避免死亡时①——得出同样的结论。

第十二章 基督徒以蔑视死亡证明了他们的清白

我自己也一样:那时我还迷着柏拉图的理论,我听到基督徒受诽谤,看到他们对死、对其他一切在人看为可怕的事都无所畏惧,我就想,他们不可能生活在邪恶和享乐之中。试想,一个耽于感官、放纵无度的人,或者把享受人肉宴视为善②的人,怎么可能放弃种种生活享乐,欣然受死呢?这样的人会宁愿永远维持当下的生活,想方设法逃避统治者的视线;更不用说在死局已定的情况下还去告发自己,这更是不可能的了。这也是恶鬼如今诱使恶人做的事。他们不仅凭着对我们的错误指控而把我们中一些人置于死地,还把我们的家人,无论幼童还是羸弱的妇女拖去进行折磨,用酷刑逼迫他们承认那些人自身公然所行的可耻行径!对于这一切,我们漠然处之,因为这些事我们一样也不曾去行,而且我们的思想、我们的行为都有那位非受生的、不可言说的上帝

---

① *Καὶ φευκτοῦ θανάτου* 也可以译作"即使是人们避之不及的死亡"。
② 暗示对基督徒的普遍指控。

作见证。那我们为何不公开承认这些是我们视为善的事，证明这些都是神圣哲学，并说我们杀人时是在举行农神萨图恩(Saturn)的秘仪，我们饱饮人血时——如人们传说的——正是在做你们在你们所敬拜的偶像前所做的事，因为你们不仅用动物的血，也用人的血祭你们的偶像，并且由你们中间最杰出最高贵之人的手拿被杀者的血献祭？我们为何不这样说呢？我们难道不可以拿伊壁鸠鲁和诗人们的作品来为自己辩护，模仿朱庇特和其他神的鸡奸以及与女人的可耻交媾吗？但我们劝告人们逃避这样的教导，也劝告所有信奉它们并效仿这些例子的人，就如我们在现在的讨论中力图说服你们一样；我们也因此受到种种攻击。然而我们不在乎，因为我们知道上帝是万事最公正的观察者。不过即便现在，我们也但愿有人登上高高的讲坛，以响亮的声音①大声疾呼："你们要羞愧！要羞愧！你们指控无辜者犯罪，其实这些罪恶可能正是你们自己公然去行的；你们自己以及你们诸神所行的事，你们倒将其归咎于那些丝毫也不赞同这类事的人。你们要转变！要明智起来！"

第十三章　道如何已经在众人中

　　就我本人而言，当我发现邪灵以邪恶的伪装来蒙蔽基督徒的神圣教义时，为了避免其他人与它们联合，我不但嘲笑那些编造这些虚谎的人，也嘲笑那伪装本身、嘲笑大众舆论；并且我承认，我不但为自己被发现是基督徒而自豪，也尽一切所能表明自己是基督徒，这不是因为柏拉图的教导不同于基督的教导，而是因为两者并非在所有方面都相似，就像其他人，如斯多葛主义者、诗人、历史学家的教导也并非在所有方面都相似一样。每个人按照他分有的道的精子，②所说的都不错，都看到了与这部分道相关的东西。但他们在更为重要的问题上自相矛盾，这

---

① 直译"以悲剧的嗓音"——希腊悲剧演员头戴面具［等同于"位格"(persona)一词］以响亮的声音背诵台词。
② 即散布在人们中间的道［St. Jas. i. 21］。

表明他们并不拥有属天的①智慧,也没有不能反驳的知识。人中间若有谁说了什么正确的事,都是我们基督徒的财富。因为紧接着上帝之后,我们也敬拜并挚爱那位从非受生、不可言说的上帝而出的道,他为我们的缘故成了人,好叫他可以分担我们的苦难,带给我们医治。所有作家都能借着根植在他们内心的道,模糊地看见诸实在。但根据各自的能力分有事物的种子和模仿是一回事,事物本身则完全是另一回事;照着从上帝而来的恩典,才有对事物本身的分有和模仿。

第十四章 查士丁请求公布这份请愿书

因此我们请求你们公布这小册子,并附上你们认为对的[意见],好叫他人得知我们的观点,好叫他们得着良机摆脱错谬的观念和对善的无知——他们因自己的过错逐渐服在刑罚之下;也好叫这些事向人们公开出来,因为认识善恶是人的本性。他们并不了解我们,倒以他们说是邪恶的行为定我们为有罪。但诸神也做这样的事,甚至现在仍要求人们做同样的事,他们倒为之欢喜。他们或治我们死罪,或捆绑我们,或给我们以其他刑罚,似乎我们的罪当这些事——他们以此定了自己的罪,因此根本不再需要别的审判者。

第十五章 结论

我鄙视西蒙②那邪恶而蒙人的教义,此人是我本国的人。如果你们将此书交给当局,我们将在众人面前揭露此人,叫他们若有可能的话好归信主。这是我们写这篇文章的唯一目的。根据某种明智的判断,我们的教义并无可耻之处,倒比所有属人的哲学都崇高;即便不是这样,至少也不同于索达德派(Sotadists)、菲拉尼狄亚派(Philaenidians)、但塞

---

① 直译就是"从远处蒙眬被看见"。
② 术士西蒙显然是查士丁非常熟悉的人,因此我们不能轻率地下结论说,查士丁错误地以为归给西蒙的神圣荣耀与萨宾神是一样的。

派（Dancers）、伊壁鸠鲁派的教义以及诗人们的其他种种教导；这些人人都可以去一一了解，不论从他们的行为，还是从他们的作品。我们已做了我们能做的事，也曾祷告各处的无论什么人都能被算为配领受真理，从此以后，我们将保持缄默。愿你们以合乎敬虔和哲学（becoming piety and philosophy）①的方式，为你们自己作出公正的判断！

---

① 又一处使用呼语，也是切中要害的一击，代表"哲学家[及皇帝]庇护"。

与特里弗的对话 ①

---

① 全名为《哲学家兼殉道者查士丁与犹太人特里弗的对话》。

第一章　前言

一天早上，我在叙斯图斯（Xystus）①的路上散步，迎面与一人相遇，他后面跟着一群人。他说："你好啊，哲学家！"说完此话，就掉头与我同行，他的朋友们也照样跟着他。我也向他回礼，说："有什么要事吗？"

他回答说："我曾领受苏格拉底派阿耳戈斯人（Argos）克林妥（Corinthus）的教诲，不该轻看或者漠视用你这样的服饰打扮自己的人，②倒要向他们表示十分的善意，与他们交朋友，因为这样的交往要么会给那人、要么会给我自己带来益处。再说了，无论哪个受益，对双方都是好事。因此，每当我看见有人穿着这样的服装，我都高兴地接近他，现在我也出于同样的原因欣然与你搭话。这些人也跟着我，指望从你听到些有益于自己的话。"

"那么这位无与伦比的人，你是谁呢？"我开玩笑地问他。

于是他坦白地告诉我他的名字和家世。"我叫特里弗（Tryphon），"他说，"我是个受割礼的希伯来人，③躲开了最近在那里发生的战争，④现住在希腊，通常待在哥林多（Corinth）。"

---

① 根据优西比乌（iv.18），这个叙斯图斯在以弗所。菲罗斯特拉图（Philostratus）提到，阿波罗尼乌（Appolonius）常常在那里争辩。——Otto
② 优西比乌（iv.11）："查士丁身穿哲学家服装，传讲上帝的道。"
③ 即"希伯来人所生的希伯来人"（腓3:5）。
④ 由巴尔·科赫巴（Bar Cochba）发动的战争。

"你如何能从哲学受益,就如你从你们自己的立法者和众先知受益那样呢?"我问。

"为何不能呢?"他说,"哲学家难道不是把一切讨论指向上帝吗?难道不是不断提出关于上帝的合一及神意的问题吗?哲学的真正职责不就是考察神性吗?"

"确实如此,"我说,"我们也曾这样相信。但大多数哲学家①不曾思考,神是一位还是多位?诸神是眷顾我们每个人呢,抑或并非如此?似乎这类知识丝毫无助于我们获得幸福。不仅如此,他们还试图说服我们相信,上帝关心宇宙的种属,却不关心你、我以及每个个体,因为否则的话,我们自然就不必日夜向他祷告了。但我们不难明白由此想法导致的结果,因为言语毫无畏惧、无所顾忌必然导致这类结果,比如坚持这些观点,言行随心所欲,既不怕刑罚,也不盼望从上帝得什么益处。他们怎么可能得到什么益处呢?他们认为同样的事会一直发生;还说,你我将以同样的方式再生,既不会变得更好,也不会变得更坏。但还有一些人,②他们认为灵魂是不朽的,非物质性的,并因而相信他们尽管作恶也不会受到惩罚(因为非物质之物是不可感知的),而且,灵魂既是不朽的,也就不需要上帝给它什么。"

他温和地微笑着说:"那说说你对这些问题的看法,关于上帝你持什么观点,你的哲学是怎样的。"

第二章 查士丁叙述他的哲学研究

"我会告诉你我的看法,"我说,"哲学其实是最大的财富,在上帝面前是最尊贵的,③它引导我们走向上帝,并且仅仅把我们交给上帝;关

---

① 斯多葛学派的观点。——Otto
② 柏拉图主义者。
③ 有些版本遗漏了ô,并把前一分句中的θε ώ放在这一分句中,从而读成了:"哲学才是最大的财富,也是最值得尊敬的,它把我们引向上帝",云云。

注哲学的人是真正圣洁之人。然而,何谓哲学,为何它被差下来给人,大多数人并没有认真思考过。其实,这种知识是一,①并不分柏拉图派、斯多葛派、逍遥学派、理论学派②、毕达哥拉斯学派。我希望告诉你这一为何变成了多头。事情是这样的,那些最先讨论它(即哲学)并因而被敬为圣贤的人,他们的后继者没有对真理作出任何考察,只是敬仰前辈的坚忍、自律以及理论的新颖。而且,他们每个人都认为自己从老师学到的东西就是真理。然后,后继者又将这些传给**他们**的后继者,其他人也同样如此,于是这套理论就以那被尊为该教义之父的人来命名了。我起初很渴望与这些人中的某一位个别交往,就迷上了一位斯多葛主义者;我花了相当长的时间跟他学习,但我没有从他得到更多关于上帝的知识(因为他自己也不知道,还说这样的教导是没有必要的)。于是我就离开他,投奔了另外一个学派的人,就是所谓的逍遥派。就如**他**自己认为的,他是一个精明人。此人招待了我几天之后,就要我付学费,免得我们的交往无利可得。因为这样的原因,我也离开了他,认为他根本不是什么哲学家。但我的灵魂热切地渴望聆听独特而优秀的哲学,于是我又求教于一位享有盛名的毕达哥拉斯派学者——他认为自己有了不起的智慧。我与他见了面,表示愿意聆听他的教导,做他的学生,他说:'那又怎样?你了解音乐、天文和几何吗?如果你不首先了解另外一些事——它们会使灵魂脱离可感对象,并适合承纳专属精神的对象,从而叫它能沉思本质上尊贵的事物和本质上良善的事物——那你还指望认识什么有助于你享有幸福生活的东西呢?'他向我推荐了很多这些分支学问,告诉我这些知识都是必不可少的。我承认自己对这些都很无知,他就打发我离开。于是我变得非常急躁;这是可以想象的,当我的希望落

---

① Julian, *Orat.* vi. 说:"谁也不能把我们的哲学分成许多部分,或者将它切割成许多部分,尤其不可从一分出多,因为正如真理是一,同样,哲学也是一。"

② Maranus 认为那些不同于实践哲学的学派被称为"理论学派"。我不知道称为"怀疑学派"或"皮浪学派"是否更为恰当。——Otto

空时，我就越发急躁，因为我相信那人的确有些知识。但是再想想我要在那些分支知识上逗留漫长的时间，我就无法忍受更多的耽搁。正当我陷入绝望之时，我突然想到，也许我可以去会会柏拉图派，因为他们的名声很大。于是我倾尽我的时间与一位不久前搬来我们城市①的人（他是一位贤人，在柏拉图学派享有很高的地位）相处，我有了进步，而且每天都取得极大的进步。对无形事物的洞察使我大为折服，对理念的沉思使我的心灵插上了翅膀，②有那么一小会儿，我甚至以为我已经变得有智慧了；我指望马上就能仰望到上帝，但这恰恰是我的愚蠢，因为这里正是柏拉图哲学的尽头。"

第三章　查士丁讲述他如何归信

"我就处在这种状态。当时有一段时间我希望得到完全的宁静，避开人来人往，于是常去离海边不远的一处原野。一天，我走近那个地方，打算到那里享受一会儿独处。一位老人，从外表看就绝非等闲之辈，他面容温和，形态可敬，跟在我后面不远处。我转过来面朝他，停住脚步，紧张地盯着他。

他说：'你认识我吗？'

我回答不认识。

'那你为何这般看着我呢？'他说。

'我吓了一跳，没料到你也在这里，因为我原没想到在这里能看到什么人。'我说。

他对我说：'我担心家里的几个人，他们跟我走散了，所以我亲自来寻找他们，或许他们会在某个地方出现。不过，你为何在这里呢？'

我说：'我喜欢这样散步的地方，因为在这里我的注意力不会分散，

---

① 或者指新城弗拉维亚（Flavia Neapolis），或者指以弗所。——Otto
② 查士丁在此讲述他研习柏拉图哲学取得的进步，他以优美的笔触运用了这个柏拉图惯用的短语。

与自己对话不受干扰；这样的地方对操练理性（philology）①来说再合适不过了。'

'那么你是个语言学家（philology），②但不是热爱行动或真理的人啰？你不是要努力成为实践者吗，就像你努力成为智者一样？'他说。

我说：'一个人还能完成比这更伟大的工作吗——把那统治一切的理性指给人看，抓住它，登上它，俯视别人的谬误和他们的追逐！若没有哲学和正确的理性，任何人都不可能获得审慎。因此每个人都必须作哲学思考，视之为最伟大、最崇高的工作。至于其他事，只是二等或三等重要。不过，如果它们成了依赖于哲学而存在，那就具有一定价值，也值得接受，如果失掉了哲学，不伴随哲学，就只能使那些追求它们的人变得卑下粗俗。'

'那么也就是说，哲学能带来幸福？'他打断我说。

'当然，'我说，'并且唯有它能带来幸福。'

'那么什么是哲学？'他说，'什么又是幸福？请告诉我，除非有什么东西妨碍你说。'

'哲学就是关于真正存在之物的知识，是对真理的清楚认识；幸福则是对这种知识和智慧的奖赏。'我说。

'但你为什么称呼上帝呢？'他问。

'那始终保持同一本性、以同样的方式存在、为其他万事万物之因的——那其实就是上帝了。'我这样回答他。他欣然听着，然后再次质问我说：

'知识不就是一个为不同事物所共有的术语吗？比如，在所有技艺中，人若深谙某一种技艺，就被称为这方面的专家，无论是统帅军队的技能、治国技能还是医治技能，都是一样。但在神和人的事务上不是这

---

① Philology，在这里是指操练"理性"。
② Philology，在这里是指操练"说话"。λόγος 有双重用法，oratio（说话，语言）和 ratio（理性），应当始终留意。老人是在前一个意义上使用，而查士丁则是在后一种意义上使用。

样。是否有一种知识可提供对人事和神事的理解，然后使人完全了解它们的神圣和公义？'

'当然。'我回答说。

'那是什么知识呢？我们认识人和上帝，是否就如我们知道音乐、算术、天文或者其他诸如此类的分支学问一样呢？'

'绝不可能。'我回答。

'你还没有正确回答我，'他说，'有些[分支知识]我们通过学习或使用获得，而另一些知识我们通过眼见获得。试想，如果有人告诉你，印度有一种动物，其习性与其他一切动物都不同，而且形态多样，品种不一，那么除非你亲眼看见，否则你不会认识它。除非你从看见过的人那里听说，否则你也不可能对它作任何描述。'

'肯定不能。'我说。

'那么，哲学家既然对上帝毫无知识，既没有在任何时候见过他，也不曾听过他的声音，又怎能正确论断上帝，或者说出什么真理呢？'他说。

'但是前辈，神不可能像其他生物一样，光靠眼睛看见；只有用心灵才能认出，如柏拉图所说的。我信他的话。'"

第四章　灵魂靠自身无法看见上帝

"'那么我们的心灵中（mind）是否拥有这样伟大的能力呢？或者，人难道不能靠感官去认识吗？是否人的心灵没有圣灵教导也会在什么时候看见上帝呢？'他说。

我回答说：'柏拉图确实说过，心灵具有这样的本性，并且神赐我们心灵的眼睛就是为了这个目的，要叫我们在心灵自身纯洁时可以看见存在本身；他是一切心灵所能识别的事物的原因，他没有颜色、形状，也没有大小——事实上他没有肉眼所看到的任何属性。柏拉图接着还说，他是这样一类事物，他超越一切本质，不可言说，难以理喻，但唯有他

是可敬而美好的;并且他会突如其来地进入好性情的灵魂,因为这样的灵魂与上帝关系密切,渴望看见他。'

他说:'那么我们与上帝之间有什么样的密切关系呢?是否灵魂也是神圣、不朽的,是那君尊之灵的一部分?是否就如那灵看见上帝,我们也可以在我们的心灵里思考上帝,从而变得幸福?'

'的确如此。'我说。

'是否所有生物的灵魂都能领会他呢?'他问,'或者人的灵魂是一类,马和驴子的灵魂是另一类?'

'不,在万物中的灵魂都是相似的。'我回答说。

他说:'那么马和驴都会看见上帝,或者它们已经在某个时候见过上帝?'

'不,'我回答,'大多数人都不会看见上帝,只有行事正当,因公义和其他种种美德而得洁净的人才能看见。'

'也就是说,'他说,'人能看见上帝,不是因为人与上帝的亲密关系,也不是因为他有心灵,而是因为他是节制而公义的,是吗?'

'是的,'我说,'因为他有那些美德,因而能感知上帝。'

'那是怎么回事?山羊或绵羊伤害谁吗?'

'它们丝毫也不伤害谁。'我说。

'那么按照你的解释,这些动物也会看见上帝。'他说。

'不,因为它们身体的本性是它们的一大障碍。'

他回答说:'假使这些动物能够说话,可以肯定它们会有更大理由嘲笑我们的身体。不过我们现在不谈这个问题,不妨先同意你所说的。但是请告诉我:灵魂看见上帝是当它还在身体里的时候呢,还是在它离开身体之后呢?'

'只要它还以人的形式存在,就可能通过心灵实现这个目标,'我接着说,'但当它脱离身体,完全独立之后,就更能拥有它向来持之以恒、全心全意所热爱的对象。'

'那么当它再次回到人里面时,是否还记得它曾看见上帝?'

'我看不会。'我说。

'这样说来,那些看见过上帝的人有什么长处呢?或者说,他若不记得他见过上帝这事儿,那看见过的人比没看见过的人多了什么呢?'

'我不知道。'我回答。

'那些被判作不配看见上帝的人,要受什么苦吗?'

'他们被囚禁在某类野兽的身体里,这就是对他们的惩罚。'

'那么他们是否知道,他们陷入这样的境地是出于这样的原因,是因为他们犯了某种罪?'

'我想他们不知道。'

'这样看来,这些人从他们的惩罚中得不到任何益处。此外,我可以说,他们若对惩罚毫无意识,那就没有受罚。'

'事实上确实没有。'

他说:'因此灵魂既不会看见上帝,也不会转世到另外的身体,否则他们就会知道并因此而感受到惩罚,也会害怕以后犯罪,哪怕是微不足道的小罪。不过他们能感知到上帝存在,也知道公义和敬虔是可敬的,这一点我完全赞同你。'

'你说得没错。'我回答。"

第五章 灵魂在其本性上并非不朽

"'所以,这些哲学家对这些事一无所知,因为他们说不出灵魂是什么。'

'看起来并非如此。'

'灵魂也不应被称为不朽的,它若是不朽的,那就显然是非受生的。'

'按照有些称为柏拉图主义者的人所说,它既是非受生的,也是不朽的。'

'你是说这世界也是非受生的吗?'

　　'有人这么说。但我不认为是这样。'

　　'你是对的。试想,人有什么理由认为这么一个实体,它坚固、有耐力、复合了种种元素,可变化、可腐烂且每天在更新,不是从某种原因产生的呢?如果这世界是受生的,那灵魂必然也是受生的。它们也许曾在某个时候还并不存在,因为它们是为了人和其他生物的缘故被造的。如果你愿意的话,你也可以说,它们是完全独立受生的,而不是与它们各自的身体一起受生的。'

　　'这话听起来不错。'

　　'那么,灵魂就并非不朽的了,是吗?'

　　'是的,既然世界在我们看来是受生的。'

　　'但我其实不是说所有灵魂都要死,否则那对恶人来说倒真是好运了。那究竟是怎样呢?原来敬虔者的灵魂会待在一个更好的所在,而不义的恶人,灵魂却要待在不好的所在,等待审判的时候到来。这样,一些看来与上帝相配的灵魂就永远不死,而另一些灵魂却要照着上帝所愿意的时间长短存在并受罚。'

　　我说:'你所说的与柏拉图《蒂迈欧篇》所暗示的世界是否具有同样的性质?他说世界确实服在朽烂之下,因为它是受造的,但由于上帝的旨意,它既不会消亡,也不会遭遇死亡的命运。你是否认为对灵魂以及一般对万物也完全可以这样说?那些在上帝之后①存在的事物,或者将会在某个时候存在的事物,②本性都是可朽烂的,可以被抹去而不再存在。唯有上帝是非受生、不朽坏的,他也因而是上帝,但他之后的其他一切事物,都是受造的、可朽坏的。故此,灵魂不但可能死,也可能受惩罚。因为如果它们是非受生的,它们就不会犯罪,不会愚不可及,不

---

① 原文作"之外"。
② Otto 认为:如果老人是从这里开始说话,那么,'ἔχει 就必须改读作'ἔχειν。本书所接受的文本表明查士丁在这里是继续引用柏拉图的话或柏拉图话中的实义。

会懦弱，不会残暴，也不会甘愿转世为猪、蛇、狗。事实上，如果它们是非受生的，强迫他们就是不正当的。因为非受生的事物之间是类似、等同、一样的，不论在能力还是尊荣上，都不会一个优于另一个，因此也就不会有不同的非受生的事物。假如有不同的非受生事物，你将无法找到其间差别的原因，哪怕你用力搜寻。让你的心灵永远漫游于无限吧，你最终会筋疲力尽地承认只有一位非受生者，并说这就是一切的原因。柏拉图和毕达哥拉斯，那些有智慧的人，我们眼中的哲学之墙和堡垒，他们是否忽略了以上这些呢？'

第六章　这些事柏拉图和其他哲学家都不知道

"他说：'至于柏拉图、毕达哥拉斯或者其他什么人——总之，无论谁——是不是持这种观点，我看都无关紧要。因为真理就是如此；你可以从以下事情知道这真理。灵魂肯定是生命，或者说它拥有生命。而它既然是生命，也就会使别的什么、而不是它自己活着，就如运动推动别物而非它自身运动一样。灵魂是活的，没有人会否认这一点。但灵魂活着不是因为它本身是生命，而是因为它分有生命。而分有某种东西的东西，不同于它所分有的东西。灵魂分有生命，因为上帝愿意它活着；如果上帝不希望它活，那它甚至不能分有生命。因为存活并非灵魂的属性，就像那是上帝的属性一样。人却不会永活，灵魂也不会永远与身体结合，因为[灵魂与身体的]这种和谐必定会破裂，什么时候这种和谐破裂，灵魂离开身体，人也就不复存在。虽如此，灵魂也必定停止存在，什么时候它停止存在，生命之灵也就离它而去，就不再有灵魂了。而它从哪里取的，就仍回哪里去。'"

第七章　真理的知识只能从众先知寻求

"'那么人都应该请一位老师吗？'我说，'如果连老师里面也没有真理，那么人能从哪里得到帮助呢？'

'在久远的时代曾有过一些人，比所有尊为哲学家的人都更古老，他们是义人且蒙上帝垂爱。他们靠圣灵说话，预言了将来要发生的事以及现在正发生的事。这些人被称为先知。唯有这些人，他们既看见了真理，又向人们宣告出来。他们既不崇拜，也不惧怕什么人，也不为荣华所诱，而是被圣灵充满，单单传讲他们所看见、听见的事。他们的作品留存至今，读这些书的人假如相信他们的话，就会大得帮助，对事物的开端和终局、对哲学家应当知道的事得到更多的认识。他们的文中没有采用实证，因为他们就是那无可证明的真理的见证人，配得人相信。那些已经发生的事，那些正在发生的事，使你不得不同意他们所说的话。事实上鉴于他们所行的神迹，他们理应得到信任，因为他们既荣耀了创造主、上帝和万有之父，也宣讲了他的儿子、他所差遣的基督。的确，被说谎话的污秽之灵充满的假先知，过去不曾做过，现在也没有做这样的事，他们只是大着胆子行了一些奇事，目的是让人们吃惊。他们荣耀的是错谬的灵和鬼魔。但你首先要祷告的是众光明之门向你打开，因为这些事不是人人都能领会或明白的，唯有蒙上帝和他的基督赋予了智慧的人才能理解。'"

第八章　查士丁因他的话燃起了对基督的爱

"他说完这些，还说了许多其他事，现在无暇一一提及。然后，他就走了，吩咐我好好想一想，此后我再也没见过他。但一团火焰迅速在我心中燃起，对先知的爱，对那些基督的朋友的爱，占据了我的身心。他的话在我的脑海萦绕，我发现唯有这种哲学才是安全而有益的。于是为这缘故，我也是一名哲学家。此外，我还希望所有人都作出跟我一样的抉择，不要使自己远离救主的话。这些话本身拥有一种可畏的力量，足以感动那些偏离正道的人生出敬畏之心。同时，那些勤勉践行的人，也从中得到最甜美的安息。所以，如果你还有那么一丝关心你自己，如果你热切地寻求救赎，如果你信仰上帝，你就可以——既然你对此事并非无动于衷①——结识上帝的基督,并在被引入门②之后过上幸福生活。"

我说完这些话,我亲爱的朋友③、那些跟随特里弗的人笑了。特里弗则微笑着说:"我同意你的其他一些说法,也敬佩你学习神圣之事的热情,但你最好还是遵守柏拉图或者别的什么人的哲学,培养忍耐、自制、温和的品格,而不是被假言假语蒙骗,跟从那些无名之辈的意见。你若保持哲学的思维方式,生活无可指摘,就可以指望有更好的命运为你存留,但你若抛弃上帝而信赖人,还有什么安全可言呢?所以,如果你愿意听我的话(我已经把你当作朋友),那就首先去行割礼,然后还要遵守上帝关于安息日、节期、月朔所颁布的典章。总之,凡律法上所写的,你都要去行,或许你可以得到上帝的怜悯。至于基督——如果他的确曾降生并存在于什么地方——那是人不知道的,甚至他自己也不知道他是谁。他也没有权能,直等到以利亚来膏他,使他向众人显明出来。你竟听信毫无根据的传言,为自己杜撰出一个基督,轻率地走向毁灭。"

第九章 基督徒并非相信毫无根据的故事

"我原谅你,宽恕你,我的朋友,"我说,"你并不知道自己在说什么,只是听信了一些并不明白圣经的教师的话。你就像占卜的,脑子里浮现出什么就说什么。但如果你愿意听我讲讲他的事,讲讲我们为何不是受了蒙骗,为何不会停止认信他——哪怕人们对我们的指责堆积如山,哪怕最可怕的暴君强迫我们否认他——那么,我就会用你站在这儿的工夫向你证明,我们并非相信虚空的传说或无根无据的话语,我们所信的话语充满上帝之灵,大有能力,盛满恩典。"

---

① 根据一种解释,这句话是指上帝:"如果你信仰上帝,知道他对此事不是无动于衷",等等。Maranus 认为,这话是说一个犹太人,若在旧约里读到过大量关于基督的事,就不可能对与基督有关的事无动于衷。
② 直译作"成为完全之后"。有人认为是指品格上的完全,有人认为是指接受洗礼而入教。
③ 拉丁文译本作"亲爱的庞培(Pompeius)"。

那些跟随他的人再次大笑,粗野地喊叫起来。于是我站起来,准备走开,但他拉住我的衣服说,我没有兑现许诺之前不应该离开。①我说:"那就让你的同伴不要如此喧哗,不要做出如此不雅的举止。他们如果愿意,可以安安静静地听着,如果有更值得的事儿做,就去做吧,我们可以退到某个地方,在那里清静清静,把讨论进行到底。"特里弗觉得这提议不错,于是,我们一致同意,退到叙斯图斯的中间地带去了。他的朋友中有两个嘲讽取笑了一番我们的热情后,就离开了。我们来到那个地方,两边都有石凳,那些跟随特里弗的人在一边坐下,相互交谈起来,其中一人还插进来,谈到在犹太进行的战争。

第十章 特里弗指责基督徒只因一点,即不谨守律法

他们停止闲聊后,我又对他们说了下面的话——

"我的朋友,我们除了不按律法生活,不像你们的祖先那样在肉身上行割礼,不像你们那样守安息日之外,还有另外的事该受指责吗?是不是我们的生活和习俗也在你们中间受到诋毁?我想请问:你们是不是还相信我们吃人?相信我们在宴会之后会灭了灯而彼此乱交?还是说,你们指责我们只是在于我们坚守这类信条,相信一种在你们看来并非正确的意见?"

"这就是我们觉得惊奇的地方,"特里弗说,"至于民众所谈论的那些事,倒不足为信,因为那些是完全违背人性的。此外,我仔细读过你们的所谓福音书,知道其中所记的戒律非常了不起,很伟大,我甚至怀疑是否有人能遵守。但最让我们感到困惑的是:你们自称为敬虔的,也自认为比其他人优秀,却又不在任何方面与其他人特地分别开来,也不改变你们的生活方式,使之区别于各族的人,因为你们不守任何节期,不守安息日,也没有割礼的仪式。再者,你们把希望寄托在一

---

① 有异文作"我没有离开"。

个被钉十字架的人身上，不遵守上帝的诫命，却指望从上帝得好处。你们没有读过经上的话吗？若有人没在第八天行割礼，就要从民中将他剪除。而且这规矩也是为寄居的和奴隶订立的。但是你们轻率地藐视这约，拒不履行随约而来的义务，反倒试图说服自己相信你们也认识上帝；其实敬畏上帝的人所行的那些事，你们一样也不去行。因此，如果你能就这几点为自己辩护，阐明你虽然不守律法，却能以何种方式有所指望（无论指望什么），那么我们会欣然听你道来，也会做出其他类似的考察。"

第十一章　律法被废除；上帝应许并赐下新约

"特里弗啊，不会有什么别的上帝，也不曾有什么他者从亘古就存在，"我这样对他说，"只有那创造并安排这整个宇宙的那位。我们也不认为我们有一位上帝，你们又有一位上帝，事实上，唯有一位上帝，就是用大力的手和大能的膀臂领你们祖宗出埃及的那一位。我们不是信靠另外的神（因为没有别神），而仍是信靠你们也信靠的那一位，就是亚伯拉罕、以撒、雅各的上帝。只是我们不是借着摩西或者律法信靠他，否则我们也会做你们所做的事。但如今①（因为我曾读到将有一最后的律法，一个约，乃众约之约，凡追求上帝产业的人，如今都应义不容辞地遵守它。因为何烈山上颁布的律法现在已成了旧的，而且只属于你们，这律法却是为普世赐下的。如今，律法对律法，后来的律法废除了先前的律法，同样，后来的约也终止了前约，一个永恒的、最后的律法，即基督，已经赐给我们。这约是可信的，它之后再没有律法，再没有诫命，再没有律例。你难道没读过以赛亚所说的这话：'我的民啊，要听我，要听我！列王啊，要向我侧耳。因为律法必从我而出，我的判断必

---

① 编辑们认为查士丁这里插入了一段很长的插入语，从"因为"开始，一直到"所立的约"。不过把这里理解为破格文体会更显自然，也就是说，查士丁本来要说，"如今我们借着基督信靠"，但又觉得说这话之前需要先作初步的解释。

为万民之光。我的公义速速临近,我的救恩也要发出,万民要信靠我的臂膀。'①关于这新约,耶利米也这样说:'耶和华说,日子将到,我要与以色列家和犹大家另立新约。不像我拉着他们祖宗的手,领他们出埃及地的时候,与他们所立的约。'②),既然上帝曾宣告要另立新约,且这约要做万民的光,那么我们就可以看见并相信,人是借着被钉十字架的耶稣基督的名,抛弃他们的偶像和其他不义而接近上帝,并借着宁死不渝的认信来坚守、维护自己的敬虔。而且,通过他的作为和伴随的神迹,众人都有可能明白他就是那新的律法、新的约,就是各族中那些等候上帝美事之人所指望的。真正属灵的以色列、犹大、雅各、以撒和亚伯拉罕(他虽未受割礼,却因他的信得到上帝的认可和祝福,得称为多国之父)的后裔,就是我们这些借着被钉十字架的基督走向上帝的人。后面我们会证明这一点。"

第十二章 犹太人违背永恒的律法,并恶意解释摩西的律法

我还引了以赛亚的另一段话,他呼喊说:"'你们侧耳而听,就必得活;我必与你们立永约,就是应许大卫那可靠的恩典。看哪,我已立他作万民的见证。素不认识你的国民必求告你,素不认识你的百姓也必奔向你,都因你的上帝,以色列的圣者,因为他已经荣耀你。'③你们曾经藐视的就是这律法,你们曾经轻看的就是他这新的圣约。如今你们既不领受它,也不悔改你们的恶行。'因为你们的耳朵聋了,眼睛瞎了,心硬了',耶利米④曾如此呼喊,但即便那时你们也是不听。如今赐律法者就在眼前,你们却看不见他。穷人有福音传给他们,瞎子也看见,你们却

---

① 根据七十士译本《以赛亚书》51:4、5。
② 《耶利米书》31:31、32。
③ 《以赛亚书》55:3 以下,七十士译本。
④ 不在《耶利米书》里。可能是某人插入的,而不是耶利米、以赛亚或约翰说的。见《约翰福音》12:40;《以赛亚书》6:10。

不明白。你们现在正需要第二次割礼，可你们却以肉身大大夸耀。新律法要求你们守永恒的安息，但你们只守了一天的闲散，就以为自己有多敬虔，而不去分辨为何诫命要你们这样做。你们吃了无酵饼，就说上帝的旨意成全了。其实主我们的上帝并不喜悦你们这样守安息日。你们中间若有作伪证的人或小偷，就当洗手不干，若有犯奸淫的，就当悔改，这样他就守了上帝甜美而真正的安息。若有人手上污秽了，就当去洗干净。"

第十三章 以赛亚教导说，借基督的血罪得赦免

"以赛亚不是打发你们去那里洗净杀人罪和其他罪恶，这些就是整个海里的水也不足洗除；如人可能曾期待的，这是古时随着那些悔改之人的救人的洗，①那些人不再是借山羊绵羊的血得洁净，也不再是借母牛的灰或者用细面做成的祭品得洁净，而是借着基督的血，借着他的死，因信得洁净的人。基督正是为以上这一切原因死的，如以赛亚亲口所说：'耶和华在万国眼前露出圣臂，列国和地极的人都要看见上帝的救恩。你们离开吧！离开吧！离开吧！②从巴比伦出来，不要沾不洁净的物；你们扛抬耶和华器皿的人哪，要从其中出来，务要洁净，因③你们并非急忙出来。因为耶和华必在你们前头行，主——以色列的上帝必将招聚你们。看哪，我的仆人行事必有智慧，必被高举上升，且成为至高。许多人因你惊奇，你的面貌比别人憔悴，你的形容比世人枯槁。这样，许多国民必对他惊奇，君王要向他闭口。因所未曾传与他们的，他们必看见；未曾听见的，他们要明白。耶和华啊，我们所传的，有谁信呢？耶和华的臂膀向谁显露呢？我们宣告的他，在耶和华面前如婴孩，像根出于干地。他无佳形美容，我们看见他的时候，也无美貌；他的样

---

① 《哥林多前书》10：4。奥托把这里读作："他所提到、为那些悔改之人预备的拯救之洗。"
② 在查士丁这里有三次"离开吧"，七十士译本里没有三次。
③ 这里与七十士译本略有出入，少了一个从句。

子没有光彩,连世人也远远不如。他多受痛苦,常经忧患,因为人都掩面不看他;他被藐视,我们也不尊重他。他担当我们的罪孽,为我们承受忧患。我们还以为他应该受辛劳痛苦,应该受人恶待。他为我们的过犯受害,为我们的罪孽压伤;因他受的刑罚,我们得平安;因他受的鞭伤,我们得医治。我们都如羊羔走迷,各人偏行己路。耶和华使我们众人的罪孽都归在他身上。他被欺压,在受苦的时候却不开口。他像羊羔被牵到宰杀之地,又像羊在剪毛的人手下无声,他也是这样不开口。因受欺压,他的审判被夺去,谁能述说他的世代?因他的生命从地上被取去。他因我百姓的罪过来到死地。我还要以恶人来换他的坟墓,以财主来换他的死,因他未行强暴,口中也没有诡诈。耶和华定意除去他的苦难。他既为赎罪被献,你们的灵魂就必看见那长久的后裔。耶和华定意带他的灵魂离开苦难,叫他看见光明,要以悟性造他,要使这位尽心侍奉众人的义者得称为义。他要担当我们的罪,所以他要多多承继产业,要分强盛者的掳物,因为他的命被交付死地。他也被列在罪犯之中,他却担当多人的罪,又为罪犯代求。你这不怀孕、不生养的要歌唱!你这未曾经过产难的要发声歌唱,扬声欢呼!因为没有丈夫的比有丈夫的儿女更多。这是耶和华说的。要扩张你帐幕之地,张大你居所的幔子,将其钉牢,不要限止;要放长你的绳子,坚固你的橛子。因为你要向左向右开展,你的后裔必得多国为业,又使荒凉的城邑被继承为业。不要因你蒙羞而惧怕,也不要因你受辱而惊惶,因你必忘记永远的羞愧,不再记念你寡居的羞辱。因为耶和华为他自己造了一个名,救赎你的是以色列的上帝,他必称为全地之神。耶和华召你,如①召被离弃心中忧伤的妻,就是幼年就被恨恶的妻。'②"

---

① 七十士译本在此作"不似",云云。
② 《以赛亚书》52:10 以下到 54:6,七十士译本。

第十四章　义不在犹太人的仪式中，而在基督借着洗礼所赐的内心的归信中

"所以，因着这悔改之盆和对上帝的知识（如以赛亚所说，这是因上帝子民的过犯所命定赐下的），他宣告的洗礼只能洁净那些悔改的人。我们如此相信，也如此作见证，这就是生命之水。你们为自己挖的水池子是破的，与你们毫无益处。试想，只能洁净肉体的洗礼有什么用呢？你们要让灵魂受洗而脱离愤怒、贪婪、嫉妒、仇恨；看哪！身体就洁净了。你们不行旧日所行的事，就是那恶酵，这就是无酵饼的象征意义。但你们从肉体层面上理解一切事，以为做这样的事就是敬虔，同时你们的灵魂却充满了诡诈，总之就是充满各样的恶。于是，吃了七天未发酵的饼之后，上帝命令将它们与新酵混合，也就是要行另样的事，不要再模仿旧日的恶行。此乃这位新的立法者命令你们的，所以，我要再次提到前面已经引用的话，以及前面略过的其他话。这些话是以赛亚说的，大意如下：'你们侧耳而听，就必得活；我必与你们立永约，就是应许大卫那可靠的恩典。看哪，我已立他作百姓的见证，作万国的首领和军长。素不认识你的国民必求告你，素不认识你的百姓也必奔向你，都因你的上帝，以色列的圣者，因为他已经荣耀你。你们当寻找上帝，找到他后，要趁着他与你相近就求告他。恶人当离弃自己的道路，不义的人当除掉自己的意念。归向耶和华，耶和华就必怜恤他，因为神必广行赦免。我的意念非同你们的意念，我的道路非同你们的道路。天怎样高过地，照样我的道路高过你们的道路，我的意念高过你们的意念。雨雪从天而降，并不返回，却滋润地土，使地上发芽结实，使撒种的有种，使要吃的有粮。我口所出的话也必如此，决不徒然返回，却要成就我所喜悦的，我必使我所命定的亨通。你们必欢欢喜喜而出来，平平安安蒙引导；大山小山在等候你的时候必跳跃，田野的树木也都拍掌。松树长出，代替荆棘，番石榴长出，代替蒺藜。耶和华必留名，作为永远的证

据,他不会落空!'①"我说:"特里弗啊,众先知所写的诸如此类的话,有些提到基督第一次降临,传讲他如何样貌平平,地位微贱,外表跟世人一样;另一些则提到他的二次降临,那时他要在荣耀中、在云端显现。你们的国民也要看见并认识他们所扎的那一位,如十二先知之一何西阿以及但以理所预言的。"

第十五章 真正的禁食是什么

"因此如以赛亚所说,你们要学会守真正上帝的禁食,好叫你们可以讨上帝喜悦。以赛亚曾这样大声说:'你要大声喊叫,不可止息;扬起声来,好像吹角,向我百姓说明他们的过犯,向雅各家说明他们的罪恶。他们天天寻求我,想要明白我的道,好像行义的国民,不离弃他们上帝的论断,向我求问公义的判语,喜悦亲近上帝,他们说:我们禁食,你为何不看见呢?我们刻苦己心,你为何不理会呢?因为你们禁食的日子仍求利益,勒逼那些受制于你们的人。看哪,你们禁食,却相互争竞,还用拳头打位卑的人。你们为何像今日这样为我禁食,让人听见你们的高声呢?这不是我所拣选、使人刻苦己心的日子。就算你们垂头像绳子,或者披麻戴灰,也不能称之为禁食,为耶和华所悦纳的日子。这不是我所拣选的禁食,耶和华说;我所拣选的禁食,是要松开不义的绳,解除不公平合约的条款,使被欺压的得自由,避免一切不义的契约。把你的饼分给饥饿的人,将无家可归的穷人接到你家中,见赤身的给他衣服遮体,顾恤自己的骨肉而不掩藏。这样,你的光就必发现如早晨的光,你的衣服②必速速高升。你的公义必在你面前行,耶和华的荣光必作你的后盾。那时你求告,耶和华必垂听;你呼求,他必说:我在这里。你若从你中间除掉重轭,指责人的指头和抱怨的话,你若热心地将饼给

---

① 《以赛亚书》55:3 以下。
② 七十士译本里解作"健康",可能更恰当。

饥饿的人，使因苦的人得满足，你的光就必在黑暗中发现，你的幽暗必变如正午。你的上帝必始终与你同在，使你心满意足，骨头强壮。你必像浇灌的园子，又像水的泉源，或者水流不绝的土地。'① '因此要在你们心里行割礼'，如上帝在所有这些段落里要求你们的。"

第十六章　割礼是作为记号赐下的，好叫犹太人可以远离他们对基督和基督徒所行的恶事

"神曾亲自借摩西这样宣告说：'所以你们要为你们刚硬的心行割礼，不可再硬着颈项。因为耶和华你们的上帝，他是万主之主，至大的神，大有能力，大而可畏，不以貌取人，也不受任何回报。'②《利未记》里说：'因为他们违背我，藐视我，行事与我反对，所以我也行事与他们反对，还要在他们的仇敌之地剪除他们。那时，他们未受割礼的心就回转了。'③源于亚伯拉罕的肉身的割礼是神作为记号赐下的，表示你们与其他国民分别，也与我们分别；表示你们、唯独你们可以忍受现在按公义所受的事；表示你们的地土要荒芜，城邑要被火焚毁，外人要当面吃你们的果实，而且你们中一个也不可上耶路撒冷去。④你们在其他人中被认出，不靠别的记号，唯靠身上的割礼。我猜你们谁也不敢说上帝过去不曾、现在也不能预见将来的事，且不曾预先规定各人的报应。所以，这些事发生在你们头上，是恰当而公正的，因为你们杀死了那义者以及他之前的众先知，如今又弃绝那些仰望他并那位差他来者的——全能的上帝，万物的创造者，还在你们的会众中诅咒那些信靠基督的人。由于那些如今掌权的人，你们无法下手害我们，但是只要有可能，

---

① 《以赛亚书》58:1—12。
② 《申命记》10:16以下。
③ 《利未记》26:40, 41。
④ 见 *Apol.* , i. 47.［按哈德良新颁布的法令］犹太人不准进入耶路撒冷，违者处死。所以查士丁从割礼看到了犹太人自己身上的惩罚。

你们就会那么干。因此上帝借着以赛亚呼召你们,说:'看哪,义人死亡,无人放在心上。这义人被收去,是免了将来的祸患。他的坟必平安,他从坟中间被取去。你们这些不法的儿女,奸夫的种子,妓女所生的,都要近前来!你们向谁戏笑,向谁张口吐舌呢?'①"

第十七章　犹太人打发人到全地传播诽谤基督徒的话

"因为其他国民没有像你们,为我们和基督招来这苦害到如此地步;你们的所作所为无不表明,是你们制造了对那位义者、我们这些靠他得站立的人的邪恶偏见。你们先是把他,唯一无可指摘的义人钉了十字架——借着他受的鞭伤,借他就近父的人得医治;当你们知道他如众先知所预言的从死里复活并升天以后,你们还是没有悔改自己所犯的恶行,相反,那时你们还挑选人并把他们从耶路撒冷派到各地,跟人说有一种不敬神的异端,就是基督徒,已经萌芽,还散布一些事攻击我们,是凡认识我们的人都不会说的。所以你们不仅是自己陷入不义的原因,事实上也是所有其他人陷入不义的原因。以赛亚说的话是有根据的:'因为你们的缘故,我的名在外邦人中受亵渎。'②又说:'他们有祸了!因为作恶自害,说,我们来把义人绑起来,因为我们讨厌他。因此他们要吃自己行为所结的果子。恶人有祸了,他必遭灾难,因为要照自己手所行的受报应。'③又有话说:'祸哉,那些仿佛以长绳牵罪孽,以母牛轭上的绳子拉过犯的人!他们说:任他急速行,任以色列圣者所谋划的临近成就,使我们知道。祸哉!那些称恶为善、称善为恶、以暗为光、以光为暗、以苦为甜、以甜为苦的人!'④你们也是这样,大发热心地向全地传播苦、暗、不义之事,反对上帝所差的唯一无可指责的公义之光。

---

① 《以赛亚书》57:1—4。
② 《以赛亚书》52:5。
③ 《以赛亚书》3:9 以下。
④ 《以赛亚书》5:18—20。

"那时他在你们中间大声说：'我的殿必称为祷告的殿，你们倒使它成为贼窝了！'①你们显然已经厌弃他。他还推倒殿里兑换银钱之人的桌子，厉声说：'你们这假冒为善的文士和法利赛人有祸了！因为你们将薄荷、茴香献上十分之一，那公义和爱上帝的事反倒不行了。你们这粉饰的坟墓！外观华美，里面却满是死人的骸骨。'②又对文士说：'你们这些文士有祸了！因为你们有钥匙，自己却不进去，正要进去的人你们也阻挡他们，你们这些瞎眼的向导！'"

第十八章　基督徒假如不知道律法是为何而制定的，可能也会去遵守律法

"特里弗啊，既然你如本人所承认的，读过我们救主所教导的教义，那么我想，我在众先知的话之外再补充一些他自己的短论并非愚蠢之举。你现在要洗净自己，成为洁净，去除心中的不义，因为上帝吩咐你在这洗礼盆里被洗净，并行真正的割礼。我们可能也会守肉身的割礼、安息日，简而言之就是一切的节期——假使我们不知道上帝出于何种原因吩咐你们做这些事的话。事实上，他这样吩咐是因你们的过犯和心里的刚硬。我们既然耐心忍受了恶人和鬼魔谋划反对我们的一切事，甚至在面对言语无法描述的暴行、死亡和折磨时，仍为着使我们遭受这些事的人祈求怜悯，而不愿跟什么人对嘴，就如那位新的立法者所吩咐我们的——特里弗啊，我们既然如此行了，又怎么会不遵守那些对我们并无害处的礼仪（我说的就是肉身的割礼、安息日以及各种节期）呢？"

第十九章　亚伯拉罕之前没有人知道割礼；律法是因他们心里刚硬而由摩西所立

"这正是我们迷惑的地方，而且我们迷惑也是有道理的，因为你们一

---

① 《马太福音》21:13。
② 这段及下面的引文混合了《马太福音》23 章和《路加福音》11 章。

面忍受这样的事,一面却又不遵守我们所讨论的这些习俗。"

"其实这割礼并非对所有人都必须,只是对你们才是必须的,就如我说过的,这是要叫你们可以忍受你们现在正按公义遭受的这些事。我们也不领受那无益的水池的洗礼,因为它与这生命的洗礼毫不相干。为此,上帝也宣告你们已经离弃了他这生命泉源,为自己挖出破裂不能存水的池子。就是你们这按肉身行割礼的,也需要我们所受的割礼。而我们既然有了后一种割礼,就不需要前一种割礼了。倘若如你们所认为的,前者是必须的,上帝就不会造亚当成未受割礼的了,也不会尊重亚伯的礼物了,他是未受割礼而献上供物。上帝也不会喜悦未受割礼的以诺了,他后来不见是因为上帝把他接走了。罗得也是未受割礼而被救出所多玛,天使亲自出动,与耶和华一起送他出城。挪亚是我们人类的开端,但他也是未受割礼而与他的儿女一起进入方舟。麦基洗德是至高者的祭司,未受割礼,但第一个按肉身受割礼的亚伯拉罕却向他献上所得的十分之一,然后他祝福了亚伯拉罕。上帝还借大卫之口宣称,他要照麦基洗德的等次立永远的祭司。因此,这割礼唯一对你们是必须的,好叫民不再是民,国不再是国。十二先知之一的何西阿也曾指示此事。① 此外,所有上面提到的义人,他们虽不守安息日,② 却也是上帝所喜悦的。亚伯拉罕和他的后世子孙直至摩西都追随他们的榜样;到了摩西时代,你们对上帝显出不义和忘恩,在旷野造出牛犊,于是上帝俯就那民,吩咐他们也要献祭——就像献祭给他的名——免得你们侍奉偶像。然而你们没有遵守这律例,不仅如此,你们还把儿女献给鬼魔。你们奉命守安息日,是为了叫你们常常记念上帝。他的话便是如此宣告的:'叫你们知道我是救赎你们的上帝。'③

---

① 《何西阿书》1章和2章。
② 他们没有"守安息日",但查士丁并不否认圣经许多地方暗示的,他们定了星期,标出第七天。《创世记》2:3、8:10、12。
③ 《以西结书》20:12。(和合本作"使他们知道我耶和华是叫他们成为圣的"。——中译者注)

第二十章　为何规定肉类要选择

"此外，你们还受命禁吃某类食物，好叫你们在吃喝的时候也把上帝摆在你们面前，因为你们很容易，也非常乐意离弃他的知识。摩西也是这样说的：'百姓坐下吃喝，起来玩耍。'①又说：'雅各吃饱喝足，渐渐肥胖，他这上帝所爱的开始踢跳奔跑；他渐渐肥胖、粗壮、扩张，便离弃造了他的上帝。'②摩西在《创世记》里告诉你们，上帝允许义人挪亚吃各样活物，但不可吃带血的死肉。"③他正要说"如同青草……"我抢在他前面说道："你们为何不按上帝所立的意义来领受'如同青草'这话呢？上帝的意思是说，正如上帝让草作人的食物一样，他也把动物赐给肉身作食物。可你们说，上帝从此给挪亚定了一种分别，因为我们不吃某些草。你们的解释让事情变得令人难以相信。我不会去研究这个，但我可以说，而且我也认为每种菜蔬都是食物，都可吃。至于草，我们虽然加以区别，不是都吃，有些是不吃的，但这并不是因为它们太普通或者不洁，而是因为它们味苦，或者有毒，或者多刺。而对于味甘、有营养、有益的植物，不论海里的还是陆地的，我们都伸出手去采摘。至于不洁的、不当的、④残暴的活物，上帝也曾借摩西之口禁止你们吃。此外，你们在旷野时虽然吃着吗哪，也看到上帝为你们所行的种种奇事，却仍造出金牛犊来崇拜。⑤因此他不断呼喊说：'他们是愚昧无知的儿女，心中无诚实的儿女。'⑥他这样说是有根据的"。

---

① 《出埃及记》32:6。

② 《申命记》32:15。

③ νεκριμαῖον，或"本身是死的"，缩变形式是ἐκριμαῖον，应得自ἐκρίπτω，意思是"应该丢出去的"。H. Stephanus 认为应作正文译文中的理解。

④ ἄδικος καί παράνομος.

⑤ "解经者们不是很清楚圣查士丁的推理。就如我们不吃某些草，并不是因为律法禁吃，而是因为它们会致人死命。同样，禁吃不当、残暴的动物的律法也没有加给挪亚，但因你们的罪加给你们作为轭。"——Maranus

⑥ 《申命记》32:6、20。

第二十一章　设定安息日是因为百姓的罪，不是叫人表现义行的

"另外，如我说过的，上帝吩咐你们守安息日，又加给你们另外一些律例作记号，那是由于你们的不义以及你们祖宗的不义——正如他指示说，他为了列国、为了不叫他的名在他们中间被亵渎，才许你们中一些人活着。可以向你们表明他这些话的出处，它们是以西结记载的，他说：'我是耶和华你们的上帝，你们要顺从我的律例，谨守我的典章。不沾染埃及的习俗，且以我的安息日为圣。这日在我与你们之间为证据，使你们知道我是耶和华你们的上帝。只是你们却悖逆我，你的儿女不顺从我的律例，也不谨守我的典章。人若遵行，就必因此活着。他们玷污我的安息日，我就说，要将我的愤怒倾在他们身上，在旷野向他们成就我怒中所定的。虽然如此，我却没有这样做，免得我的名在外邦人眼前被亵渎。我领他们从这些人眼前出来，并且在旷野举手向他们起誓，必将他们分散列国，四散在列邦，因为他们不遵行我的典章，竟厌弃我的律例，玷污我的安息日，眼目仰望他们父亲的偶像。因此我任他们遵行不美的律例，谨守不能使人活着的规章。我必用他们自己的供献玷污他们，好叫我当经过他们时，可以灭尽他们一切头生的。'①"

第二十二章　献祭与供奉也是如此

"为让你们知道，上帝吩咐你们献祭，也是因为你们自己国人的罪，因为他们拜偶像，而不是因为这些祭本身有什么必不可少的用途，并且这些事也都是上帝吩咐的，请听他如何借十二先知之一的阿摩司谈到这些。他说：'想望耶和华日子来到的，有祸了！你们为何想望耶和华的日子呢？那日黑暗没有光明，景况好像人躲避狮子又遇见熊，或是进房屋以手靠墙就被蛇咬。耶和华的日子，不是黑暗没有光明吗？不是幽

---

① 《以西结书》20：19—26。

暗毫无光辉吗？我厌恶、我鄙弃你们的节期，我也不愿听闻你们的严肃会。你们虽然向我献燔祭和素祭，我却不悦纳，也不顾你们献上的平安祭。要使你们歌唱和诵诗的声音远离我，我不愿听你们弹琴的响声。惟愿公平如大水滚滚，公义如江河滔滔！以色列家啊，你们在旷野岂是将祭物和供物献给我呢？你们抬着为自己所造之摩洛的帷幕和偶像的龛，并你们的神星。所以我要把你们掳到大马士革以外，这是名为万军之耶和华说的。国为列国之首，人最著名，且为以色列家所归向，在锡安和撒玛利亚山安逸无虑的，有祸了！你们要过到甲尼察看，从那里往大城哈马去，又下到非利士人的迦特，看那些国比你们的国还强吗？境界比你们的境界还宽吗？你们走向降祸的日子，你们靠近它，还守假安息。你们躺卧在象牙床上，舒身在榻上，吃群中的羊羔、棚里的牛犊。弹琴鼓瑟唱消闲的歌曲，以为自己安定长久，而不是转瞬即逝。以大碗喝酒，用上等的油抹身，却不为约瑟的苦难担忧。所以这些人必在被掳的高贵人中首先被掳，作恶者的家必被移去，以法莲必听不到马匹的嘶鸣。'①耶利米又说：'你们将燔祭加在平安祭上，吃肉吧！因为我将你们列祖从埃及地领出来的那日，燔祭平安祭的事我并没有盼咐他们。'②另外，大卫在他的第四十九篇诗篇里也这样说：'万神之上帝耶和华，已经发言招呼天下，从日出之地到日落之处。从全美的锡安中，上帝显出他的美。上帝，就是我们的上帝，要公然来临，绝不闭口不语。有烈火在他面前燃烧，有暴风在他四围大刮。他招呼上天下地，为要审判他的民。招聚圣民到他这里，就是那些用祭物与他立约的人。诸天必表明他的公义，因为上帝是施行审判的。我的民哪，你们当听我的话；以色列啊，我要向你证实，我就是上帝，是你的上帝！我并不因你的祭物责备你，你的燔祭常在我面前。我不从你家中取公牛，也不从你圈内取山

---

① 《阿摩司书》5:18 至章末，6:1—7。
② 《耶利米书》7:21、22。

羊。因为树林中的百兽是我的，千山上的牲畜也是我的。空中的飞鸟，我都知道，野地的走兽也都属我。我若是饥饿，我不用告诉你，因为世界和其中所充满的都是我的。我岂吃公牛的肉呢？我岂喝山羊的血呢？你们要以赞美为祭献与上帝，又要向至高者还你的愿。并要在患难之日求告我，我必搭救你，你也要荣耀我。但上帝对恶人说：你怎敢传说我的律例，口中提到我的约呢？其实你恨恶管教，将我的言语丢在背后。你见了盗窃，就乐意与他同伙，又与行奸淫者一同有份。你口任说恶言，你舌编造诡诈。你坐着毁谤你的兄弟，谗毁你亲母的儿子。你行了这些事，我还闭口不言。你以为我恰如你一样邪恶。其实我要责备你，将你的罪行摆在你眼前。你们忘记上帝的，要思想这事，免得他把你们撕碎，无人搭救。以赞美献上为祭的必荣耀我，我必向他显明我救恩的路。'①所以，他既没有接受你们的祭物，最初要你们献祭也不是因为他需要这些东西，而是因为你们的罪。事实上，那殿，就是被称为耶路撒冷圣殿的，他接纳为他的殿或院，不是说他需要这殿，而是为了让你们——既然你们这样看待这殿——能够献身于他，而不去崇拜偶像。确实如此，如以赛亚所说：'耶和华如此说：天是我的座位，地是我的脚凳，你们要为我造何等的殿宇？'②"

第二十三章　犹太人关于律法的看法是对上帝的一种伤害

"假如我们不承认这一点，就很容易陷入愚蠢的观点，以为以诺时代的上帝与其他所有时代的上帝不是同一位。以诺既没有在肉身受割礼，也不守安息日和什么别的礼仪，因为这些守则是摩西吩咐立的；或者以为上帝并不希望每个民族都持续地履行同样的义行，而承认这些显然都是荒唐可笑的。因此我们必须承认，他这位始终如一的上帝，作出这些

---

① 《诗篇》50。
② 《以赛亚书》66:1。

吩咐、立出这样的典章是由于犯罪的人；我们也必须宣告他是仁慈的，能预知万事，一无所需，且是公义而良善的。如果不是这样，那么先生，请告诉我，你怎么看待我们正在考察的这些问题呢？"没有人回答。"那么特里弗，我将向你以及那些希望归信的人表明，我从那人①得到的神圣信息是什么。你们岂不是看到大自然并无空闲，也不守安息日？保持你们出生时的样子吧。如果亚伯拉罕之前的人不需要受割礼，摩西之前也不需要守安息日、节期和献祭的规定，那么现在，根据上帝的旨意，上帝的儿子耶稣基督已从亚伯拉罕一族由一位童贞女所生，且生来无罪，所以我们也不再需要这些规条了。因为如圣经所说，亚伯拉罕未受割礼的时候就因信上帝而称义，并得蒙祝福。此外，圣经和事实本身迫使我们承认，他受割礼是作为记号，而不是表明他的义。所以，圣经讲到那民时记载说，第八天不受割礼的人要从他的家中剪除，这话是有根据的。再者，女性不能受肉身割礼，这也证明此割礼是作为记号立的，并非作为义行。上帝叫女子一样有能力守一切公义而有德的事，但我们看到，男子的身体被造得与女子的不同；虽然如此，我们知道他们谁也不能因为这个原因而是义的或者不义的，人是凭着虔诚和公义被看作义人。"

第二十四章　基督徒的割礼更好

"现在，先生们，"我说，"我们可以指出为何第八天拥有某种神秘的内涵，是第七天所不拥有的，也是上帝借着这些礼仪所昭示出来的。不过，为免得有人认为我现在要转向别的主题，请你们理解我所说的：割礼的血已经废去，我们现在信靠救恩的血。现在从锡安已经出来另一个约、另一个律法。如前面所说的，耶稣基督用石刀为所有愿意的人行割

---

① 就是在海边遇到的老人。

礼,①叫他们成为义民,就是谨守诚实、坚持真理,并维护和平的民。所以凡是敬畏上帝,想要看见耶路撒冷的美善的人,都跟我来吧! 来吧,我们去投奔主的光,因为他已经释放他的百姓,就是雅各家。来吧,万国的人,我们聚集在耶路撒冷,不再因她百姓的罪遭受战争之苦。'素来没有访问我的,现在求问我;没有寻找我的,我叫他们遇见。'他借着以赛亚呼喊:'没有称为我名下的,我对他们说:我在这里!我整天伸手招呼那悖逆而否认的百姓,他们随自己的意念行不善之道。这百姓时常当面惹我发怒。'②"

第二十五章　犹太人徒然夸口自己是亚伯拉罕的子孙

"那些自称为义,说自己是亚伯拉罕子孙的,必是想要与你们③一同领受产业,哪怕只是一点点。就如圣灵借着以赛亚之口呼喊,用他们的口气说:'求你从天上垂顾,从你圣洁荣耀的居所观看。你的热心和力量在哪里呢?你大大的怜悯在哪里呢?因为你曾供养了我们。耶和华啊,亚伯拉罕虽然不认识我们,以色列也不承认我们,你却是我们的父。耶和华啊,我们的父,你却搭救我们,从万古以来你的名就是我们所熟悉的。耶和华啊,你为何使我们走差(岔)离开你的道,使我们心里刚硬不敬畏你呢?求你为你仆人,为你产业支派的缘故转回来,叫我们稍微承继你的圣山。我们好像你未曾治理的人,又像未曾得称你名下的人。如果你能裂天而降,诸山将在你面前震动,他们必熔化,就如蜡在火面前熔化;火必烧毁仇敌,你的名必在仇敌中间显明,列国必在你面前混乱一团。你必行荣耀之事,那时山岭就在你面前颤抖。从古以来未曾听见、未曾眼见在你以外有什么神;还有你的作为,④就是你要向那些悔

---

① 《约书亚记》5:2;《以赛亚书》26:2、3。
② 《以赛亚书》65:1—3。
③ 另一版本为"与我们"。
④ Otto 译为"你将行在那些等候怜悯的人身上的作为"。

改之人显明的怜悯。他要迎接那行义的人,他们必记念你的道。看哪,你在发怒,我们在犯罪。因此我们犯了罪,都成了不洁净的人,我们的义都像女人丢弃的旧衣服,我们因罪孽都像叶子渐渐枯干,因而风将把我们吹走。并且无人求告你的名,无人奋力抓住你,原来你掩面不顾我们,因我们的罪孽抛弃我们。耶和华啊,现在求你回转,因我们都是你的百姓。你的圣邑变为旷野,锡安变为荒场,耶路撒冷变为咒诅。我们圣洁华美的殿,就是我们列祖赞美你的所在,被火焚烧;一切荣耀之邦①也与它一同倾覆。耶和华啊,除了这些[灾难]外,你也忍住不动,静默不语,使我们极其卑贱。'②"

特里弗说:"你说的这些是什么意思?是说我们谁都无分于承继上帝的圣山吗?"

第二十六章　除非借着基督,犹太人没有救恩

我回答:"我没有这样说;我是说,那些曾经逼迫并且仍在逼迫基督的人若不悔改,就丝毫不能承继圣山。而外邦人若相信他且承认所犯的罪,却要与众族长、众先知以及雅各后裔中的义人一起领受产业,尽管他们既不守安息日,也未受割礼或谨守节期。他们必将领受上帝的圣产业无疑,因为上帝借以赛亚如此说:'我耶和华上帝凭公义召你,必搀扶你的手,坚固你的力量,使你作百姓的约,外邦人的光,开瞎子的眼,使被捆绑的断开锁链,领坐在黑暗里的出牢狱。'③又说:'当为百姓树立准则;看哪,耶和华曾宣告到地极,对锡安的儿女说:看哪,你的拯救者来到,他的赏赐在他那里,他的报应在他面前。他必称他们为圣民,为耶和华的赎民,你也必被称为被眷顾不撇弃的城。这从以东的波

---

① 有人认为这里正确的读法应作"我们荣美的制度[习惯、礼俗、律例]",云云;έθη 应作έθη。
② 《以赛亚书》63:15 以下以及 64 章。
③ 《以赛亚书》42:6、7。

斯拉来,穿红衣服、装扮华美、能力广大、大步行走的是谁呢?我讲说公义,发出救恩的判语。你的装扮为何是红色,你的衣服为何像踹酒榨的呢?你满身都是被踹的葡萄。我独自踹酒榨,众民中无一人与我同在。我发怒将他们踹下,发烈怒将他们践踏,他们的血溅在地上。报仇之日已经临到他们,救赎之年已经来到。我仰望,无人帮助;我诧异,无人扶持。所以我的臂膀施行拯救,我的烈怒临到他们,我在烈怒中将他们踹下,使他们的血溅在地上。'①"

第二十七章　为何上帝借众先知与摩西教导同样的事

特里弗说:"你为何单从先知书里挑选引用你想要的段落,而不提那些明确吩咐应守安息日的经文呢?比如以赛亚这样说:'你若在安息日掉转你的脚步,在我圣日不以操作为喜乐,称安息日为你上帝的圣喜悦;你若不抬脚作工,不说自己的私话,又信靠耶和华,他就要使你上升得地的美物,又以你祖雅各的产业养育你。这是耶和华亲口说的。'②"

我回答说:"我的朋友,我没有提到这些经文,不是因为这些预言跟我要说的意思相对立,而是因为你们过去明白,现在也明白:虽然上帝借着众先知吩咐你们做的事,他也借摩西命令你们做,但他正是因为你们心里刚硬,对他忘恩负义,才不断地宣称这些诫命,好叫你们若是悔改了,甚至也可以以这种方式讨他喜悦,而不会把你们的孩子献给鬼魔,不与窃贼同伙,不贪恋礼物,不寻求报复,不忘为孤儿伸冤、为寡妇伸张正义,也不让你们的手沾满鲜血。'因为锡安的女子狂傲,行走挺项,卖弄眼目,俏步徐行。③他们全都偏离正道,'他说,'他们全都变得无益。没有人明白,连一个也没有。他们的舌头弄诡诈,他们的喉咙是

---

① 《以赛亚书》62:10 以下以及 63:1—6。
② 《以赛亚书》58:13、14。
③ 《以赛亚书》3:16。

敞开的坟墓,唇下有虺蛇的毒气,他们的道上是毁灭和痛苦,平安的路他们不知道。'①所以,吩咐你们行这些事,跟起初一样,是因着你们的罪恶,同样,因为你们在恶上冥顽,或者毋宁说,你们愈益倾向于作恶,他就借同样那些先知唤起你们对这恶的回忆或认识。但你们是心里刚硬、毫无聪明、又瞎又跛的民,是没有诚信的儿女,如他亲口所说,你们只是嘴上尊荣他,心却远离他,你们教导的是你们自己的学说,而不是他的训诲。因为,请告诉我,祭司既然在安息日献祭,上帝岂是希望他们犯罪吗?在安息日受割礼或者行割礼的人,上帝难道是让他们犯罪吗?因为他吩咐新生儿都要在第八日——即使这日刚好是安息日——受割礼。假如他认为安息日受割礼是有罪的,那他难道不能吩咐人在安息日的前一天或后一天行割礼吗?他为何没有教导那些人——就是被称为义、讨他喜悦,但生活在摩西和亚伯拉罕之前,也没有受割礼或遵守安息日的人——守这些典章呢?"

第二十八章 真正的义靠基督而得

特里弗回答说:"我们已经听你引证这一观点,我们也加以留意了。说实话,这观点确实值得人加以留意,而那个使大多数人满意的回答——也就是说,它似乎在上帝看来是好的——并不能使我满意,因为那些给不出答案的人总是求助于这样的遁辞。"

我说:"既然我从圣经和事实本身提供了证据和其中的教诲,所以你不要再迟延犹豫而不信我了吧!请相信我,尽管我是个未受割礼的人。留给你们归信的时间实在不多了。如果基督的到来先于你们的悔改,那么你们再悔改、再悲泣就是徒然了,因为他不会再听你们了。耶利米曾对百姓呼喊:'要开垦你们的荒地,不要撒种在荆棘中!你们当自行割礼

---

① 这里把不同的段落串在了一起。比较《罗马书》3:10 及以下经文。

归耶和华,将心里的污秽除掉。'①因此,不要在荆棘中、在未开垦的地里播种,否则你们可能颗粒无收。要认识基督;看哪,那美好的荒地,又美又肥,就在你们心里。'耶和华说:看哪,日子将到,我要临到一切受过割礼的,就是埃及、犹大、以东、亚扪人、摩押人的子孙。因为列国人都没有受割礼,以色列全家心里也没有受割礼。'②你们不明白上帝在此并非指这作为记号而立的割礼吗?因为这割礼对埃及人、摩押的子孙、以东的子孙都无益。一个西古提人或波斯人,如果他认识上帝并他的基督,并且谨守永存的公义旨令,也就受了好的、有益的割礼,并且就是上帝的朋友,上帝也悦纳他的礼物和供献。但我的朋友,我要把上帝的话呈现在你们面前,他借十二先知之一的玛拉基对百姓说:'耶和华说:我不喜悦你们,也不从你们手中收纳供物。从日出之地到日落之处,我的名在外邦人中必尊为大。在各处,人必奉我的名烧香,献洁净的供物,因为我的名在外邦中必尊为大,你们却亵渎我的名。'③又借大卫说:'我素不认识的民侍奉了我,他们一听见我的名声,就顺从了我。'④"

第二十九章　基督对守律法的人无益

"我们列国当聚集,荣耀上帝,因为他也眷顾了我们!我们要借着荣耀之王、万军之主来荣耀他。因为他对外邦人也满有恩惠,他把我们的祭物看作比你们的更可喜悦。我已经有上帝作我的见证,还需要什么割礼呢?我已受圣灵的洗,还需要那洗礼何用呢?我想,当我提到这些时,就是那些没什么知识的人也会信服,因为这些话既不是我预备的,也不是靠人的技艺装饰的,乃是大卫吟唱的,以赛亚传讲的,撒迦利亚

---

① 《耶利米书》4:3。
② 《耶利米书》9:25 以下。
③ 《玛拉基书》1:10 等。
④ 《诗篇》18:43。

宣告的，摩西记载的。特里弗，你熟悉这些吗？它们就在你们的圣经里，或者毋宁说，不是你们的，而是我们的，①因为我们相信圣经，而你们虽然诵读，却没有领会其中所包含的精义。请不要因我们肉身未受割礼而感到不悦，或以此指责我们，上帝造我们如此；也不要认为我们在安息日喝热水很奇怪，因为上帝在此日跟在其他任何日子一样，指挥着宇宙中掌权的；祭司在此日也跟在其他任何日子一样要献上祭物；许多义人并没有行这些律法规定的仪式，却有上帝亲自给他们作见证。"

第三十章　基督徒拥有真正的公义

"就连上帝，也可能受到没有聪明的人指责，说他没有以同样公义的律例教导众人，这要归咎于你们自己的邪恶。在很多人看来，这样的规章似乎不合理，与上帝不相配，因为他们不曾蒙恩知道你们的民族虽处于有罪状态，在灵疾中操劳，却也受召归信并在心里悔改，②也不知道摩西死后宣告的预言是永恒的。这在《诗篇》里有提到，我的朋友们。③我们因主的律法而变得智慧，我们承认这些典章比蜂房下滴的蜜更甜。以下事实可以表明这一点：我们虽然受到死的威胁，但仍然不否认他的名。此外，众人也能看出，我们这信他的人都祈求他保守我们脱离陌生的灵，即邪恶诡诈的灵；预言的话语也用一个信主之人的口气，形象地如此宣称。我们确实一直借着耶稣基督，求告上帝保护我们脱离那敌视上帝崇拜、我们从古时就侍奉的鬼魔，好叫我们借着主归信上帝以后成为无可指摘。我们称他为帮助我们的、救赎主，他名的大能连鬼魔都深为恐惧；今日，我们奉那位在犹大巡抚本丢彼拉多手下被钉十字架的耶稣基督的名，把它们从人身上赶出去，它们就被制伏。因此人人都能看

---

① 关于旧约的这一令人瞩目的观点值得注意。
② 或作"父的悔改"。πατρός for πνεύματος。Maranus 根据πρζ 和πνζ 两个相似的缩写形式解释了这里的混淆难解之处。
③ 《诗篇》19 篇。

出,这位耶稣基督的父赐给他如此大的权能,因着这权能,鬼魔也服在他的名下,服在他受苦的安排之下。"

第三十一章 基督的能力现在尚且如此之大,何况他第二次来临时!

"如果事实表明有如此的大能曾经伴随着、且继续伴随着他受苦的安排,那么,当他荣耀降临时,又将有何等大的能力相伴随呢!如但以理所预言的,他将作为人子乘云驾临,并有他的使者陪同。经上是这样说的:'我观看,见有宝座设立,上头坐着亘古常在者,他的衣服洁白如雪,头发如纯净的羊毛,宝座乃火焰,其轮乃烈火。从他面前有火像河发出,侍奉他的有千千,在他面前侍立的有万万。他坐着要行审判,案卷都展开了。那时我观看,见那角说夸大话的声音;于是那兽被打倒,身体损坏,扔在火中焚烧。其余的兽,权柄都被夺去,生命却仍存留,直到所定的时候和日期。我在夜间的异象中观看,见有一位像人子的,驾着天云而来,他来到亘古常在者面前,站在一旁的侍者领他靠近,有权柄、君王的尊荣赐给他,使各方、各国、各族的人和一切荣耀都侍奉他。他的权柄是永远的,不能废去,他的国必不败坏。我的灵在我里面发冷,我脑中的异象使我惊惶。我就近一位侍者,问他这一切究竟是什么意思。他就告诉我,将那些事的论断向我说明:这四个大兽就是四王,将要从地上消亡,将永远得不着权柄,直到永永远远。而第四兽,它消灭了其他兽,甚是可怕,有铁牙铜爪,吞吃嚼碎,所剩下的用脚践踏,我就想弄清它的事,以及头上十角和那另长的一角的事,前面三角都被这角打落。这角有眼,有说夸大话的口,外貌胜于其余的角。我观看,见这角与圣民争战,胜了他们,直到亘古常在者来给至高者的圣民伸冤,圣民得国的时候就到了。我被告知这第四兽的情形:世上必有一个第四国,它要胜过其余各国,吞灭全地,使地毁坏,全然荒凉。至于那十角,就是要兴起的十王,他们之后又兴起一王,恶行必超过前者,还要制伏三王,必说话反对至高者,必打倒至高者的其他圣民,必想改变节期和时令。圣民必交付他手一载、二载、半载。然而，审判者必坐着行审判，他的权柄必被夺去，毁坏，灭绝，一直到底。国度、权柄和天下诸国的大权，必赐给至高者的圣民，叫他们在永远的国中掌权：一切掌权的都必侍奉他、顺从他。事至此已毕。至于我但以理，心中甚是惊惶，说话声音也变了，却将那事存记在心。'①"

第三十二章　特里弗以但以理笔下荣耀的基督来反对查士丁，查士丁区分两次降临

我停住之后，特里弗说："先生，这些以及诸如此类的经文要求我们等候的主，虽为人子，却从亘古常在者领受了永远的国度。但你们这个所谓的基督是如此不名誉、不体面，甚至上帝律法里包含的最后一道咒诅都落到他身上，因为他被钉了十字架。"

我回答说："先生们，如果我所引用的话不是圣经里记载的，即他的面貌没有体面，他的世代无人述说，为他受的死，财主要遭受死亡，因他受的鞭伤，我们得医治，他要像羊羔一样被牵去；如果我不曾解释他将有两次降临，第一次，他被你们刺穿，第二次，你们将认出这位曾被你们所刺的，你们的众支派将哀叹，各支派独自在一处，女人独在一处，男人独在一处——那么我必然是在谈论可疑而晦涩难解的事。然而如今，我尽力要借着在你们中间看为圣洁、预言性的经文内容，来证实我所举引的每句话，以期你们中有人借着万军之主的恩典成为余民中的一员，获得永恒的救恩。因此，为了使所探讨的问题向你们更清楚地显明，我要再向你们提到其他话，也是有福的大卫说的，你们从中可以知道说预言的圣灵称主为基督，并知道主，万有之父，已经从地里把他提上来，使他坐在自己的右边，直到他使仇敌成为他的脚凳。事实上，自从我们主耶稣基督从死里复活，升到天上，这事已经发生了，如今世代

---

① 《但以理书》7:9—28。

正奔向终结，但以理所预言的那将要统治一载、二载、半载的人已在门口了，准备向至高者说诽谤话和夸大的话。但是你们由于不知道他将统治多长时间，就持别样想法，你们认为这里的'载'是一百年。但若果真如此，这个罪人至少得统治三百五十年，这样我们才可以推测圣但以理用复数说的'载'只是两载。我偏离主题说到这些，目的是使你们最终能够信服上帝对你们的责备，即你们是愚顽的子孙；并使你们相信这话：'因此我要带走这民，要把他们带走；我要剥夺他们智慧人的智慧，隐藏他们聪明人的聪明'①；又叫你们不再蒙骗自己以及那些听从你们的人，且得听说我们这些借着基督的恩受了智慧之教的人。大卫说的话如下：'耶和华对我主说：你坐在我的右边，等我使你的仇敌作你的脚凳。耶和华必从锡安伸出你能力的杖来，你也要在你仇敌中掌权。当那日，你的圣民要穿华服跟随你。我在晨星升起之前从肚腹生了你。耶和华起了誓，决不后悔，说：你是照着麦基洗德的等次永远为祭司。主在你右边，他曾在发怒的日子打伤列王；他要在列邦中审判，他要以尸体喂食。②他要喝路旁的河水，因此他必抬起头来。'③"

第三十三章　《诗篇》110 篇不是讲麦基洗德。④
他是证明基督先是卑贱，后来却要成为荣耀的

我接着说："我并非不知道你们贸然解释这则诗篇，似乎它是指麦基洗德王，但是你们错了，我即刻就从这些话向你们证明。圣经说，'耶和华起了誓，决不后悔'；又有，'你是照着麦基洗德的等次永远为祭司'，以及前文后文。就算是你们也不敢否认麦基洗德或者是祭司，或者是上帝的永远祭司，但这些措辞表明，这话是指着我们的耶稣说的。只是你

---

① 《以赛亚书》29：14。
② πληρώσει πτώματα；拉丁文译本作 implebit ruinas。Thirlby 认为这里因抄写错误漏掉了一些内容。
③ 《诗篇》110 篇。
④ 在英文本原文中，此处和下段中有几次出现"希西家"，其实是"麦基洗德"的讹误。——中译者注

们的耳朵塞住了，你们的心也迟钝。① '耶和华起了誓，决不后悔，说你是照着麦基洗德的等次永远为祭司'。 在这话中，上帝用起誓表明他（因你们的不信）要成为麦基洗德等次的大祭司，即正如麦基洗德被摩西描述为至高者的祭司，做那些未受割礼的人的祭司，且祝福了向他献上十分之一、受割礼的亚伯拉罕，同样，上帝表明，他的永恒的祭司，也就是被圣灵称为主的，也将成为那些未受割礼的人的祭司。而那些受过割礼的人若就近他，也就是相信他，从他寻求祝福，他也会接纳并祝福。这首诗的末尾表明他先要作为一个卑贱的人，然后被升高，'他要喝路旁的河水'，然后，'因此他必抬起头来'。"

第三十四章　《诗篇》72 篇也不是指向所罗门，他的错误让基督徒战兢

"再者，为了使你们信服自己是完全不明白圣经，我要提醒你们另一则诗，是由圣灵默示给大卫的，你们说该诗指向所罗门，你们的另一位君王。但事实上它也是指我们的基督，只是你们用暧昧不明的言语欺哄自己。经上说'耶和华的律法是完全的'，你们不把这里的律法理解为那要在摩西之后来的律法，而理解为摩西所立的律法。但上帝曾宣告，他要立定一个新的律法和一个新的约。经上说，'上帝啊，求你将你的判断赐给王'，你们因所罗门是王，就说这篇诗指向的是他，但诗篇的话清楚地宣称它指向的是那永远的王，即基督。因为基督就是君王、祭司、上帝、主、使者、人、元帅、石头以及被生的子，他先成为服在苦难以下的，后回到天上，并要在荣耀中再临。圣经也传讲他拥有永远的国度，我可以从整部圣经证明这一点。但为了让你们了解我所说的，我引用《诗篇》的话，这些话如下：'上帝啊，请你将你的判断赐给王，将公义赐给王的儿子。他要按公义审判你的民，按公平审判你的困苦人。大山要载

---

① πεπήρωνται．Maranus 认为这里更可能是 πεπώρωνται。

着平安,小山要载着公义来给民。他必为民中的困苦人伸冤,拯救穷乏之辈,降卑那诽谤人的。他要与太阳同存,[照耀在]月亮前面,直到万代。他必降临,像雨降在羊毛上,如甘霖滋润田地。在他的日子,义人要发旺,大有平安,直到月亮被收去。他要执掌权柄,从这海直到那海,从大河直到地极。古实人必在他面前下拜,他的仇敌必要舔土。他施和海岛的王要进贡;示巴和西巴的王要献礼物。诸王都要叩拜他,万国都要侍奉他。因为他从那掌权人搭救了穷乏人,也搭救了无人帮助的困苦人。他要怜恤贫寒和穷乏的人,拯救穷苦人的性命。他要救赎他们脱离欺压和强暴,他的名要在他们眼中看为宝贵。他要活着,阿拉伯的金子要奉给他,他们要常常为他祷告,终日称颂他。必有一根基在大地上,它必被高举在诸山顶上。他的果子必在黎巴嫩,那城里的人要发旺如地上的草。他的名要被称颂到永远,他的名要存到如日之久。地上万族要因他蒙福,万国要称他有福。独行奇事的耶和华以色列的上帝,是应当称颂的。他荣耀的名也当称颂,直到永远。愿他的荣耀充满全地,阿们!阿们!'①我所引的这诗末尾写道:'耶西的儿子大卫的赞美诗完毕。'②此外,我知道,所罗门是位著名而伟大的君王,耶路撒冷的殿就是由他所建;但这篇诗里提到的事没有哪件发生在他身上,这是显而易见的。因为众王并没有拜他,他也没有统治到地极,他的仇敌没有在他面前倒地舔土。不仅如此,我还要斗胆复述《列王纪》里记载的罪行是他犯的,他怎样受一个女人的影响去崇拜西顿的偶像。这样的事,就是那些借着被钉十字架的耶稣认识上帝万物之创造者的人,都不敢做,他们宁愿忍受种种折磨和报复,以至于死,也不愿崇拜偶像或是去吃祭过偶像的肉。"

---

① 《诗篇》72 篇。
② 值得参照 De Maistre (*Œuvres*, vol. vi, p. 275) 中一段引人注目的话。

第三十五章　异端也证实大公信仰

特里弗说:"但我相信,那些说自己认信基督并被称为基督徒的人中,也有许多人吃祭过偶像的肉,并且他们还声称他们绝不会因此受损。"我回答说:"确实有这样的人,他们自认为是基督徒,他们承认被钉十字架的耶稣为主、为基督,但他们教导的并不是基督的教义,而是谬误之灵的教义。这事实使得我们这做耶稣基督真实而纯洁的教义的门徒,更加忠实、更加笃定于他所宣告的盼望。因为他曾预言有些事要借他的名发生,我们确实亲眼看见这样的事正在真实地成就。因为他说过:'有许多人借我的名到来,外面披着羊皮,里面却是残暴的狼。'① 又说:'你们中间不免有分门结党和异端邪说。'② '你们要防备假先知。他们到你们这里来,外面披着羊皮,里面却是残暴的狼。'③ '必有好些假先知、假使徒起来,迷惑许多信徒。'④因此,我的朋友,以前有许多人、现在仍有许多人,借着耶稣的名前来,叫人说不敬而亵渎的话,行那不敬而亵渎的事;我们也根据创立各种教义和观点的这些人的名字,来称呼这些不敬而亵渎的事。(有的这样,有的那样,都教人亵渎万物之创造者,并他所预言的那要来的基督,亵渎亚伯拉罕、以撒、雅各的上帝。我们与这些人没有任何类同,我们知道他们是无神论者,不敬、不义、罪孽深重,只是名义上认信耶稣,并不真正敬拜他。然而他们自称为基督徒,正如某些外邦人把神的名刻在他们自己手所做的工上,或参与邪恶而不敬的仪式。) 有的称为马西昂派 (Marcians),有的称为瓦伦廷派 (Valentinians),有的称为巴西理得派 (Basilidians),有的称为萨图尼利主义者 (Saturnilians),其他也各有其名。每一学派都以创立

---

① 《马太福音》7:15。
② 《哥林多前书》11:19。
③ 《马太福音》7:15。
④ 《马太福音》24:11。

那种独特观点的人的名字来命名,正如那些自认为是哲学家的人——如我前面所说——各都认为他必须以创立具体教义的那个祖宗的名字来命名他所跟从的哲学。因此,由于这些事,也由于他所预告那将临到相信并承认他是基督之人头上的许多别的事,我们就知道,耶稣预先就知道他离去后会发生什么事。我们所遭受的一切,甚至被朋友所杀这样的事,他都预言将会发生。所以很显然,从他的言语行为都挑不出什么错处。因此,我们为你们祷告,也为其他所有恨我们的人祷告,好叫你们因与我们一起悔改就不再亵渎他——根据他的事工,根据今天仍借他的名成就的大能作为,根据他所教导的话,根据所宣告关于他的预言,他是清白无瑕,在一切事上都无可指责的基督耶稣;并叫你们因信他,就在他第二次荣耀降临时得救,而不是被他定罪而丢进永火里去。"

第三十六章 他表明基督就是万军之主

于是他说:"不妨承认这些事就如你所说吧;也就是说,早有预言说到基督将要受苦,被称为磐石,在他第一次显现——预言说他这次显现时将要受苦——之后,他还要在荣耀里再临,最后审判众人,永远做君王和祭司。现在请说明此人是否就是这些预言所指示的那位。"

我说:"如你所愿,特里弗,我将在适当的地方提出这些你所要的证据,但现在请你让我先阐述预言,我希望这样做是为了证明圣灵既称基督为上帝和万军之主,也以比喻的形式称他为雅各。而你们的阐释者,如上帝所说,是愚蠢的,因为他们说,经上说到他带着法柜进入他建的殿,那是指着所罗门说的,而不是指基督。大卫的诗是这样说的:'地和其中所充满的,世界和住在其间的,都属耶和华。他把地建立在海上,安定在大水之上。谁能登耶和华的山?谁能站在他的圣所?就是手洁心净,不徒然领受他的灵魂,向邻舍起誓不怀诡诈的人。他必蒙耶和华赐福,又蒙上帝他的救主赐怜悯。这是寻求耶和华的族类,寻求雅各上帝的面。①众首领啊，要抬起你们的城门；永久的门户啊，要举起；那荣耀的王将要进来。 荣耀的王是谁呢？ 就是战场上有力有能的耶和华。 众首领啊，要抬起你们的城门；永久的门户啊，要举起；那荣耀的王将要进来。荣耀的王是谁呢？万军之耶和华，他是荣耀的王！'②这表明，所罗门不是万军之耶和华，而当我们的基督从死里复活并升天之后，那些在天上掌权的就受上帝指派打开天门，好叫那荣耀的王进来，叫既已升天的他可以坐在父的右边，直到上帝使他的仇敌作他的脚凳。另一篇诗篇也明显在说这事。当天上的掌权者看见他容貌不佳、外形不体面，就没有认出他，反而问：'这荣耀的王是谁呢？'那时，圣灵，要么是从他父的位格，要么是从自己的位格，回答他们说：'万军之耶和华，他是荣耀的王。'人人都会承认，那些掌管耶路撒冷殿门的人，没有哪个胆敢就所罗门——虽然他是如此荣耀的君王——或者就法柜问：'这荣耀的王是谁呢？'"

第三十七章 其他诗篇也证明了同样的事

"此外，《诗篇》46篇里也这样提到基督：'上帝上升，有喊声相送，耶和华上升，有角声相送。你们要向我们的上帝歌颂，歌颂！向我们的王歌颂，歌颂！因为上帝是全地的王，你们要用悟性歌颂！上帝已作王治理万国，上帝坐在他的圣宝座上。列邦的君王聚集，与亚伯拉罕的上帝一起，上帝的众大能者在地上大受尊崇。'③在《诗篇》98篇中，圣灵责备你们，预言那位你们不愿意其为王的要成为王和主，撒母耳的主，亚伦的主，摩西的主，总之，是其他一切人的王和主。《诗篇》是这么说

---

① Maranus 根据 Thirlby 指出："因为查士丁前面刚刚说过：'以比喻的形式称他为雅各'，所以我们似乎可以相信，查士丁这里写的是'(是寻求)你面的雅各'(thy face, O Jacob)。"同样，"以色列的"(O Israel) 意思也等同于"雅各家的"(O house of Jacob)，是对古代教会的呼语。如果我们注意到这一点，就能看出查士丁显然是后一种意思。
② 《诗篇》24篇。
③ 《诗篇》46篇。(见和合本47篇。——中译者注)

的:'耶和华作王,让万民发怒!他坐在基路伯上,地当动摇。耶和华在锡安为大,他超乎万民之上。他们当认信他的大名,这名是可畏的,神圣的,王有尊荣,喜爱公平,竖立公正,在雅各中施行公平和公义。要尊崇耶和华我们的上帝,在他脚凳前下拜,他本为圣!在他的祭司中有摩西和亚伦,在求告他名的人中有撒母耳。他们求告耶和华,他就听他们。他在云柱中对他们说话;因①他们遵守他的法度,和他所赐给他们的律例。耶和华我们的上帝啊,你垂听他们;上帝啊,你善待他们,却按他们所行的一切虚妄报应他们。你们要尊崇耶和华我们的上帝,在他的圣山下拜,因为耶和华我们的上帝本为圣。'②"

第三十八章　说基督将受人敬拜令犹太人恼怒,查士丁从《诗篇》95篇确证这一点

特里弗说:"先生,听从我们教师们的话对我们肯定是好的,他们曾立下一条律令,不可与你们中的任何人交往,甚至不可与你们讨论这些问题。你们说许多亵渎的话,因为你们企图让我们相信这个被钉十字架的人曾与摩西和亚伦同在,并在云柱里向他们说话,然后他成为了人,被钉十字架,升天,还要再来世上,你们还说他应当受到敬拜。"

我回答说:"我知道,就如上帝的话所说的,上帝的这种大智慧,万物的创造者,全能者,是向你们隐藏的。因此,我很同情你们,要尽我最大的努力使你们明白这些在你们看来很矛盾的问题,即使我做不到,在审判的日子我也是清白的。你们还将听到另外一些似乎更加矛盾的话,但你们不要思想混乱;不仅如此,还要继续做更加热心的听者和探讨者,鄙弃你们老师的传统,因为圣灵已定他们的罪,他们不能理解上帝所教导的真理,且宁愿教导他们自己的教义。所以,《诗篇》44篇③里

---

① Codd的两个抄本中都缺了这个"因"。
② 《诗篇》98篇。(见和合本99篇。——中译者注)
③ 见和合本45篇。——中译者注

的这些话同样是指着基督说的：'我的心里涌出美物①，我向王说明我做的事，我的舌头是快手笔。你比世人更美，在你嘴里满有恩惠，所以上帝赐福给你，直到永远。大能者啊，愿你腰间佩刀，大有公正和华美，因真理、谦卑、公义加紧前往，兴旺并作王；你的右手必奇妙地引导你。大能者啊，你的箭锋快，万民仆倒在你以下；[你的箭射中]王敌之心。上帝啊，你的宝座是永永远远的，你的国权是正直的。你喜爱公义，恨恶罪恶，所以你的上帝②用喜乐油膏你，胜过膏你的同伴。[他以]没药③、油、肉桂[膏你]，从你的衣服有[香气]发出，象牙宫中[有丝弦乐器的声音]使你欢喜。有君王的女儿在你尊贵妇女之中，王后穿金线绣成的衣服④站在你右边。女子啊，你要听，要看，要侧耳而听！不要记念你的民和你的父家，王就羡慕你的美貌，因为他是你的主，他们也必敬拜他。推罗的女子必送来礼物，民中的富足人也必向你求恩。王女在宫中极其荣华，她的衣服是用金线绣的。随从她的童女要被带到你面前，她们要欢喜快乐被引导，她们要进入王宫。你的子孙要接续你的列祖，你要立他们在全地作王。我必叫你的名被万代记念，所以万民要永永远远称谢你。'"

第三十九章　犹太人仇恨相信这事的基督徒，两者之间的区别何其大

我接着说："所以，你们仇恨我们主张这些观点，以此证实你们始终是心肠刚硬⑤，这也不奇怪。事实上以利亚在与上帝谈到你们时就这样说：'耶和华啊，他们（以色列人）杀了你的先知，毁坏了你的坛，只剩下我一个人，他们还要寻索我的命。'上帝回复他说：'我还有七千人，

---

① 希伯来文和希腊文为"美辞"，即逻各斯。
② 或作"上帝，就是你的上帝"。
③ σταϰτή。
④ 直译作"带金线、杂绣而成的衣服"。
⑤ 直译作"持硬心肠的观点"。

是未曾向巴力屈膝的。'①正如上帝因那七千人未发烈怒,如今他也同样未行审判,未发烈怒,因为他知道你们中每天都有人成为基督的门徒,离弃谬误的道路,这些人正在领受恩赐,按各自所配得的,借着这位基督的名得光照。有的领受了聪明的灵,有的领受了谋略的灵,有的领受了能力的灵,有的领受了医治的灵,有的领受了预言的灵,有的领受了教导人的灵,有的领受了敬畏上帝的灵。"

对此特里弗说:"但愿你知道自己谈论这些观点已经谈得忘乎所以了。"

我对他说:"朋友啊,你要听②,因为我既没有疯,也没有忘乎所以。经上有预言说,基督升天之后,就会救③我们脱离谬误,赐恩给我吗?预言是这么说的:'他已经升上高天,他掳掠了仇敌,他赐恩给人。'④所以,我们这些从已经升到高天的基督得了恩赐的人,根据预言的话证明你们'自以为有智慧,自看为通达的人'⑤是愚顽人,你们只在嘴上荣耀上帝和他的基督。我们这受了完整真理教导的人⑥,在行为上、在认知上、在心里,都尊荣上帝和他的基督,甚至付出死的代价。而你们不愿意承认他是基督,如圣经和以他的名所见证、所成就的事件所表明的;你们不承认或许是出于这个原因,即恐怕你们受到掌权者逼迫,这些掌权者因受邪恶而诡诈的灵,就是那蛇影响,将不断逼迫认信基督之名的人,置他们于死地,直到基督再临,将这等人尽都消灭,使各人受当得的报应。"

特里弗回答:"那么现在请向我们提出证据,表明你们所说的被钉十

---

① 《列王纪上》19:14、18。
② ὦ οὗτος,或译作:"看你,你听我说"。
③ 直译作"背起我们这被掳的"。
④ 《诗篇》68:19。(见和合本69:18。——中译者注)
⑤ 《以赛亚书》5:21。
⑥ 这里要么是把大公信徒与异端相对照,要么是把基督徒与犹太人相对照。(这里的"大公信徒"是在其原始的意义上用的。)

字架又升天的这人就是上帝的基督。因为你已经通过前面引用的经文充分表明，正是圣经宣告了基督必受苦，必在荣耀里再临，并领受永恒的国度，治理万民，列国都要归服于他。现在请证明此人就是这位基督。"

我回答说："先生们，对那些有耳可听的人，这是已经证明了的，甚至你们所承认的事实也证明了这一点。不过，为免得你们以为我不知如何对答，无法说到做到，就你们所问的给出证据，我会在适当之时这样做到。现在我要继续思考我前面一直在讨论的话题。"

第四十章　他回到摩西律法，证明它们是与基督相关之事的像

"上帝吩咐逾越节要献上羊羔，这羊羔的奥秘在于它原是基督的预表；他们用他的血，按着各自对他信心的大小，膏他们的房子，即他们自己、这信靠他的人。上帝所造的造物，即亚当，也是从上帝发出的灵所居住的殿，这一点你们都能明白。我要证明这一吩咐是暂时性的，如下：上帝不允许逾越节的羊羔献在别的什么地方，而只能献在称他名的地方；他知道日子将到，等到基督受难之后，那时就是耶路撒冷的这地方也要交给你们的仇敌，总之，一切供献的事都要终止；所吩咐要烤熟的羊羔，乃是基督要遭受十架苦难的记号。因为被烤的羊羔①要架起来烤，其形状就像一个十字架：一个烤叉从身体下部向上穿到头部，在右边固定，另一个烤叉横过背部，与羊羔的两条腿相接。禁食时要献上两头山羊，一头作为代罪羊（scape[goat]）送走，另一头则献为祭，同样也是在宣告基督的两次显现：第一次，你们民众的长老和祭司加手害他，置他于死地，像打发代罪羊一样将他赶走；他的第二次显现，因为在同一个地方耶路撒冷，你们将认出你们曾羞辱过的主，他原是供物，为所有愿意悔改、守以赛亚所说的禁食、解除欺压人的契约条款②，并遵守

---

① 有人认为这里特指逾越节羊羔，还有人认为这里泛指一切被烤的羊羔。
② "条款"直译作"绳子"。

其他律例——也是他列举的，我也引用过，①那些信耶稣的人也都身体力行——的罪人献上的。再者，你们知道，所吩咐在禁食时要献上两只羊的事，不可在别的什么地方这样行，而只能在耶路撒冷这样行。"

第四十一章　细面祭品是圣餐的像

"先生们，"我说，"经上规定要为麻风得洁净的人献上细面祭品，这是圣餐饼的预表，圣餐是我们的主耶稣基督规定的礼仪，为要记念他为灵魂得洁净而脱离一切罪孽的人所忍受的苦难，同时也好叫我们感谢上帝，为他因人的缘故造了世界及其中的一切；为他搭救我们脱离原先所陷于其中的恶；也为他照着父的旨意受苦的主，推翻了②众执政的和掌权的。因此上帝借十二先知之一的玛拉基之口，如我前面说过的，③论到你们那时所呈上的祭物，说：'耶和华说，我不喜悦你们，也不从你们手中收纳供物。耶和华说，从日出之地到日落之处，我的名在外邦人中被荣耀，在各处，人奉我的名烧香，献洁净的供物，因为我的名在外邦人中为大，你们却亵渎我的名。'④然后他谈到那些外邦人，即我们这在各处向他献祭，即圣餐饼、圣餐杯的人，确认我们是荣耀他的名，你们却是亵渎他的名。另外，割礼的命令要求他们总要在第八日为新生儿行割礼，这割礼也是真割礼的预表，我们行了真割礼，就借着那位在安息日后第一日从死里复活的，即我们的主耶稣基督，脱离了欺诈和不义。因为安息日后的第一日永是⑤所有日子的第一日，它虽然根据七日循环的数目也被称为第八日，但仍是第一日。"

---

① 第十五章。
② 直译作"以彻底的推翻而推翻了"。
③ 第二十八章。
④ 《玛拉基书》1:10—12。
⑤ 或作"是"。

第四十二章　祭司袍上的铃铛是众使徒的像

"另外,经上规定大祭司的祭袍上要系十二个铃铛,①一直垂挂到脚上,这铃铛象征十二位使徒。 他们依靠永远的祭司基督的大能,他们用他们的声音,使全地充满上帝和他的基督的荣耀与恩典。因此大卫也说:'他们的量带通遍天下,他们的言语传到地极。'②以赛亚似乎也在以使徒的身份说话:使徒对基督说,他们不信自己的传讲,乃信差他们的主的大能。因此,以赛亚也说:'我们所传的有谁信呢?耶和华的膀臂向谁显露呢?我们在他面前传道,似乎[他是]孩子,像根出于干地。'③ (以下按照已引用过的预言的顺序。④) 这段话如同是从多人之口说出,'我们在他面前传道',然后又说'似乎他是孩子',这表明恶人必顺服于他,必服从他的命令,众人都要变得好像一个孩子。这样的事就如你们在人的身子上所看到的:尽管众肢体在数量上是多,但都被称为一,是一个**身体**。事实上,一个城邦,一个教会,虽然个体数目是多,其实却是一,都以同一称谓言之。总之,先生们,"我说,"我可以列举摩西的所有其他任命,来证明那些都是预表、记号、宣告,为要指示那将要发生在基督身上的事,那些早被预见到将要信他之人的事,以及那些将要由基督亲自成就的事。但我认为现在我所列举的已经足够,我还是回到讨论本身的顺序吧。"⑤

第四十三章　他得出结论:律法已在童女所生的基督里终止

"所以,正如割礼始于亚伯拉罕,安息日、献祭、供物、诸节期始于

---

① 《出埃及记》28:33 并没有说明铃铛的确切数量。Otto 猜测查士丁把铃铛与宝石混淆了,宝石是十二颗。
② 《诗篇》19:4。
③ 《以赛亚书》53:1、2。
④ 第十三章。
⑤ 直译作"按顺序的讨论"。

摩西，而且我已经证明，之所以规定这些事，是因你们的百姓心里刚
硬。同样，照着父的旨意，这些也必然在童女所生的那一位里面终止。
他出于亚伯拉罕家、犹大支派、大卫一脉；他就是上帝的儿子基督，被
宣告要临到全地，成为永律、永约，正如前述预言所表明的。我们这借
着他靠近上帝的人，所领受的不是属肉的、而是属灵的割礼，就是以诺
和其他诸如此类的人所遵行的割礼。因为我们原本是罪人，所以我们借
着洗礼，靠着上帝的怜悯，领受了这样的割礼；众人都一样可以获得这
割礼。但现在他出生的奥秘需要我们特别留意，所以我要谈到这个问
题。以赛亚论到基督的降生时指出，这事不可能由人来宣告，他的话我
们上文已经引过：①'谁能述说他的世代？因为他②被牵到死地，是因我
百姓的罪过。'③因此，说预言的灵断定，他，这将要受死，好叫我们这
些罪人因他的鞭伤而得医治的人，他的世代无可宣告。再者，为了叫信
他的人可以知道他以什么方式进入世界，说预言的灵又借以赛亚预告了
这事将如何发生：'耶和华又晓谕亚哈斯说：你向耶和华你的上帝求一个
兆头，或求显在深处，或求显在高处。亚哈斯说：我不求！我不试探耶
和华。以赛亚说：大卫家啊，你们当听，你们与人争竞岂算小事，还要
与耶和华争竞？因此，主自己要给你们一个兆头，必有童女怀孕生子，
给他起名以马内利。到他晓得弃恶择善之前，他必吃奶油与蜂蜜。④这
孩子还不晓得善恶之先，就择善而弃恶⑤。这小孩子不晓得叫父叫母之
先，就必在亚述王面前得大马士革的能力和撒玛利亚的掳物，你因那二
王存在而难以忍受的土地必致见弃。⑥耶和华必使亚述王攻击你的日子临

---

① 第十三章。
② 或作"我"。
③ 《以赛亚书》53:8。
④ 见第六十六章。
⑤ 直译为"不服从恶"ἀπειθεῖ πονηρά，有人推测这里可能是ἀπωθεῖ 或 ἀπειθεῖ πονηρία
⑥ 查士丁手上的抄本作"必被取去"：καταληφθήσεται；显然是καταλειφθήσεται 的误写。但Thirlby认
  为，这里很难说是查士丁本人的错误还是抄经者的错误。

到你和你的百姓，并你的父家。自从以法莲把亚述王带离犹大以来，未曾有过这样的日子。'①众所周知，从属血气的来看，亚伯拉罕族类里没有人是从童女生的，或据说是从童女生的，除了我们这位基督之外。但你们和你们的老师竟敢说，以赛亚的预言里并没有讲到'有童女必怀孕生子'，而是说'年轻女子要怀孕生子'。而且，你们错误地理解预言，似乎[这里的子]是指你们的国王希西家（Hezekiah）。所以，我要尽量简短地来反驳你们这种说法，表明经文这里是指着我们认信为基督的那位说的。"

第四十四章　犹太人徒然自许得救，若不借着基督，无人能得救恩

"因此就你们而言，只要我真诚努力，提出证明来说服你们，你们就会发现我在任何方面都是清白的。但是如果你们保持刚硬的心，或者因为怕死而犹豫不决——死是基督徒的命运——且不愿认同真理，你们就显然是自己罪恶的始作俑者了。你们自欺欺人，幻想着自己既按肉身说是亚伯拉罕的子孙，就必完全承继上帝所宣告要借着基督所赐的一切美物。其实，任何人，即使是亚伯拉罕的子孙，也没什么可去寻找的。唯有那些在心里有着与亚伯拉罕相同的信心、识得所有奥秘的人，才可去寻找什么。我说，②给你们的吩咐有些是关于崇拜上帝和践行公义的，此外也提到一些指示和行为，是关于基督奥秘的，这都是因你们的百姓心里刚硬。上帝在《以西结书》里表明了这一点，他这样说：'就算挪亚、雅各③、但以理求儿求女，他们的请求也不得应允。'④在《以赛亚

---

① 《以赛亚书》7:10—17，又插入了《以赛亚书》8:4。最后一句也可以这样翻译："自从他从犹大带走以法莲，甚至亚述王。"
② 查士丁对以下两类事物作了区分，一类是与敬拜上帝、建立公义相关的必不可少的行为，另一类是遵守那些只有暂时性意义的仪式。他指出，认识到这种区分是得救所必不可少的。必不可少的意思是说，称义不可靠后者，只可靠前者。查士丁说，一个犹太人若没有这种认识，就会寄望于他是亚伯拉罕的后裔这种高贵的身份上。
③ 圣经里是"约伯"。Maranus 更喜欢用"雅各"，认为提到他的名字最适合反驳雅各后裔的傲慢宣称。
④ 《以西结书》14:20。（参和合本："虽有挪亚、但以理、约伯在其中，主耶和华说：我指着我的永生起誓，他们连儿带女都不能救，只能因他们的义救自己的性命。"——中译者注）

书》里,他谈到同一个问题:'耶和华上帝说,他们必出去观看那些违背我人的尸首,因为他们的虫是不死的,他们的火是不灭的。凡有血气的都必憎恨他们。'①所以,你们应当在心里断了这指望,速去了解这罪得赦免、承继所应许之美物的盼望如何也能成为你们的,这才是你们当做的。只是你们别无他法,唯有认识这位基督,在以赛亚所说的泉里洗涤,②以使你罪得赦免,并且从此过无罪的生活。"

第四十五章　在律法到来前和律法下的义人将借着基督得救

特里弗说:"倘若我打断了这些问题,就是你说一定要探讨的问题,请原谅,但我要提出的问题很迫切。"

我说:"你想到什么问题,请随便问吧,我会先回答,然后尽量回来说完我的话。"

于是他说:"那请告诉我,那些按摩西所立之法生活的人将会与雅各、以诺和挪亚一样,从死里复活并永远活着呢,还是不会?"

我回答他说:"先生,我曾引用以西结的话'即使挪亚、但以理、雅各求儿求女,他们的请求也不得应允',也就是说,每个人必须靠他自己的义得救;我还说过,那些按摩西律法规范自己生活的人也要靠同样的方法得救。摩西律法中所规定的原都是好的、敬虔的、公义的,是颁布给那些遵守它③的人去行的;因百姓心里刚硬而吩咐他们当履行的事,同样记载下来,并且也由那些在律法之下的人去行。人若行普遍意义上、自然意义上、永恒意义上为善的事,就是神所喜悦的;既然如此,在复活的事上,他们就必借着这位基督,与那些在他们之前的义人,即挪亚、以诺和雅各等等,连同那些认识这位基督的人④一同得救。基督

---

① 《以赛亚书》66:24。
② 有人认为这是指基督的洗礼。见 Cyprian, *Adv. Jud.* i. 24。——Otto
③ "它"即律法,或"律法中所规定的",等等。
④ 那些生活在基督之后的人。

是上帝的儿子，未有晨星和月亮就有了他；他顺服地成为肉身，由大卫家的这位童女所生，为要借着这安排，叫那起初就犯罪的蛇以及像它一样的天使都被消灭，并在基督亲自第二次降临的时候，叫死被践踏，永远放开那些信仰基督、生活蒙悦纳的人，并且永不再有死。到那时，有些人要被送去受永不停止的审判，受火刑，另一些人则将脱离苦难、败坏、忧愁，永恒而不朽地存在。"

第四十六章　特里弗问今天仍守律法的人是否能得救。
查士丁证明行律法无助于加添人的义

"如果有人今天仍希望遵行摩西所立的律例，但他也相信这位被钉十字架的耶稣，承认他是上帝的基督，并承认审判众人的权柄已经无可置疑地给了他，他的国就是永恒之国，那么，这些人也能得救吗？"他问我。

我回答："我们也一起来想一想，如今一个人是否可能遵守摩西的全部律例。"

他说："不能。因为我们知道，如你所说，现在任何地方都不能献逾越节的羊羔，也不能献禁食时规定要献的山羊了，总之，其他各样的祭也都不可能[献了]。"

我说："那么请你告诉我一些现在还可以遵行的事，因为我要说服你相信，一个人虽然不守或者不曾行永恒①律例，仍然肯定能得救。"

于是他回答："守安息日，守割礼，守月朔，如果碰了摩西禁止的什么东西，或者行房事之后，要洁净。"

我说："亚伯拉罕、以撒、雅各、挪亚、约伯，以及在他们之前之后、与他们同样有义的其他人，还有亚伯拉罕的妻子撒拉、以撒的妻子利百加、雅各的妻子拉结、利亚，以及其他所有人，包括忠仆摩西的母亲，这些人一样也没有遵行这些规条，你认为他们会得救吗？"

---

① 犹太人认为的永恒律例。

特里弗说:"亚伯拉罕及其后裔岂没有受割礼吗?"

我说:"我知道亚伯拉罕和他的后裔都行了割礼,至于他们为何要行割礼,我在前文已经详述,如果前文所述还不能令你信服,①那我们不妨再深入探讨这个问题。你知道,事实上,在摩西之前,没有哪个有义的人遵行过我们所讨论的这些礼仪中的任何一项,也没有领受过任何诫命要遵守,除了割礼这一项,是从亚伯拉罕开始的。"

他回答:"我们知道这一点,也承认他们能得救。"

于是我接着说:"你明白,上帝是因你们的民心里刚硬,才借着摩西,把种种这类条规加在你们身上,要通过这大量的条规,使你们在一切行为上常把上帝摆在面前,绝不去行不虔不义的事。比如,他盼咐你们要在衣服周围系一条紫色缝子,②是叫你们不要忘记上帝。他还命令你们要戴上护符,③上面是一些我们也视之为圣的符号,刻在极薄的羊皮纸上,通过这些方式,是要激励④你们始终记念上帝;但另一方面也是要让你们信服,你们的心里并没有记住要敬拜上帝,连一点都没有。即便如此,也没有拦住你们不去拜偶像,比如,在以利亚的时代,上帝数算那些不曾跪拜巴力的人有多少,他说共有七千人。在《以赛亚书》里,他指责你们把孩子献给偶像。而我们,因为拒绝向那些我们古代习惯献祭的偶像献祭,就遭受极刑,但我们欣然赴死,相信上帝必借着他的基督叫我们复活,使我们成为不朽坏、得享宁静和不死的。我们知道,因你们的民心里刚硬而加给他们的那些规条,对人行公义和敬虔是毫无作用的。"

---

① 直译作"使你惊惶失色"。
② 《民数记》15:38。
③ 《申命记》6:6。
④ 直译作"强求"。

第四十七章 查士丁与遵守律法的基督徒交往，有少数公教徒却不这样做

特里弗又问："如果有一个人清楚事情就是如此这般，但他虽然承认此人就是基督，也相信他，顺服他，却仍然希望遵守这些条规，那他会得救吗？"

我说："特里弗，在我看来，这样的人会得救，只要他不想方设法劝别人——我指的是那些受了基督的割礼而脱离错谬的外邦人，要他们像自己那样遵守同样的法则，又告诉他们若不这样做就不能得救。你在讨论之初恰恰就是这样，宣称我若不遵守这些条规就不可能得救。"

他说："那你为何说'在我看来这样的人会得救'，除非有些人①认为这样的人不能得救？"

"确实有些人这样认为，特里弗，"我回答，"他们不敢与这样的人有任何交往，不敢对其表示友好，但我不认同他们。如果有人因心里软弱，想要遵守摩西定下的这些规条，指望从中得到某种美德——尽管我们认为这些律例是由于你们的民心里刚硬才立的，也想守住在这位基督里的盼望，并愿意行永恒、自然的公义、敬虔之事，选择与基督徒和忠信者同住，如我前面所说，并不劝诱他们像自己一样受割礼、守安息日或其他各种礼仪，那么，我认为我们应当与这样的人联合，在一切事上都与他们交往，就像同胞和弟兄一样。但是，特里弗，"我接着说，"如果你们的民族中有人自称相信这位基督，又强迫相信这位基督的外邦人完全按照摩西的律法生活，或者决定不再如此亲密地与他们交往，那么我同样不赞成这样的人。但我相信，即使是那些被他们说服而遵守律例，同时又坚持在基督里认信上帝的人，可能也会得救。另外我还认为，那些曾经认信并知道此人是基督，但由于某种原因退回到律法规章，又否

---

① "不是还有一些人"，云云。

认此人是基督,临死都不悔改的人,绝不可能得救。还有,那些按照律法生活的亚伯拉罕的子孙,临死也不信这位基督的,我认为同样不能得救,尤其是那些曾经咒诅、现在仍在各会堂里咒诅这位基督,咒诅一切他们可以靠着得救且逃避报应之火的事的人。①因为上帝出于良善和仁爱以及他无限的丰富,就把以西结所说②的那种从罪恶中悔改的人看作义的、无罪的,又把那离弃敬虔和公义、转向不义和不敬的人算为有罪的、不义的、不敬的。因此我们的主耶稣基督也说:'我在什么事上拿住了你们,也要在什么事上审判你们。'③"

第四十八章 在基督的神性得到证明之前,
他[特里弗]要求先确定他是基督

特里弗说:"我们已经听了你对这些问题的看法。请在中断的地方重新开始,把话题讲完吧。因为你的话在我看来有些是自相矛盾的,完全无法证明。你说这位基督在万世之前就作为上帝存在,然后他降生为人,但又不是出于人的人。这样的论断在我看来不只是自相矛盾,简直就是愚蠢。"

对此我回答说:"我知道这话听起来确实有点自相矛盾,尤其是对你们民族中那些从来不愿意理解或者遵行上帝的要求,反而乐于遵行你们教师的教导之人,就如上帝亲口宣称的。④但是可以肯定,特里弗,"我接着说,"要证明此人⑤就是上帝的基督,证据并不缺乏,只是我可能无法证明他原先是作为万物之创造者的儿子存在,他就是上帝,从童贞女降生为人。但即使我没有证明他是先在的,然后按照父的旨意降生为

---

① 文本似乎有讹误。Otto 译为"现在仍在咒诅那些信靠这位基督从而得救的人",云云。
② 《以西结书》33:11—20。
③ 对照《约翰福音》12:47、48。Grabius 认为此经文引自依据希伯来书编的福音外典。新约旧约里都没有该经文。[疑问:倒不如说,它是保存于早期基督徒中间的一句谚语?]
④ 对照《以赛亚书》29:13。
⑤ 或作"这样一个人"。

人,与我们一样有七情六欲,有身体,我也已经明确证明此人就是上帝的基督,不论他曾经是谁。仅就这最后一点而言,可以说我犯了错;但也可以不否认他是基督,尽管他看起来不过是由人所生的一个人,因这最多只能证明一点,即他是通过拣选成为基督的。事实上,我们族类中也有一些人,"①我说,"承认他是基督,但又认为他是出于人的人,我不同意他们的看法,也不会同意,②尽管那些如今与我持同样观点的人大多数都可能会这样说。因为基督亲口吩咐我们不要相信人的教义,③而要相信有福的先知所宣告,且由他亲自教导的教义。"

第四十九章　有人反对说以利亚还没有到来,
他回答说,他是基督第一次降临的先行者

特里弗说:"有些人坚称他曾经是人,被拣选之恩所膏,然后才成了基督。在我看来,这比你所主张的那些观点更合理。因为我们都在期待基督从人生而为人,他到来后以利亚将油膏他。既然这个人看起来是基督,人就必然知道他是出于人的人,只是鉴于以利亚还没有到来,我推断此人并不是他[基督]。"

于是我反问他:"圣经《撒迦利亚书》④里岂不是说,以利亚要在耶和华大而可畏的日子未到之前来吗?"

他回答说:"的确是这样说的。"

"既然你们由圣经不得不承认基督的两次降临已有预言,必要发生——一次来显然是要受苦,受羞辱,无佳形美容;再一次,他要在荣耀里到来,做万人的审判者,就如前面所引的许多段落所表明的——那

---

① 有的译作"你们的族类",指伊便尼派(Ebionites)。Maranus 相信这里是指伊便尼派,并在一个详尽的注释里支持这里原文应为"我们的",因为查士丁更可能将这些伊便尼派的人与基督徒相联系,而不是与犹太人相联系,尽管伊便尼派是异端分子。
② Langus 译作"事实上,许多与我持同样观点的人也不会这样说"。
③ [注意这里关于原始信仰的有力见证。]
④ 《玛拉基书》4:5。

么我们岂不能设想,上帝的话已经宣称以利亚将是这大而可畏之日的先行者,也就是主第二次降临的先行者吗?"

"的确可以,"他说。

"所以,我们的主就在他的教导中宣告,"我接着说,"这事要发生,并说以利亚也将到来。我们知道,这事发生就是我们的主耶稣基督在荣耀里从天降临之时。在他第一次显明出来之前,那在以利亚里面的上帝的灵,以约翰的身份出现,做了先行者;他是你们民中的一位先知,在他之后你们中就再没有出现过先知。他坐在约旦河边大声说:'我是用水给你们施洗,叫你们悔改;但那在我以后来的,能力比我更大,我就是给他提鞋也不配。他要用圣灵与火给你们施洗。他手里拿着簸箕,要扬净他的场,把麦子收在仓里,把糠用不灭的火烧尽了。'①就是这位先知,你们的王希律把他关进监狱。那时希律正庆贺生日,他的侄女②跳舞取悦他,他就许她,凡她所喜悦的,都可以向他求。于是这位少女的母亲就怂恿她求约翰的头,当时他还在牢里。既求了,希律就派人把约翰的头放在一个盘子上拿来。因此我们的基督还在世上的时候,也对那些断定以利亚必在基督之前到来的人说:'以利亚固然先来,并要复兴万事;只是我告诉你们:以利亚已经来了,人却不认识他,竟任意待他。'③经上说:'门徒这才明白耶稣所说的,是指着施洗的约翰。'"

特里弗说:"这话在我看来也自相矛盾,即上帝说预言的灵,就是在以利亚里面的灵,竟也在约翰里面。"

对此我回答说:"你难道不认为嫩的儿子约书亚身上也有同样的事吗?他在摩西之后担当百姓的领袖。摩西受命把手放在约书亚头上,上帝对他说:'我要把降于你身上的灵分赐给他。'④"

---

① 《马太福音》3:11、12。
② 直译作"堂妹"。
③ 《马太福音》17:12。
④ 《民数记》11:17,谈到七十长老。查士丁将这里所说的与《民数记》27:18 以及 34:9 混淆了。

他说:"的确如此。"

我说:"因此,正如摩西还在百姓中时,上帝就将他身上的灵分赐给约书亚,照样,上帝也能使以利亚的灵临到约翰身上;这样,就如基督在第一次降临时形容枯槁,照样,灵的第一次降临——它在以利亚身上始终保持纯全,①就像基督的灵一样——也显现为不体面。因为主曾说,他要用隐蔽的手与亚玛力人争战,而你们不会不承认,亚玛力人的确灭亡了;但既然经上说,唯当基督荣耀地降临时,才会与亚玛力人交战,那么,圣经所说的'上帝要用隐蔽的手与亚玛力人争战'又将何等非凡地得到应验呢?你可以明白,上帝隐蔽的权能原本就在被钉十字架的基督里面,在他面前,众鬼魔及地上一切执政掌权的都要发抖。"

第五十章 《以赛亚书》证明约翰就是基督的先行者

特里弗说:"我觉得你似乎是从大论战中出来的,关于我们所探讨的所有这些问题,你似乎都与许多人论辩过,因而对于我们问你的所有问题,你都能很快作出回答。那么首先请回答,你如何能够证明除了万物的创造者以外还有一位上帝;然后请你再进一步表明他曾屈尊由童贞女所生。"

我回答:"首先请允许我引用以赛亚预言中的一些段落,其中谈到施洗者和先知约翰在我们主耶稣基督面前做先驱的职责。"

"可以,"他说。

于是我说:"以赛亚这样预言约翰的先驱性工作:'希西家对以赛亚说,你所说耶和华的话甚好!因为在我的年日中,必有太平和公义。'② 又有:'你们这些祭司,要劝勉百姓,向耶路撒冷的心说话,安慰她,因为她羞辱的日子已满了,她的罪孽赦免了,她为自己的罪孽,从耶和华手中加倍受罚。有人在旷野喊着说:要预备耶和华的路,修平我们上帝

---

① 意思是说,人并没有分开。以利亚的灵被分到约翰身上,但他在之前之后都是一样的人。
② 《以赛亚书》39:8。

的道。一切山洼都要填满，大小山冈都要削平。高高低低的要改为平坦，崎崎岖岖的必成为平原。耶和华的荣耀必然显现，凡有血气的必看见上帝的救恩。因为这是耶和华亲口说的。有人声说：你喊叫吧！我说：我喊叫什么？说：凡有血气的尽都如草，他的美容都像野地的花。草必枯干，花必凋残，惟有我们主的话必永远立定！报好消息给锡安的啊，你要登高山；报好消息给耶路撒冷的啊，你要极力扬声，扬声不要惧怕，对犹大的城邑说：看啊，你们的上帝！看哪，主耶和华必像大能者临到，他的膀臂必为他掌权。看哪，他的赏赐在他那里，他的报应在他面前。他必像牧人，牧养自己的羊群，用臂膀聚集羊羔抱在怀中，慢慢引导那乳养小羊的。谁曾用手心量诸水，用手虎口量苍天？用升斗盛大地的尘土，用秤称山岭，用天平平冈陵呢？谁曾测度耶和华的心，作他的谋士指教他呢？他与谁商议，谁教导他，谁指示他审判，让他知道通达的道呢？看哪，万民都像水桶的一滴，如天平的一转，只能算作微尘；黎巴嫩的树林不够当柴烧，其中的走兽也不够作燔祭；万民被他看作虚无，乃为虚空。'①"

第五十一章　事实证明这则预言已经应验

　　我停下来后，特里弗说："先生，你复述的整个预言含义模棱两可，没有说服力，不能证明你想要证明的观点。"我回答说："特里弗，倘若不是先知已经中断，以至于在这位约翰之后你们的民中不再有先知，那么很显然，你可以认为我所说关于耶稣基督的话是含糊不清的。但是约翰已经先来呼吁人们悔改，而基督也在约翰还坐在约旦河边时到来，终止了约翰说预言和施洗的事奉；还亲自传讲天国近了，又说他必从文士和法利赛人多多受苦，被钉十字架，第三天复活，且再临耶路撒冷，再与门徒们一起吃喝；如我在前文所说的②，他还预言在他第一次与第二次

---

① 《以赛亚书》40:1—17。
② 第二十五章。

降临之间，祭司和假先知要假借他的名兴起来，并且这些事的确有了——既然你们可由事实信服这预言，又怎能认为它含糊不清呢？此外，他［基督］还提到你们民中不会再有先知，提到人们如何认识到，上帝先前宣告要传扬的新约，也就是基督本身，那时已经来到了。经上的话是这么说的：'众先知和律法到施洗约翰为止，从那时到如今，天国是努力进入的，努力的人就得着了。你们若肯领受，这人就是那应当来的以利亚。有耳可听的，就应当听！'①"

第五十二章　雅各预言了基督的两次降临

"族长雅各曾预言②，基督有两次降临，第一次他要受苦，他到来之后，你们民中就不再有先知，也不再有君王（我继续说），而信仰这位受苦的基督的外邦人，都要仰望他将来的显现。因此圣灵以比喻的形式隐晦地说到这些真理：'犹大啊，你弟兄们必赞美你，你手必掐住仇敌的颈项，你父亲的儿子们必向你下拜。犹大是个小狮子，我儿啊，你抓了食便上去。你屈下身去，卧如公狮，蹲如母狮，谁敢惹你？圭必不离犹大，杖必不离他两脚之间，直等细罗来到。他必成万民所渴望的，把小驴拴在葡萄树上，把驴驹拴在葡萄藤上。他在葡萄酒中洗了衣服，在葡萄汁中洗了袍褂。他的眼睛必因③酒红润，他的牙齿必因奶白亮。'④此外，在你们的民中从来不曾断过先知或君王，从开始有他们的时候直到这位耶稣基督出现、受苦为止；但你们既不会厚着脸皮张扬这一点，又不能证实这一点。因为虽然你们断定希律——基督在他之后⑤的时代受苦——是亚实基伦人，但你们也承认你们民中有一位大祭司，所以你们那

---

① 《马太福音》11:12—15。
② 《创世记》49:5、8、9、10、11、18、24。查士丁经常提到这些经文。
③ 或作"比"。
④ 《创世记》49:8—12。
⑤ ἀφοῦ；许多人把这里译作"在他之下"，即ἐφ οὗ，但这就错了；也有人推测这里是 ἔπαθεν 原为 ἔφυγε。

时还是有一个按照摩西律法献供物并遵守其他法定仪式的人。你们中的先知也是代不乏人，直到约翰为止（甚至在你们的民被掳到巴比伦，你们的土地被战争蹂躏，圣器被洗劫以后，也有先知）；你们中间从来不缺先知，他就是你们民族的主人、首领和统治者，因为那在众先知里面的圣灵，也膏了你们的君王，立定他们。但自从我们的耶稣基督显现并在你们的国民手中受死，就哪里也不曾有，且至今都没有什么先知了。不仅如此，你们也不再有自己的王，你们的土地荒芜，像葡萄园里的棚屋一样被丢弃。圣经借雅各之口说：'他必成万民所渴望的'，这话象征他的两次降临，也象征着万民都要相信他，这些事实你们如今可去详细辨明。那些从万民中来、借着信仰基督而成为敬虔公义之人的，都仰望他将来再次显现出来。"

第五十三章　雅各预言基督要骑在驴背上，撒迦利亚证实这一点

"至于'把小驴拴在葡萄树上，把驴驹拴在葡萄藤上'，既预告了他在第一次降临时所做的工，也预告了万民将要寄托其上的对他的信仰。他们就像无辔的驴驹，颈项上没有套轭，直到这位基督到来，差他的门徒去教导他们；而他们就戴上他的话语之轭，伸出颈项承受一切苦工，为要得着他所应许、他们所指望的美事。真的，我们的主耶稣基督在打算进入耶路撒冷时，叫门徒给他牵来一头驴和旁边的小驴驹，它们拴在一个叫作伯法其的小村入口。他骑上驴子，进了耶路撒冷。由于经上怎样预言这事将由基督成就，他都照样一点不差地成就了，而且人也承认这预言应验了，所以这就清楚地证明了他正是基督。然而，尽管这一切都真实发生了，经上也都证明了，你们还是心里刚硬。不仅如此，十二先知之一的撒迦利亚也预言了要有这样的事。他说：'锡安的民哪，应当大大喜乐！耶路撒冷的民哪，应当欢呼！看哪，你的王来到你这里，他是公义的，并且施行拯救，谦谦和和地骑着驴，就是骑着驴的驹子。'①

---

① 《撒迦利亚书》9:9。

可见说预言的灵和族长雅各都提到驴和驴驹,他将要用到的坐骑。并且如我前文所说,他要门徒将两者都带上,这是预告你们这些在犹太会堂的人连同外邦人都将信他。正如没有上轭具的驴驹象征外邦人,上了轭具的驴则象征你们的民族,因为你们拥有众先知为你们所立的律法。此外,先知撒迦利亚预告这位基督将受击打,他的门徒要四下逃散,这事也真实发生了。他被钉十字架后,原来跟随他的门徒都分散了,直到他从死里复活,使他们相信了关于他的事原本就是如此预言的,他们才去往普天下,传扬这些真道。因此我们也在他的信和教义上坚固,因为我们有这确信,既来自众先知,也来自全天下那些被我们所看见、奉那位被钉十字架者的名敬拜上帝的人。以下这话也是撒迦利亚说的:'万军之耶和华说,刀剑哪,应当兴起,攻击我的牧人和我的同伴。击打牧人,羊就分散。'①"

第五十四章 葡萄汁代表什么

"那交托给摩西记载下来②,族长雅各所预言的话,即'他在葡萄酒中洗了衣服,在葡萄汁中洗了袍褂',表明他将用自己的血洗净那些相信他的人。因为圣灵把那些借着他罪得赦免的人称为他的衣服,他始终带着能力在他们中间,但这要到他第二次降临时才显明出来。圣经提到葡萄汁显然是刻意为之,因为基督的血脉不是出于人的种子,而是出于上帝的权能。正如是上帝而不是人创造了葡萄的汁,同样,圣经预言说,基督的血也不是出于人的后代,而是出于上帝的权能。先生们,我重复了又重复的这则预言,恰恰证明基督不是出于人的人,即不是按普通人的方式出生的人。"

---

① 《撒迦利亚书》13:7。
② 直译作"考查"。

第五十五章　特里弗要求证明基督就是上帝，但不用任何比喻。查士丁答应这样做

特里弗说："我们会记住你的这一解释——如果你再用些其他论证加强你对这个问题的解答的话。但现在请继续说吧，要向我们证明说预言的灵除了万物的创造者之外，还承认另有一位上帝。你要小心，可不要说到日啊月啊的，经上记着，上帝把日月交给列邦当作神来拜。①众先知常常用这种口气说话，说'你们的上帝是万神之上帝，是万主之主'，又常常加上一句'是大而可畏的上帝'。使用这样的表述，并不是说那些真的是神，而是因为圣经要教导我们，创造万物的真上帝是所有那些被尊为神和主之物的唯一的主。为了叫圣灵说服我们相信这一点，他借着圣大卫说：'外邦的神都属虚无，不是神，乃鬼魔的偶像。'②他也对那些拜它们的人宣告诅咒。"

我回答说："特里弗，我不会举出这些为证，我知道崇拜这些以及诸如此类的各种偶像的人正是因此而被定罪；我要举出的证据，是任何人都找不出反驳证据的。你听到它们时会觉得陌生，尽管你天天都在诵读。这样，即便从这一事实，我们③也可以明白，因为你们的邪恶，上帝从你们收回了能力，让你们无法分辨他圣经里的智慧。但仍然有一些人例外，如以赛亚所说，根据他长久忍耐之恩，他留给他们一颗救恩的种子，免得你们的族类完全消灭，就像所多玛和蛾摩拉一样。因此请注意我要从圣经里引出什么经文，这些经文不需要解释，只需要倾听。"

第五十六章　向摩西显现的上帝不同于父上帝

"当时，摩西，上帝有福而忠诚的仆人，宣称在幔利橡树那里向亚

---

① 《申命记》4：19。此处显然对该段经文有误解。见《约翰福音》10：33—36。
② 《诗篇》96：5。
③ 有注释书认为这里为"你"，显然错误。

伯拉罕显现的是上帝,这上帝是跟两个天使一起,奉"另一位"所差去审判所多玛;而这另一位永远在高天之上,无人能见,也不与任何人单独交谈。我们相信,他就是万物的创造主和父。他这样说:'上帝在幔利橡树那里,向亚伯拉罕显现出来。那时正热,亚伯拉罕坐在帐棚门口,举目观看,见有三个人在对面站着。他一见,就从帐棚门口跑去迎接他们,俯伏在地,说'①(云云)②;'亚伯拉罕清早起来,到了他从前站在耶和华面前的地方,向所多玛和蛾摩拉与平原的全地观看,不料,那地方烟气上腾,如同烧窑一般。'③"我引完这些话之后,问他们是否明白其中的意思。

他们说他们明白,但他们也说,所引段落并不能证明,除了创造万物的创造者之外,还有另一位上帝或主,而且也不能证明圣灵是这样说的。

于是我回答说:"既然你们已经明白圣经,我会竭力说服你们相信我所说话里的真理,即,确有——并且圣灵也说有——另一位上帝和主,他服在万物的创造者之下;他也被称为'使者',因为他向人宣告万物之创造者——在他之上没有别的上帝——愿意向人宣告的一切事。"我再次引用上面的段落,问特里弗:"你是否认为上帝曾在幔利的橡树那里向亚伯拉罕显现,如圣经所说?"

他说:"没错。"

我说:"他是否那三位中的一位,亚伯拉罕看见了他,并且说预言的圣灵把他描述为人?"

他说:"不是的,而是上帝在他看见那三位之前先向他显现了。所以,圣经称为人的那三位是天使,其中两位奉差毁灭所多玛,另一位向撒拉宣告她将生子的好消息,他受差遣是为了这件事,完成差使之后就

---

① 《创世记》18:1、2。
② "云云"很可能不是查士丁,而是某个抄写员插入的,如接下来的话所表明的。
③ 《创世记》19:27、28。

离开了。"

我说:"那么,怎么三位中在帐棚里,且说'以后我要回到你这里,撒拉必生一个儿子'的那一位,似乎在撒拉生了儿子后又回来了,且有预言的话称他为上帝呢?为了让你清楚分辨我所说的,请听摩西明确说过的话,他说:'当时,撒拉看见埃及人夏甲给亚伯拉罕所生的儿子与她的儿子以撒戏笑,就对亚伯拉罕说:你把这使女和她儿子赶出去!因为这使女的儿子不可与我的儿子以撒一同承受产业。亚伯拉罕因他儿子的缘故很忧愁。上帝对亚伯拉罕说:你不必为这童子和你的使女忧愁,凡撒拉对你说的话,你都该听从,因为从以撒生的,才要称为你的后裔。'①于是,在橡树下说要回来的那一位,正是由于知道他必须告诫亚伯拉罕顺从撒拉的意思去行,就照着经上所记回来了;而且如经文所说,他就是上帝,因为经文说,'上帝对亚伯拉罕说,你不必为这童子和你的使女忧愁。'这些你明白了吗?"我问。特里弗说:"当然。不过你并没有由此证明,除了向亚伯拉罕显现,也向其他族长和先知显现的那一位之外,还有另一位上帝。不过,你倒是证明了一点:我们认为帐棚里与亚伯拉罕在一起的三位都是天使,这是错误的。"

我再次回答说:"假如,我不能从圣经向你们证明三位中的一位是上帝,并被称为使者②,——因为我已经说过,万物之创造者上帝愿意带信息给谁,这一位就带信息给谁——那么,关于这位以人的样式在地上向亚伯拉罕显现,就如两位与他同来的使者一样显现的,这位甚至在创世之前就是上帝的,你们持有你们全民所拥有的那种信念,就是合理的了。"

"当然,"他说,"直到此时这一直都是我们的信念。"

---

① 《创世记》21:9—12。
② 或作"信使"。摩西五经中的"耶和华使者"(passim)。查士丁在许多解释基督何以被称为使者或信使的段落里,也使用了动词ἀγγέλλω,即传信、宣告。由于英文无法保留ἄγγελος与ἀγγέλλω之间的相似性,所以英语读者就无法领会查士丁话里的玄机。

我说:"我还是要回到圣经,努力让你们相信:经上所说曾向亚伯拉罕、向雅各、向摩西显现的那一位,被称为上帝的那一位,他不同于创造万物的那一位——我指的是数的分别,不是意志上的分别。因为我已证实,他在任何时候都不曾作创造世界的那位——在他之上没有另外的上帝——不愿意他做、也不愿意他参与的事。"

特里弗说:"请证明这一点,我们也好同意你。你断定他不曾做过,也不曾说过任何与万物之造主的意志相左的事,这一点我们还是不明白。"

我说:"从刚才我引用的圣经,你们就能明白这一点。经上这样说:'罗得到了琐珥,日头已经出来了。当时,耶和华将硫磺与火,从天上耶和华那里,降与所多玛和蛾摩拉,把这些城和周边的一切全都毁灭了。'①"

那些与特里弗一起的人中的第四位说,"因此必须说②,奉差往所多玛去的两位使者中的一位,即摩西在圣经里称为耶和华的,不同于那位也是上帝,且向亚伯拉罕显现的。"③

我说:"我们并非仅因这一点才必须绝对承认,除了那位被看作万物之创造者的上帝之外,圣灵还把另一位称为主耶和华;我们如此承认不单是因为摩西说的话,还因为大卫说的。大卫这样记载说:'耶和华对我主说:你坐在我的右边,等我使你仇敌作你的脚凳。'④我在前文引过这段经文。又有话说:'上帝啊,你的宝座是永永远远的,你的国权是正直的。你喜爱公义,恨恶罪恶,所以上帝,就是你的上帝,用喜乐油膏你,

---

① 《创世记》19:23。
② 或作"我们必须认为,除了降到所多玛的两位天使中的一位,即圣经里摩西称为耶和华的之外,上帝还曾亲自向亚伯拉罕显现。"
③ 这段话相当难解,这里的翻译也必定有些随意,不过一般认为这样译是正确的。查士丁的朋友想要弄明白这事:故事里有"两个"不同的个体被称为"耶和华"或"上帝"。
④ 《诗篇》110:1。

胜过膏你的同伴。'①因此,你们是否承认除了万有的父和他的基督之外,圣灵还称另一位为上帝、为主?请回答我。我要从圣经本身向你们证明,圣经上称为耶和华的,并不是降到所多玛的两位天使中的一位,而是与他们同在、被称为上帝、向亚伯拉罕显现的那位。"

特里弗说:"请证明这一点吧,你看,时辰不早了,而我们还没有准备好听到如此大胆的答案,因为我们从未曾听说有人或探讨或研究或证明这些问题。要不是你事事引用圣经,我们可能无法忍受你的话。②你非常热心地引用圣经证据,你也认为在万物的创造者之上没有别的上帝。"

我回答说:"你知道圣经上说:'耶和华对亚伯拉罕说:撒拉为什么暗笑,说:"我既已年老,果真能生养吗?"耶和华岂有难成的事吗?到了日期,明年这时候,我必回到你这里,撒拉必生一个儿子。'③隔几行又说:'三人就从那里起行,向所多玛观看,亚伯拉罕也与他们同行,要送他们一程。耶和华说:我所要做的事不会瞒着我的仆人亚伯拉罕。'④稍后又这样说:'耶和华说:所多玛和蛾摩拉的罪恶甚重,声闻于我。我现在要下去,察看他们所行的,果然尽像那达到我耳中的声音一样吗?或是不然,我也必知道。二人转身离开那里,向所多玛去,但亚伯拉罕仍旧站在耶和华面前。亚伯拉罕近前来说:无论善恶,你都要剿灭吗?'⑤(如此云云。⑥同样的话我想不适合再次引用,因为前面已经完整地引用过了,但那些能让我向特里弗及其同伴确立证据的话,还是有必要举出来的。于是我继续引用以下这些话:)'耶和华与亚伯拉罕说完了话就走了,亚伯拉罕也回自己的地方去。那两个天使晚上到了所多玛。罗得正

---

① 《诗篇》45:6、7。
② 注意查士丁再次持守了这一原则以及这样一个事实:若要说服一个犹太人听基督徒说话,除此之外没有别的方法。参《使徒行传》17:11。
③ 《创世记》18:13、14。
④ 《创世记》18:16、17。
⑤ 《创世记》18:20—23。
⑥ 比较本章137页注释②。

坐在所多玛城门口'①,云云;接下去,'只是那两人伸出手来,将罗得拉进屋去,把门关上。'②再接下去,'二人因为耶和华怜恤罗得,就拉着他的手和他妻子的手,并他两个女儿的手,把他们领出来,安置在城外。领他们出来以后,就说:逃命吧!不可回头看,也不可在平原站住,要往山上逃跑,免得你被剿灭。罗得对他们说:我主啊,不要如此。你仆人已经在你眼前蒙恩,你又向我显出莫大的慈爱,救我的性命,我不能逃到山上去,恐怕这灾祸临到我,我便死了。看哪,这座城又小又近,容易逃到,这不是一个小的吗?求你容我逃到那里,我的性命就得存活。天使对他说:这事我也应允你,我不倾覆你所说的这城。你要速速地逃到那城,因为你还没有到那里,我不能做什么。因此那城名叫琐珥。罗得到了琐珥,日头已经出来了。当时,耶和华将硫磺与火,从天上耶和华那里,降与所多玛和蛾摩拉,把那些城和周围的一切都毁灭了。'③"停顿了一会儿,我又说:"我的朋友,现在你们明白了吗?三位中既是上帝又是主,为天上那一位做执事的,他就是两位天使的主。因为当天使去往所多玛时,他留在后面,与亚伯拉罕交谈,交谈的话由摩西记载下来。他交谈后离开,亚伯拉罕也回到自己的地方。他来到所多玛后,与罗得说话的就不再是两位天使,而是主自己,如圣经所表明的;他是从住在天上的耶和华,即万物的创造者那里领受使命的主,要向所多玛和蛾摩拉施行审判,如圣经所描述的:'耶和华将硫磺与火,从天上耶和华那里,降与所多玛和蛾摩拉。'"

第五十七章　犹太人反驳,如果他是上帝,
为何说他吃喝?查士丁的回答

我沉默下来后,特里弗说:"圣经要求我们承认这一点,这是显而易

---

① 《创世记》18:33,19:1。
② 《创世记》19:10。
③ 《创世记》19:16—25。

见的。但有一个问题我们理所当然地感到迷惑,大意是说亚伯拉罕预备了食物放到主面前,主就吃了。你也会承认这事吧。"

我说:"经上记着他们吃了。如果我们相信①经上说的是三人都吃了,而不只是那两人——后面两位真是天使,他们在天上得喂养,这是显而易见的,不过他们吃的食物不同于凡人所吃(论到旷野使你们祖宗存活的吗哪,圣经说,他们吃了天使的食物)。[如果我们相信三人都吃了],那么我得说,经文说他们吃了,意思就类似于我们说火烧毁了万物一样,但肯定不能认为他们吃是用牙齿和下巴咀嚼。所以,只要我们对比喻的表达方式稍有了解,那么,即使面对这里的经文也不该感到大惑不解,而是能够超越这些比喻。"

特里弗说:"关于吃的问题,也就是经上所写他们拿起亚伯拉罕准备的东西吃了这个问题,或许可以这样解释吧。现在,你可以继续向我们解释,这位向亚伯拉罕显现、服侍万物之创造者的上帝,又是如何生于童女、成为人,跟众人有了一样的七情六欲,如你前面所说的。"

我说:"特里弗,请允许我先在这个问题上收集另外一些证据,看到庞大的证据,你们或许会相信它的真理性,然后我再解释你提的问题。"

他说:"你请便,我将十分荣幸。"

第五十八章 向雅各显现的异象也证明了同一件事

我接着说:"我打算向你们引用圣经,不是因为我急于炫耀自己言辞的技艺,其实我并不拥有这样的能力;我只是蒙了上帝的恩典,能以领会他的圣言;我奉劝众人也都尽情,多多地分有这种恩典,免得他们因缺乏这种恩典,在万物之创造者上帝借着我主耶稣基督审判的日子招致定罪。"

特里弗说:"你所做的与对上帝的崇拜相配,但你说自己并没有多少

---

① 直译作"听到"。

巧妙的言辞，在我看来却似在假装无知哦。"

我回答说："你要这样认为，随你的便，但我相信我说的是实话。现在请注意听我说，我要举出剩下的证据。"

"请吧，"他说。

我接着说："我的弟兄，摩西又写着，那被称为上帝且向族长显现的，既称为天使，又称为主，由此你们可以明白他乃是万物之父的执事，如你们已经承认的，也叫你们因另外的证据而信服，立场坚定。摩西提到亚伯拉罕的孙子雅各时，上帝有话说：'羊配合的时候，我梦中举目一看，见跳母羊的公羊都是有纹的、有点的、有花斑的。上帝的使者在那梦中呼叫我说：雅各！我说：我在这里。他说：你举目观看，跳母羊的公羊都是有纹的、有点的、有花斑的。凡拉班向你所做的，我都看见了。我是在伯特利向你显现的上帝，你在那里用油浇过柱子，向我许过愿。现今你起来，离开这地，回你本地去吧，我必与你同在。'①还有另外的话，同样也是对雅各说的：'他夜间起来，带着两个妻子、两个使女，并十一个儿子都过了雅博渡口。先打发他们过河，又打发所有的都过去，只剩下雅各一人。有一个天使②来和他摔跤，直到黎明。那人见自己胜不过他，就将他的大腿窝摸了一把，雅各的大腿窝正在摔跤的时候就扭了。那人说：天黎明了，容我去吧！雅各说：你不给我祝福，我就不容你去。那人说：你名叫什么？他说：我名叫雅各。那人说：你的名不要再叫雅各，要叫以色列，因为你与上帝与人较力，都得了胜。雅各问他说：请将你的名告诉我。那人说：何必问我的名？于是在那里给雅各祝福。雅各便给那地方起名叫毗努伊勒③，意思是说：我面对面见了上帝，我的心欣喜欢乐。'④另外，圣经提到雅各时还有话这样说：'于是，

---

① 《创世记》31:10—13。
② 有的译作"有一个人"。
③ 直译作"上帝的面"。
④ 《创世记》32:22—30。

雅各和一切与他同在的人到了迦南地的路斯,就是伯特利。 他在那里筑了一座坛,就给那地方起名叫伊勒伯特利,因为他逃避他哥哥的时候,上帝在那里向他显现。利百加的奶母底波拉死了,就葬在伯特利下边的橡树底下,那棵树名叫忧伤的橡树(或作亚伦巴古)。雅各从叙利亚的美索不达米亚(或作巴旦亚兰)回来,上帝又向他显现,赐福与他,且对他说:你的名原是雅各,从今以后不要再叫雅各,要叫以色列。'①他被称为上帝,他现在是、将来也是上帝。"大家都认同这些依据,我就接着说:"此外还有些话,讲述这位既是天使又是上帝和主,曾作为人向亚伯拉罕显现,又化作人的样子与雅各摔跤的,在雅各逃避他哥哥以扫时如何被雅各看见,我认为也有必要向你们复述。这些话如下:'雅各出了别是巴,向哈兰走去。到了一个地方,因为太阳落了,就在那里住宿,便拾起那地方的一块石头枕在头下,在那里躺卧睡了。梦见一个梯子立在地上,梯子的头顶着天,有上帝的使者在梯子上,上去下来。耶和华站在梯子以上,说:我是耶和华你祖亚伯拉罕的上帝,也是以撒的上帝,我要将你现在所躺卧之地赐给你和你的后裔。你的后裔必像地上的尘沙那样多,必向东西南北开展,地上万族必因你和你的后裔得福。我也与你同在,你无论往哪里去,我必保佑你,领你归回这地,总不离弃你,直到我成全了向你所应许的。雅各睡醒了,说:耶和华真在这里!我竟不知道!就惧怕说:这地方何等可畏!这不是别的,乃是上帝的殿,也是天的门。雅各清早起来,把所枕的石头立作柱子,浇油在上面。他就给那地方起名叫伯特利(上帝的殿);但那地方起先名叫路斯。'②"

第五十九章 区别于与摩西交谈的父的上帝

我说完这些话,接着又说:"请允许我再引《出埃及记》里的话向你

---

① 《创世记》35:6—10。

② 《创世记》28:10—19。(七十士译本,Oὐλαμλούζ. Sept. 英译本,Luz)

们表明，为何这同一位，就是那既是天使、上帝、主，又是人，以人的样子向亚伯拉罕和以撒显现，①在荆棘中显现为火焰，与摩西说话的，是同一位。"他们说，他们会很高兴，有耐心，并且热切地想听，于是我接着说："以下这些话引自《出埃及记》：'过了多年，埃及王死了。以色列人因做苦工，就叹息哀求，'②云云，一直到'你去招聚以色列的长老，对他们说：耶和华你们祖宗的上帝，就是亚伯拉罕的上帝，以撒的上帝，雅各的上帝，向我显现，说：我实在眷顾了你们，我也看见埃及人怎样待你们。'③"除了这些话，我还接着说："先生们，你们是否明白，这位上帝，就是摩西所说在火焰里向他说话的天使，就是向摩西宣称他是亚伯拉罕的上帝、以撒的上帝、雅各的上帝的那一位？"

第六十章 犹太人关于在荆棘中显现的那位的看法

特里弗说："我们从你所引用的经文里没有看出这一点，只看出在火焰中显现的是天使，而与摩西说话的是上帝。因此在那个异象中其实有两位，即天使和上帝彼此伴随。"

我再次回答说："我的朋友，就算这样吧，就算摩西所见的异象是天使与上帝相伴随，但前面所引的段落已经向你们证明，对摩西说他是亚伯拉罕的上帝、以撒的上帝、雅各的上帝的那位，不是万物之创造主上帝，而是曾向亚伯拉罕显现、服侍万物之创造者的旨意，也在审判所多玛时执行创造者的旨意的上帝。所以，即便如你们所说，有两位天使和上帝，但即便是稍有智力的人，也不会斗胆说，万物的创造者和父离开了高天上的一切事务，在地上一小块微不足道的地方被人看见。"

特里弗说："前面已经证明，那被称为上帝和主、向亚伯拉罕显现

---

① 有的推测"雅各"，有的在"以撒"后面插入"雅各"。[《创世记》22 章。耶和华使者无疑既被以撒看见，也被他父亲看见。]

② 《出埃及记》2:23。

③ 《出埃及记》3:16。

的，是从那在天上的主那里领了命，降祸于所多玛。既然如此，那么，尽管有一位天使陪伴那位向摩西显现的上帝，我们还是会认为，从荆棘中与摩西说话的上帝不是万物之创造者，而是那已经亲自向亚伯拉罕、以撒和雅各显现的上帝，他也被称为、被理解为万物之创造者上帝的使者，因为他向人宣布万物之父、创造者的命令。"

我回答说："特里弗，现在我可以确定无疑地向你证明，在摩西的异象中，就是这同一位被称为天使且是上帝的，向摩西显现，与他说话。因为经上是这样说的：'耶和华的使者从荆棘里火焰中向摩西显现。摩西观看，不料，荆棘被火烧着，却没有烧毁。摩西说：我要过去看这大异象，这荆棘为何没有烧坏呢？耶和华上帝见他过去要看，就从荆棘里呼叫摩西。'①同样，圣经也这样称呼那在梦里向雅各显现的为天使，然后说，在梦里显现的该天使②对他说，'我就是在你逃避你哥哥以扫的时候向你显现的上帝'。在亚伯拉罕的日子审判所多玛时，他又说，主已将住在天上那位主的审判降下。同样，在这里，圣经在宣告耶和华的使者向摩西显现，并在后来宣称他就是主、上帝时，说的也是同一位上帝。圣经通过许多已经引用的证据，宣告这位上帝乃是那位超乎世界之上、在他之上再无上帝的上帝的执事。"

第六十一章　智慧生于父，就如同火生于火

我说："我的朋友们，我还要给你们举出一个圣经证据，证明上帝在一切造物还未有之先就生了一位为开端的；③他是出于上帝自身的某种理性权能，圣灵时而称之为主的荣光、圣子、智慧、天使，时而又称为

---

① 《出埃及记》3:2—4。
② 《创世记》35:7。
③ 或作"在起初，在众生之前。"查士丁提到约书亚（i.13—15）的话值得特别注意，因为他认为真正的约书亚（耶稣）才是那实体，是真正"救恩的元帅"，而这位约书亚不过是他的一个影子(《希伯来书》4:8)、预表、担保。见第六十二章。

上帝、主、逻各斯一道。还有一次，他自称为元帅，就是在他以人的形状向嫩的儿子约书亚显现的时候。所有这些名字都可作他的称呼，因为他执行父的旨意，且他是借着意志的行动①由父所生。我们看到，②在我们中间也发生了一样的事。当我们说出某个词时，我们就生了这个词。但这种生不是把这个词切除，结果我们一说这个词，住在我们身上的词就少了一块。这正如我们看到火的情形，火点燃另一团火之后，自身并不减少，还是同一团火；那被它点燃的同样自足存在，并不对点燃它的那火有任何减损。智慧的道——他本身是万物之父所生的这位上帝，是生他那位的话语、智慧、权能和荣光——会为我作见证，因他借所罗门之口说了以下这段话：'我若向你们宣称每日发生的事，我必想起亘古的事，一一回顾它们。在耶和华造化的起头，在太初创造万物之先，就有了我。从亘古，从太初，未有世界以前，我已被立。没有深渊，没有大水的泉源，我已生出。大山未曾奠定，小山未有之先，我已生出。耶和华还没有创造大地和田野，并世上的土质，我已生出。他立高天，我在那里。他御风登上宝座，他上使穹苍坚硬，下使渊源稳固，立定大地的根基。那时，我在他那里为工师，我就在他所喜爱的事物里，也常常在他面前踊跃，因为他喜乐完成了可住的世界，也喜悦人的众子。众子啊，现在要听从我，因为凡听从我，谨守我道的人，日日在我门口仰望，在我进入的门框旁边观看的，便为有福。因为我发出，乃是生命的发出，我的意愿是主耶和华预备的。得罪我的，却害了自己的性命；恨恶我的，都喜爱死亡。'③"

第六十二章　"我们要造人"这话与《箴言》提供的证据吻合

"我的朋友，摩西记载的上帝的话也表达出同样的观点。论到所指的

---

① 此处意志或意愿的行动乃由父一方所为。
② 或作"我们岂不看到"，云云。
③ 《箴言》8:20 以下。

那位，①这话指示我们，上帝在造人时也是以完全同样的方式说话，且是这样说的：'我们要照着我们的形像，按着我们的样式造人，使他们管理海里的鱼、空中的鸟、地上的牲畜和全地，并地上所爬的一切昆虫。上帝就照着自己的形像造人，乃是照着他的形像造男造女。上帝就赐福给他们，又对他们说：要生养多多，遍满地面，治理这地。'②你们也许会削弱所引经文的说服力，重新搬出你们的教师的解释：要么，上帝是对自己说'我们要造'，正如我们打算做某事时常常对自己说'我们要做'；要么，上帝是对诸元素，即土和其他类似物质——我们相信人就是由这些物质构成的——说'我们要造'。为了避免这一点，我要再次引用摩西亲自叙述的话，从这些话我们可以无可置疑地知道，上帝是在与另外一位与他自身有别的理性存在者说话。摩西的话说：'耶和华上帝说：亚当已经与我们相似，能知道善恶。'③因此，摩西这里说'与我们相似'，就是指出有多个位格相联合，至少有两位。因为我可不会说，那据说在你们中间④流传的异端教义是对的，或说教导这种教义的人能够证明上帝[这里]是在对天使说话，或者人的身体构造是天使的手艺。这位实在是从父生出的后裔，他在一切受造还未有之前就与父同在，父也与他亲密交谈；正如圣经也借着所罗门之口表明，所罗门称为智慧的这位，在父的一切受造物还未有以先，就被父生为开端、为上帝的后裔。上帝借嫩的儿子约书亚所给的启示中也指示了同样的事。因此，请听下

---

① 由于查士丁认为道是宇宙的开端，所以他认为摩西用"起初"这个词是在暗指道，就如许多其他作家那样。因此，他在《第一护教篇》第二十三章也说，摩西宣称道"先由上帝生出"。如果这种解释还是不能令人满意，那么这里也可读作"论到我已经指明的那位"。
② 《创世记》1：26—28。
③ 《创世记》3:22。
④ 或作"我们中间"。Maranus 反对这种读法，理由如下：（1）犹太人有自己的异端，这些异端为基督教异端。尤其是 Manander 和 Saturninus 提供了很多思想资源。（2）查士丁在这里驳斥的教派认为，上帝[在《创世记》这里]是对天使说话。但这是那些天使，如 Manander 和 Saturninus 杜撰的，"他们自己提议，说，我们要造"，等等。（3）διδάσκαλοι 这个术语与拉比很相称，所以查士丁经常这样称呼他们。（4）那些教导者之所以把这话解释成出自天使之口，似乎不是出于别的原因，只是为了抹去能证明上帝有多位格的证据。

面引自《约书亚记》的话,你们就会明白我所说的意思。这话如下:'约书亚靠近耶利哥的时候,举目观看,不料,有一个人手里有拔出来的刀,对面站立。约书亚到他那里,问他说:你是帮助我们呢?是帮助我们敌人呢?他回答说:不是的,我来是要作耶和华军队的元帅。约书亚就俯伏在地下拜,说:我主有什么话吩咐仆人?耶和华军队的元帅对约书亚说:把你脚上的鞋脱下来,因为你所站的地方是圣的。耶利哥的城门因以色列人就关得严紧,无人出入。耶和华晓谕约书亚说:看哪,我已经把耶利哥和耶利哥的王,并大能的勇士,都交在你手中。'①"

第六十三章 证明这位上帝道成肉身

特里弗说:"我的朋友,这一点已经通过许多证据有力地向我证明了。接下来的事就是要证明他按照他父的旨意,顺服地由童女生而为人,被钉十字架,且死了;也要清楚地证明他之后又复活、升天了。"

我回答:"我的朋友,我在前面所引的预言里也证明了这一点。为了你们的缘故,我再对这些作一回顾和阐释,尽力引导你们在这个问题上也同意我的观点。以赛亚记载说,'谁能诉说他的世代?他的性命从地上被夺去'②,你们难道不认为这话就是指那位并非人的后裔、但据说要被上帝为人的罪孽而交与死地的吗?摩西用比喻谈到他的血,说(如前文提到的)他要在葡萄汁里洗衣裳,因为他的血并非源于人的种子,乃是出于上帝的旨意。又有借着大卫的话说:'在晨星升起之前,在你的神圣之光辉中,我从母腹生你。'③耶和华起了誓,决不后悔,说:你是照着麦基洗德的等次永远为祭司。'④这经文岂没有指示你,他源于远古,⑤

---

① 《约书亚记》5:13—6:1、2。
② 《以赛亚书》53:8。
③ 请注意这节优美的译文,《诗篇》110:3。
④ 《诗篇》110:4。
⑤ ἄνωθεν,拉丁文作 antiquitus;Maranus 赞同后一种读法。

但上帝万物之父却定意让他从人的肚腹出生吗？他还用另外的话，也都是已经引用过的话，说：'上帝啊，你的宝座是永永远远的，你的国权是正直的。你喜爱公义，恨恶罪恶，所以上帝，就是你的上帝，用喜乐油膏你，胜过膏你的同伴。你的衣服都有没药、沉香、肉桂的香气，象牙宫中有丝弦乐器的声音，使你欢喜。有君王的女儿在你尊贵妇女之中；王后佩戴俄斐金饰站在你右边。女子啊，你要听，要想，要侧耳而听，不要记念你的民和你的父家，王就羡慕你的美貌，因为他是你的主，你当敬拜他。'①可见，这些话都清楚地证明，确立这些事②的上帝见证他配得敬拜，他是上帝，也是基督。此外，'女子啊，你要听，要想，要侧耳而听，不要记念你的民和你的父家，王就羡慕你的美貌，因为他是你的主，你当敬拜他'，这话同样清楚地宣告，上帝的话是对那些作为一个人、一个会堂、一个教会信他的人说话，就如同对一个女子说话；同样，这话也是对源于他的名、分享他的名（因为我们被称为基督徒）的教会说的；这话还教导我们要忘掉我们祖宗古时的习俗。"

第六十四章　查士丁向否认自己需要这位基督的
犹太人举出另外的证据

　　特里弗说："你们这些外邦人，你们这些因他的名都被称为基督徒的人，让他被你们认作主、基督和上帝吧，如圣经宣称的；但我们是造出这位基督的上帝的仆人，我们不需要认信这位基督或敬拜他。"

　　对此我回答说："特里弗，假如我跟你一样好争辩、轻率，我就不继续与你交谈了，因为你并没有打算理解我所说的话，你光是不时地吹毛求疵。③但我畏惧上帝的审判，所以关于你们民中的任何人，他们中的一些人是否可以借着万军之主的恩典得救，我不说任何不合时宜的观

---

① 《诗篇》45:6—11。
② 指道成肉身等。
③ 直译为"只是磨尖了自己的[嘴皮子]好说点儿什么"。

点。因此，尽管你所行不当，我也会继续回答你提出的任何观点，回应你的任何反驳。事实上，我对哪个民族的人都是这样做的，只要他愿意与我一起考察这个话题，或者问我这个问题。因此，倘若你留意了我前面引用的圣经，就早该明白你们自己民中那些得救的人是借着这①人得救的，并分有他的份；这样你也就自然不会再问我这个问题了。我要再次复述前面引过的大卫的话，并恳请你们理解这些话，而不要不讲道理，挑动彼此尽顾着争论。大卫说的话如下：'耶和华作王，万民当战抖！他坐在二基路伯上，地当动摇！耶和华在锡安为大，他超乎万民之上。他们当称赞他大而可畏的名，他本为圣！王有能力，喜爱公平，坚立公正，在雅各中施行公平和公义。你们当尊崇耶和华我们的上帝，在他脚凳前下拜。他本为圣！在他的祭司中有摩西和亚伦，在求告他名的人中有撒母耳。他们求告耶和华，他就应允他们。他在云柱中对他们说话。他们遵守他的法度和他所赐给他们的律例。'②还有大卫的其他话，前文都引用过，由于写着是给所罗门的，你们就愚蠢地以为是指所罗门——从所有这些可以证明，这位基督在有太阳之前就存在，你们民中那些得救的都是借着他得救的。这些话如下：'上帝啊，求你将判断的权柄赐给王，将公义赐给王的儿子。他要按公义审判你的民，按公平审判你的困苦人。大山小山都要因公义使民得享平安。他必为民中的困苦人伸冤，拯救穷乏之辈，侮辱那诽谤人的。太阳还存，月亮还在，人要敬畏你，直到万代'，等等；'他的名要存到永远，要留传如日之久。人要因他蒙福，万国要称他有福。独行奇事的耶和华以色列的上帝，是应当称颂的。他荣耀的名也当称颂，直到永远。愿他的荣耀充满全地。阿们，阿们！'③从大卫的其他话，也是我引用过的话，你们应当记得，圣经如何宣告他要从高天上出来，又回到同样的地方去，好叫你们认出他

---

① 或作"这一个"。
② 《诗篇》99:1—7。
③ 《诗篇》72:1—5、17—19。

是从上面降下的上帝，又是住在人中的人；还有圣经如何宣告他要再次显现，扎他的人要看见他，并为他痛哭。这些话如下：'诸天诉说上帝的荣耀，穹苍传扬他的手段。这日到那日发出言语，这夜到那夜传出知识。无言无语，也无声音可听。它的量带通遍天下，它的言语传到地极。他在太阳里设置自己的居所，他如同新郎出洞房，必如勇士欢然奔路。他从高天出来，又回到高天，没有一物被隐藏不得他的热气。'①"

第六十五章　犹太人反驳说，上帝没有将他的荣耀给另一位。查士丁解释这段话

特里弗说："我被这么多经文摇动②，不知道对以赛亚记载的经文说什么好了；在这段经文里，上帝说他不把自己的荣耀归给别神，他的话是这样说的：'我是耶和华，这是我的名。我必不将我的荣耀归给假神，也不将我的美德归给别神。'③"

我回答说："特里弗，如果你说完这些经文后就闭口不语，心思单纯，不怀恶意，既不复述前面的，也不添加后面的，那你必定得到宽恕。但如果你这样做是因为你幻想着可以质疑这段话，好叫我得出圣经自相矛盾的结论，那你就错了。圣经自相矛盾，这样的话我可不敢说，也不敢妄然设想。如果你举出某段看起来这样自相矛盾的经文，而且有某种理由说这段经文与另一段意思矛盾，那么我宁可承认，那是由于我没有理解经上所记的，并且努力说服那些以为圣经自相矛盾的人也采纳我这样的观点，因为我完全相信没有任何两句经文会互相矛盾。至于你为何提出这个难题，上帝知道你的动机。但我要提醒你，即使从这个地方你也可以知道，上帝只把荣耀赐给他的基督。先生们，我会举出一些简短的段落，与特里弗所说的有关联，并且顺序上也连续的经文。我不

---

① 《诗篇》19:1—6。
② 直译作"纠缠"。
③ 《以赛亚书》42:8。

会再复述另外部分,只提出那些彼此关联的经文。也请你们集中注意力。这段经文如下:'创造诸天,铺张穹苍,将地和地所出的一并铺开,赐气息给地上的众人,又赐灵性给行在其上之人的上帝耶和华,他如此说:我耶和华凭公义召你,必搀扶你手,保守你,使你作众民的中保,作外邦人的光,开瞎子的眼,领被囚的出牢狱,领坐黑暗的出监牢。我是耶和华,这是我的名。我必不将我的荣耀归给假神,也不将我的美德归给雕刻的偶像。看哪!先前的事已经成就,现在我将新事说明,这事未发以先,我就说给你们听。航海的和海中所有的,海岛和其上的居民,都当向耶和华唱新歌,从地极赞美他。旷野和其中的城邑,并基达人居住的村庄都当扬声;西拉的居民当欢呼,在山顶上呐喊。他们当将荣耀归给耶和华,在海岛上传扬他的美德。万军之主耶和华必发出,必彻底摧毁战争,必激动热心,必大声有力地向敌人喊叫。'①"我复述完这段经文后,对他们说:"我的朋友们,你们看到了吗?上帝说他要将荣耀赐给他确立为外邦人之光的那位,而不给别的什么人;上帝不像特里弗所说的那样,只把荣耀留给自己。"

于是特里弗说:"这一点我们也明白了,那么请接着讨论余下的问题。"

第六十六章 他根据《以赛亚书》证明上帝由童女所生

之前当我回到早先放下的话题②,证明他由一位童女所生,且他由童女所生这事已有以赛亚作了预言时,就曾引用了同一处预言如下:"耶和华又晓谕亚哈斯说:你向耶和华你的上帝求一个兆头,或求显在深处,或求显在高处。亚哈斯说:我不求,我不试探耶和华。以赛亚说:大卫家啊,你们当听!你们与人争斗岂算小事,还要与耶和华争斗吗?

---

① 《以赛亚书》42:5—13。
② 第四十三章。

因此，主自己要给你们一个兆头，必有童女怀孕生子，给他起名叫以马内利。到他晓得弃恶择善的时候，他必吃奶油与蜂蜜。因为在这孩子还不晓得善恶之前，他就弃恶择善。在这孩子不知道叫父叫母之前，他就要接受大马士革的权柄，并在亚述王面前毁灭撒玛利亚。你所憎恶的那二王之地必致见弃。但上帝必使亚述王攻击你的日子临到你和你的百姓并你的父家。自从以法莲离开犹大以来，未曾有这样的日子。'①"我又说："现在大家都知道了，在按肉身算的亚伯拉罕支派里，除了我们这位基督，还不曾有过，也没听说过有人生于童女。"

第六十七章　特里弗将耶稣与珀耳修斯相比，倾向于说耶稣是因守律法而被拣选为基督。查士丁谈到律法时观念如前

特里弗说："圣经没有说'看哪，童女要怀孕生子'，而是说'看哪，年轻女子要怀孕生子'，如你所引用的。但整个预言是指希西家，事实也证明这预言都照样在他身上应验了。此外，在那些称为希腊人的神话中记载着，珀耳修斯由童贞女达娜厄（Danae）所生，因为希腊人称为宙斯的那位神化作金雨降到她身上。你应该感到可耻，因你说出的话与他们类似。你应该说，这位耶稣是生于人的人。如果你从圣经证明他是基督，并且是由于他过的生活合乎律法，完全无瑕，所以才配得被拣选做基督，那倒也好；你不要贸然说些怪异的现象，免得人以为你像希腊人一样在说蠢话。"

对此我说："特里弗，我希望能够用简短的话说服你和众人相信：哪怕你以嘲讽、讥笑的口气说出更难入耳的话，也不可能动摇我坚定的意志，我总是会从你以为可以提出来证明你的观点的话里引出证据，来证明我一直用圣经证明的观点。然而，你却行得不正、不诚实，你试图抹杀我们一直彼此认同的那些看法，即摩西是由于你们的百姓心里刚硬才

---

① 《以赛亚书》7:10—17。

制定了某些诫命。你说,即便他被证明是基督,那也是因为他按照律法生活,才被拣选,成了基督。"

特里弗说:"但你也曾向我们承认,①他不但受割礼,也遵守摩西规定的其他律法仪式。"

我回答说:"我前面承认这一点,现在也承认。但我也承认,他之所以忍受这一切,并不是说他因这些而称义,而是因为他要成全他的父、万物之创造者、主上帝希望他成全的工作。我承认,他承受了被钉十字架,承受了死和道成肉身,也承受了凡你们的民加给他的苦难。但由于你对刚刚认可的事又不认可了,所以特里弗,请回答我:那些为义人的族长,他们生活在摩西之前,一样也没有奉行从摩西才开始制定下来、由圣经所指示的律例,那他们是否得救了呢,是否承受了蒙福之人的产业?"

特里弗说:"根据圣经,我必须承认这一点。"

我说:"同样,我再问你,上帝吩咐你们的祖宗献上供物和牺牲,是因为他需要这些东西呢,还是因为他们心里刚硬,常要去拜偶像呢?"

他说:"对于后面这一点,根据圣经,我们也必须承认。"

我说:"同样,圣经难道没有预言,除了在何烈山(西奈山)上颁布的约,上帝应许还要颁布一个新的约?"

他回答说,这也是预言了的。

然后我又说:"当上帝把旧约加给你们祖宗时,他们不是又恐惧,又战兢,甚至无法倾听上帝的声音吗?"

他也承认了。

我说:"然后呢?上帝应许必有另一个约,与旧的约不同,又说这约加给他们时没有恐惧、战兢,也没有闪电;倒是要指示给人知道,上帝

---

① 我们没有看到查士丁在哪里承认这一点。但不是说他承认这一点的那个段落佚失了,如 Perionius 所怀疑的。 因为有时候查士丁会提到别处的段落,而实际上那里找不到。 ——Maranus

知道怎样的命令和行为是永恒的、适于万民的,并知道他已赐下怎样的诫命,以俯就你们这心里刚硬的民——如他借着众先知所宣称的。"

"对于这一些,"他说,"那些热爱真理,而不是热衷于争吵的人必会认可。"

于是我说:"我不知道你怎么倒说及热衷争吵的人,因为你本人显然常常这样做,出尔反尔,前后矛盾。"

第六十八章 他批评特里弗的固执,回答特里弗的反驳,指责犹太人的不信

特里弗说:"你在力图证明一件不可思议、几乎不可能的事,即上帝竟忍受了出生而成为人。"

我说:"如果我是用人的种种理论或者证据来证明这一点,你们肯定不会容忍我。但如果我是不断引用圣经——有这么多经文提到这件事——并要求你们去思考这些经文,那就是你们的心硬,认不出上帝的心思和意愿。你们要想永远这样刚硬,我并不会受到任何伤害,我会永远保留遇到你们之前所持的观点,并离你们而去。"

特里弗说:"你看,我的朋友,你经过艰苦的努力和工作,使自己成了这些真理的师傅。①因此,我们也必须勤勉地考察我们所遇到的一切问题,以便认同圣经要求我们相信的那些事呀!"

对此我说:"我并非不许你尽一切所能、真诚地考察所探讨的问题,我只是要求你在没话可说的时候,不要再反驳那些你曾说你已经认可的事。"

特里弗说:"我们尽力而为吧。"

我接着说:"除了我刚刚提出的问题,我希望提更多的问题,因为我将通过这些问题努力使讨论快点结束。"

---

① 注意特里弗承认得彬彬有礼,而且双方都认为他们有责任查考圣经。

特里弗说:"你问吧。"

我说:"除了万物之创造者和基督,就是许多经文都向你们证明已经成了人的基督之外,你们是否认为在圣经里,还有哪一位配得崇拜、配称为主和上帝的?"

特里弗回答:"我们怎么还会承认这一点呢,既然对于除了独一的父以外是否还有别神这个问题,我们已经作了如此卓越的探讨?"

我又说:"我必须问你们这个问题,以便搞清楚你们是否对不久前承认的事变卦了,产生了不同看法。"①

他说:"没有,先生。"

我说:"既然你们很肯定地承认这些事,而且圣经也说,'谁能述说他的世代?'——那么现在,你们不就应当承认他不是出于人类的后代吗?"

特里弗说:"那么为何道(the Word)对大卫说,上帝要从他的腰部生出自己的儿子,要建立他的王国,要叫他坐在他荣耀的宝座上?"

我说:"特里弗,如果以赛亚说的预言,'看哪,童女要怀孕',不是指着大卫家说的,而是指着十二支派中的别家说的,那这个问题可能会有点棘手。但既然这一预言就是指着大卫家说的,以赛亚就解释了上帝用奥秘对大卫说的事将会怎样发生。不过,我的朋友们,你们或许没有意识到一点,即有许多写得很隐晦或者以寓言、奥秘的方式记载的话,也有许多象征性的动作,都由生活在说这些话或做这些事的人之后的先知作出了阐释。"

"没错。"特里弗说。

"所以,如果我表明以赛亚的这则预言是指向我们的基督,不是如你们所说的那样,指向希西家,那我是不是在这个问题上也强迫你们不相信你们自己的老师呢?因他们竟敢说,你们在埃及王托勒密那里的七十

---

① τέως:拉丁文武加大译本。παρά Θεῷ, vitiose.——Otto

长老所作出的解释在某些方面不对！圣经里某些话明确宣告他们所持的观点是愚蠢而虚妄的，但他们胆敢说这些话原本不是这么写的。还有些话，他们则妄想着可以歪曲它们，与人的行为调和。①他们说，这些话不是指着我们的这位耶稣基督说的，至于究竟指着谁说的，那就看他们高兴怎样解释了。比如，他们教导你们说，我们正讨论的这处经文是指向希西家的，对此，如我所保证的，我要表明他们是错误的。他们出于不得已，承认我们向他们提出的经文——明确证实基督要受苦、受敬拜、被称为上帝，我也已经向你们引用过这些经文——有些确实是指着基督说的，但他们又胆敢说这个人不是基督。不过他们承认，他将要受苦、做王、受人敬拜、成为上帝。②我会同样表明这样的观点是可笑而愚蠢的。但由于我必须首先回答你在玩笑中说的话，所以我会先回答你的玩笑，再回答随后的问题。"

第六十九章　魔鬼模仿真理，杜撰出巴克斯、赫拉克勒斯、医神阿斯克勒庇俄斯的寓言

我接着说："特里弗，请相信，人所说那称为魔鬼的在希腊人中所行的一些虚假之事，恰恰坚固了我对圣经的了解和信仰。这就像埃及术士也行过一些事，以利亚时代的假先知也行过另一些事。比如，希腊人说朱庇特的儿子巴克斯是朱庇特与塞墨勒（Semele）结合所生，说他是酒的发明者；他们还说，巴克斯被撕成碎片死后，又复活，升上了天。希腊人还把酒引入崇拜巴克斯的秘仪中——希腊人做这些事时，我岂看不出这是魔鬼模仿了借着族长雅各所宣告、由摩西记载的预言？他们说赫拉克勒斯很强壮，曾游遍全世界，且是朱庇特从阿尔克墨涅（Alcmene）所生的儿子，死后升上了天——我岂看不出这同样模仿了圣经说到基督的

---

① 文本有讹误，人们提出了各种各样的修改。
② 或作"被拜为上帝"。

话'如勇士欢然奔路'①?当他[魔鬼]提出阿斯克勒庇俄斯使死人复活,是医治各种疾病的神医,我不可以说这件事同样是在模仿指着基督的预言吗?但我既然尚未向你们引用过说明基督也做这类事的经文,我就有必要提请你们注意一段这样的经文,从这段经文你们能够明白,那些原本对上帝一无所知的人(我指的是外邦人),这些人'有眼却不能看,有心却不明白',崇拜木头所制的偶像——甚至对这样的人,圣经也如何预言到他们将抛弃这些虚妄,来仰望这位基督。经上是这么写的:'旷野和干旱之地必然欢喜,沙漠也必快乐,又像百合花,必开花繁盛,约旦的旷野必开花,而且欢乐。黎巴嫩的荣耀并迦密的华美,必赐给它。人必看见耶和华的荣耀,我们上帝的荣耀。你们软弱的手要强壮,无力的膝要稳固。你们胆怯的人要得安慰:要刚强,不要惧怕。看哪,我们的上帝作出并且必会作出审判,给予报应。他必来拯救我们。那时瞎子的眼必睁开,聋子的耳必开通;那时瘸子必跳跃像鹿,哑巴的舌头必能歌唱;在旷野必有水发出,在沙漠必有河涌流。烤焦的地面要变为水池,干渴之地要变为泉源。'②在不认识上帝的荒漠之地,也就是外邦人的国土上,从上帝涌出的活水泉源就是这位基督,他也显现在你们民中,医治那些生来残疾、生来是聋子、瘸子的人,让他们借着他的道能跳、能听、能看。他使死人起来,让他们复活,借着自己的作为,使当时的人不能不认出他是谁。然而,他们尽管看见了这种种工作,却说这是魔法妖术。他们还胆敢叫他术士,说他是蒙骗百姓的骗子。然而,他所做的这些工作,也使那些预定要信他的人信服了。即使有人为身体的残缺所苦,只要这人遵守他所发出的教导,那么在他二次降临的时候,他必叫这人成为不死、不朽坏且毫无忧愁的,后来还要叫他复活,成为健全而毫无瑕疵。"

---

① 《诗篇》19:5。
② 《以赛亚书》35:1—7。

第七十章　密特拉秘仪也由曲解但以理和以赛亚的预言而来

"那些记载密特拉秘仪的人说，他从岩石所生，还把那些相信他的人所居住的地方称为岩洞，对此，我岂看不出他们是在模仿但以理的话，即有一块石头不借人手从大山凿出，并看出他们还试图模仿以赛亚的整段①话呢？②因为它们③蓄意叫他们④也引用公义之言。但我必须向你们复述所提到的以赛亚的话，好叫你们从中知道这些事确实如此。'你们远方的人当听我所行的；你们近处的人当承认我的大能。锡安中的罪人都剔除了，不敬虔的人被战兢抓住。谁能向你们宣告永恒的住所？行事公义，说话正直，憎恨罪恶与不义，摆手不受贿赂，塞耳不听流血的不公论断，闭眼不看邪恶事的，他必居于高处磐石的洞里；他的粮必不缺乏，他的水必不断绝。你的眼必看见王有荣耀，必见辽阔之地。你的心必孜孜追求对耶和华的敬畏。文士在哪里？策士在哪里？数算被喂养者（无论尊大或渺小）数目的在哪里？他们不曾与他商议，也不知深渊之声，所以他们听不见。这民堕落败坏，听到的也不能懂得。'⑤显然，在这则预言里提到我们基督给我们吃⑥的粮，是记念他为信他的人成了肉身，他也为这些人受苦；提到他给我们喝的怀，是以感恩的心记念他［为这些人流出］自己的血。这则预言证

---

① 这里的文本作 παῦτα ποιῆσαιὁμοίωζ。Maranus 认为应是 'Hσαί ov for ποιῆσαι，我们也照此翻译。
② 查士丁是说，密特拉的祭司们整段模仿了下文将要引用的以赛亚的话。为证明这一点，只要举一个词就够了，即公义的律例。密特拉的祭司常把这个词与密特拉相连，就像以赛亚会说"他行在公义里"，云云。查士丁略过了其他很多段落，因为那些段落容易理解，意思很明显。由于密特拉就是火，它显然对应于以赛亚所讲的火。查士丁既然已经提醒那些人此教的说，据说他们是密特拉亲领入教的，也就不必再提醒他们这里模仿的是以赛亚的话："你们必看见荣耀的王。"以赛亚提到饼和水，因此，查士丁见证说，在这些密特拉的秘仪里，也有饼和一杯水放在人面前（《第一护教篇》）。——Maranus
③ 即众鬼魔。
④ 密特拉教的祭司们。
⑤ 《以赛亚书》33：13—19。
⑥ "吃"直译为"作"，ποιεῖν。［之所以有人不断地对基督徒提出可怕的指控，说他们嗜血，可能是由于圣餐礼。见 Kaye, *Illustrations from Tatian, Athenagorus, and Theoph. Antioch*, cap. IX. p. 153。］

明，我们必看见这位王有荣耀；预言中的话也高声宣告，被预知要信他的人，也被预知要勤力寻求敬畏主之心。此外，这些经文同样清楚地说，那些以了解圣经闻名的人，那些听到预言的人，都是没有聪明。特里弗啊，"我说，"当我听到珀耳修斯由童女所生，我就明白，原来这事也是诱骗人的蛇伪造的。"

第七十一章　犹太人拒绝七十士希腊译本的解释，还从中删去了一些段落

"我绝不会相信你们的教师，他们拒不承认由埃及王托勒密那里的七十位长老翻译的圣经是正确的，还企图炮制出另外一个译本。我希望你们注意，他们从托勒密那里的七十位长老的译本中删除了很多经文，而且可以证明，这些经文明确阐明了这被钉十字架的人既是上帝又是人，他被钉十字架，受死。但我知道你们整个民都否认这事，所以我不会直接谈这些，而要继续①通过你尚认可的经文来展开我的讨论。你同意我前面提请你留意的那些经文，除了一句是你所反对的，即'看哪，童女要怀孕生子'，你说这话应该读作'看哪，年轻女子要怀孕生子'。我说过，我一定会证明这预言并非如你们的教师所言是指着希西家说的，而是指着我们的这位基督说的。现在我就要提出证据。"

听到这里特里弗说："我们要求你首先给我们举出一些你声称被彻底删除了的经文。"

第七十二章　犹太人从《以斯拉记》和《耶利米书》里删除的段落

我说："我会照你们的心意办的。从以斯拉提到逾越节律法的话里，他们删去了如下一段：'以斯拉对百姓说，这逾越节就是我们的救主，我们的避难所。你们若明白，相信我们必在杆子上羞辱他，并且此后还要

---

① 或作"我宣布要"。

盼望他,那么这地就不致永远见弃,这是万军之上帝说的。但你们若不相信他,也不侧耳听他的指示,就必成为万民的笑柄。'①他们还从耶利米的话里略去如下一段:'我像羊羔被牵到宰杀之地;他们设计谋害我,说:我们把木头加在他的饼上吧!将他从活人之地剪除,使他的名不再被记念。'②《耶利米书》里的这段话至今还记载在犹太会堂的一些圣经抄本里(这些话被删去还没多久),而且,这些话证明犹太人对基督本人作过仔细谋划,要把他钉十字架,置其于死地。所以他既如以赛亚的预言所宣告的,如绵羊被牵到宰杀之地,也如这段经文所描绘的,是无辜的羔羊。但他们因对这些经文感到费解,就任意亵渎它们。另外,同样是耶利米的话,被删去的还有:'耶和华上帝记念他死去的以色列民躺卧在坟墓中;他亲自降下向他们传讲他自己的救恩。'③"

第七十三章　《诗篇》95篇"从木头上"的话被删去

"《诗篇》95篇大卫的话中有一个短语'从木头上'也被他们删去了。④原话说:'人在列邦中要说:耶和华从木头上作王',结果变成'人在列邦中要说:耶和华作王了。'要知道,你们民中从来不曾有谁,经上说他作为上帝和主在列邦中作王了,唯有那被钉十字架的;圣灵也在同一篇诗里证实他已复活,脱离坟墓,并宣告列邦诸神中都没有哪个像他一样,因为那些全是属鬼魔的偶像。不过我要复述这整篇诗,好叫你能明白以上所说的。《诗篇》说:'你们要向耶和华唱新歌,全地都要向耶和华歌唱。要向耶和华歌唱,称颂他的名,天天传扬他的救恩。在列邦中述说他的荣耀,在万民中述说他的奇事。因耶和华为大,当受极大的

---

① 不知道该段落的出处。
② 《耶利米书》11:19。
③ 我们的圣经里没有这段话。Iren. iii. 20 引用时归于以赛亚名下,iv. 22 引用时则归于耶利米名下。——Maranus
④ 这几个词不是犹太人删掉的,而是某个基督徒加上的。——Otto[此话未经证实。](这里说的《诗篇》95篇是和合本《诗篇》96篇。——中译者注)

赞美，他在万神之上，当受敬畏。外邦的神都属虚无，惟独耶和华创造诸天。有尊荣和威严在他面前，有能力与华美在他圣所。民中的万族啊，你们要将荣耀能力归给耶和华，都归给耶和华。要将耶和华的名所当得的荣耀归给他，拿供物来进入他的院宇。全地要在他面前战抖，人在列邦中要说：耶和华作王。①因为他立了世界，世界不得动摇；他要按公正审判众民。愿天欢喜，愿地快乐！愿海和其中所充满的澎湃！愿田和其中所有的都欢乐！那时，林中的树木都要在耶和华面前欢呼。因为他来了，他来要审判全地。他要按公义审判世界，按他的信实审判万民。'"

听到这里特里弗说："是否如你所说，百姓中的君长删掉了一些经文，上帝知道；但这显得不可思议。"

"当然，"我说，"的确显得不可思议。因为这比他们吃饱了地上的吗哪铸造出牛犊更可怕，比向鬼魔祭献孩子、比杀死先知更可怕。不过，"我说，"你似乎还没听说过我所说的被他们偷偷删掉的经文。但我已经引过的经文已绰绰有余，足以证明我们讨论的问题；此外，我们②还有一些保留经文，但也要提出来的。"

第七十四章　特里弗认为《诗篇》96篇开头是讲父，其实"人在列邦中要说：耶和华"等语是在讲基督

特里弗说："我们知道你引用这些话是因为我们向你提出了问题。但在我看来，你最后引用的这篇诗，大卫所说的话，不是指向别的，正是指向父，创造天地的创造者。然而你却断言说是指曾经受苦的那一位，也就是你热切想要证明其就是基督的那一位。"

我回答说："当我谈到这篇诗里圣灵讲的话时，我要恳请你们留心听

---

① 很奇怪，这里没加上"从木头上"。不过，抄经员在这些事上的胆大妄为是众所周知的。——Maranus
② 很多人认为这里应作"你们"。

我，这样你们就会知道我说得并无过错，而且我们①也并非真的受了迷惑。且这样一来，你们就能使自己明白圣灵说的其他话。'你们要向耶和华唱新歌，全地都要向耶和华歌唱。要向耶和华歌唱，称颂他的名，天天传扬他的救恩。在列邦中述说他的荣耀，在万民中述说他的奇事。'他吩咐住在全地上、知道这救恩奥秘（即知道基督借受难拯救他们）的人要歌唱称颂上帝、万物之父，要承认他当受赞美和敬畏，他是天地的创造者，他替人类作成了这救恩，他曾被钉十字架受死，他也被上帝看为配得做王治理全地。这一点，从他曾说要带你祖宗进去的地土也[可清楚地看出②]；他这样说道③：'这百姓要随从外邦神行邪淫离弃我，违背我那日与他们所立的约。我也必离弃他们，掩面不顾他们，以致他们被吞灭④，并有许多祸患灾难临到他们。那日他们必说：因为我们的上帝不在我们中间，这些祸患才临到我们。那时，因他们偏向别神所行的一切恶，我必定掩面不顾他们。'⑤"

第七十五章　《出埃及记》里证明耶稣就是上帝的名

"此外，我们在《出埃及记》中也可看到，上帝自己的名——他说这名不曾向亚伯拉罕或雅各启示出来——就是耶稣，并借着摩西隐秘地指示出来。经上是这样写的：'耶和华对摩西说：你要向这民这样说：看哪，我差遣使者在你前面，在路上保护你，领你到我所预备的地方去。你们要在他面前谨慎，听从他的话，不可违背他，因为他必不会背弃你们，因他是奉我名来的。'⑥所以你们要明白，领你们祖宗进那地的，就

---

① Maranus 认为，这里用"你们"比"我们"要好得多。
② 这里有缺漏。编者采用了 Maranus 建议的补文。[关于这章与下章之间漏掉的内容，批评者各有所见，但本笃会的编者看不到有什么证据证明他们的正确。]
③ 《申命记》31:16—18。
④ 直译作"作食物"。
⑤ 第一次对话似乎到此告一段落。[对话持续了两天。但研究者应参考 Kaye 广征博引的学术注释 (*Justin Martyr*, p.20, Rivingtons, London, 1853).]
⑥ 《出埃及记》23:20、21。

以耶稣这名来称他，这名先前也叫约书亚。①你们若明白这一点，就会明白那位对摩西说'他是奉我名来的'的，他就是耶稣。事实上，他也被称为以色列，雅各后来也改名为以色列。以赛亚向我们表明，那些从上帝那里差来宣告消息的先知，就称为上帝的使者、使徒；以赛亚在某处说'请差遣我！'②人人都可以看出，这位改了名的先知，耶稣[约书亚]，他有力而尊大。所以，如果我们知道上帝曾以如此众多的形式向亚伯拉罕、雅各、摩西显现，那么，对于他按照万物之父的旨意由童女出生这一点，我们怎么还困惑以至于不信呢？尤其是我们有这类③经文，可以清楚地看出他这样做是出于父的旨意！"

第七十六章　从其他段落证明基督的威严和治理

"当但以理说到'一个像人子的'领受了永恒之国时，不就是暗示这件事吗？因为他说，他显得'像人子'，他像人、也是人，但不是出于人的血统。当他谈到这块非用人手开凿出来的石头时，也是以奥秘的方式宣告同样的事。因为'不是人手开凿'表示它不是出于人的作品，而是出于万物之父和上帝的旨意，是他生了他。当以赛亚说，'谁能述说他的世代'，他的意思是说，他的出身无法述说。要知道，没有哪个出于人的人，其出身是不可述说的。当摩西说他要在葡萄汁里洗袍褂，这岂不是表明我现在频频告诉你们的是一个隐晦的预言，即他有血脉，但不是出于人，正如不是人而是上帝造了葡萄汁一样。当以赛亚称他为有大能谋略的使者时，④他岂不是在预言他要成为他来到世上所教导的那些真理的老师吗？唯有他公开教导那些大能的谋略。父设计这些谋略，既是为了所有曾经讨他喜悦以及将要讨他喜悦的人，也是为了那些背弃他意愿

---

① 《民数记》13:16。
② 《以赛亚书》6:8。
③ 或作"如此多的"。
④ 《以赛亚书》9:6，据七十士译本。

的，无论人和天使。他说：'他们从东从西来，在天国里与亚伯拉罕、以撒、雅各一同坐席；惟有本国的子民，竟被赶到外边黑暗里去。'① '当那日，必有许多人对我说：主啊，主啊，我们不是奉你的名吃喝、说预言，奉你的名赶鬼吗？我就告诉他们说：离开我去吧！'②他又用另外的话指责那些不配得救恩的人，说：'离开我，进入外边的黑暗，父为魔鬼和他的使者预备的地方去吧！'③又有另外的话说：'我已经给你们权柄可以践踏蛇和蝎子，又胜过仇敌一切的能力。'④所以，我们这相信我们主耶稣——他在本丢彼拉多手下被钉十字架——的人，我们会把一切鬼魔恶灵赶走，叫它们顺服于我们。因为即使先知隐晦地宣告了基督要受难，之后要成为万有之主，那样的宣告也不能为任何人理解，直到他亲自叫使徒信服圣经中已经明确地如此记载。因为他在被钉十字架之前呼喊说：'人子必须受许多苦，被长老、祭司长和文士弃绝，并且被杀，第三日复活。'⑤大卫预言他将照着父的旨意，在日月面前出生，⑥并叫人知道他是基督，是大能且当受敬拜的上帝。"

第七十七章　他回头解释以赛亚的预言

然后特里弗说："我承认如此这般伟大的论证很足以说服人，但我希望你知道，我要求你拿出证据来，就是你屡次说过要给我的证据。那就将这证据向我们阐明吧，好叫我们看到你如何证明那一段是指向你们的这位基督。因为我们认为这则预言是指着希西家说的。"我回答说："我会照你的心意去做。但请你自己首先向我证明，经上说的怎么是指着希

---

① 《马太福音》8:11—12。
② 《马太福音》7:22。
③ 《马太福音》25:41。
④ 《路加福音》10:19。
⑤ 《路加福音》9:22。
⑥ 查士丁用"日月"代替了"路西弗"(Lucifer)。（七十士译本《诗篇》110:3 与《箴言》8:27 的混合。Maranus 说，大卫确实有预言，但不是说基督要在日月面前由马利亚所生，而是说，他由童女所生这事要在有日月之前发生。

西家说的;这话说,在他不晓得叫父叫母之先,就在亚述王面前得了大马士革的权力和撒玛利亚的掳物。你们的解释是,希西家曾在亚述王面前与大马士革和撒玛利亚的居民开战,但经文的意思必不会向你们让步,因为预言的话说:'在这小孩子不晓得叫父叫母之先,他要将大马士革的权力和撒玛利亚的掳物,在亚述王面前取了去。'假如预言的灵没有加上一句说,"在这小孩子不晓得叫父叫母之先,他要将大马士革的权力和撒玛利亚的掳物取去",而只是说:'必生一个儿子,他要夺走大马士革的权力和撒玛利亚的掳物',那么你们倒可以说上帝预告说他要取走这些,因为他预先就知道这一点。但现在预言加了前面的话,说'这小孩子还不晓得叫父叫母之先,就要将大马士革的权力和撒玛利亚的掳物取去',而你们无法证明这样的事曾经发生在任何犹太人身上。但我们能够证明它发生在了我们的基督身上。因为在他出生的时候,东方三博士从阿拉伯来拜他,他们先是来到希律面前。当时希律统治着你们的土地,因为他是个不敬不虔、罪孽深重的人,圣经就称他为亚述王。你们知道,"我接着说,"圣灵常常通过比喻和寓言说这样的事,正如他屡次用比喻和寓言对耶路撒冷的百姓说:'你父亲是亚摩利人,你母亲是赫人。'①"

第七十八章 他证明从后面所写的话看,这则预言只与基督相吻合

"当时东方三博士从阿拉伯来到这位希律王面前,说他们从天空中出现的一颗星,知道有一个王诞生在你们国家,他们来就是要拜他。希律王从你们民中的长老得知,先知书里关于伯利恒这样写道:'伯利恒啊,你在犹大诸城中并不是最小的,因为将来有一位君王要从你那里出来,牧养我的民。'②也因此,阿拉伯的东方三博士来到伯利恒,拜那小

---

① 《以西结书》16:3。

② 《弥迦书》5:2。(参《马太福音》2:6——中译者注)

孩子，拿黄金、乳香、没药献给他。但他们没有回到希律那里，因为拜完伯利恒的这个孩子之后，他们在启示中得到警告，叫他们不要回去见希律。而马利亚的丈夫约瑟，因为她与另一个男人交合，即奸淫而怀孕，本想休了她，但他也在异象中接到命令，叫他不要休妻；天使向他显现，告诉他她所怀的胎是从圣灵来的。于是他惊惧，没有休她。但由于犹太地开始居里扭时期的第一次人口普查，约瑟就从他所住的拿撒勒城上去，到了他的祖籍伯利恒，在那里报名上册；因为他的家出于犹大支派，当时就定居在那个地区。后来，他又与马利亚一起受命迁到埃及，与孩子住在那里，直到另一个启示叫他们回到犹太地。但当孩子出生于伯利恒时，约瑟在村子里找不到旅店，就在附近的一个山洞里落下脚。当他们住在洞里时，马利亚生下了基督，把他放在马槽里；就是在这里，从阿拉伯来的东方博士找到了他。我已经向你们复述了以赛亚关于那山洞的记号所说的话，"我接着说，"但为了照顾今天与我们一起来的人，我要再次向你们提到这段经文。"然后我复述了以赛亚那段已经引过的话，并补充说，那些主持密特拉秘仪的人被魔鬼用这些话蛊惑，就说他们是在一个他们称为山洞的地方，由密特拉亲自引导入教的。"阿拉伯的东方三博士没有照希律的要求回到他那里，而是照着所吩咐他们的命令，拣别路回自己的本国去了。约瑟此时也按照天使向他们启示的，已经带着马利亚和孩子去了埃及。希律因不晓得东方三博士去拜的婴孩是哪个，就下令杀尽当时伯利恒四境所有的孩子。耶利米预言了这事的发生，他靠着圣灵这样说；'在拉玛听见号啕痛哭的声音，是拉结哭她儿女，不肯受安慰，因为他们都不在了。'①也就是说，由于从拉玛，即从阿拉伯（当时阿拉伯有一个地方叫拉玛）传来的声音，号啕哀哭将临到圣族长雅各——那位称为以色列的——之妻拉结埋葬的地方，即临到伯利恒；那时妇女将痛哭自己被杀的儿女，发生在她们头上的事无法得

---

① 《耶利米书》31:15。

到安慰。而以赛亚的话,'他必夺走大马士革的权力和撒玛利亚的掳物',则预告了基督一诞生,住大马士革的恶魔的权势就被基督战胜,结果证明这事也发生了。因为东方三博士原本借恶魔的能力行各种恶事,在捆绑中,他们前来敬拜基督,表明他们已经开始反抗那掳去他们的权势;圣经已让我们看到,这权势占据着大马士革。此外,那罪恶不义的权势也被恰当地比喻为撒玛利亚。①你们谁也不会否认大马士革原来属于、现在也属于阿拉伯地区,尽管现在它属于斜利腓尼基(Syrophoenicia)。所以先生们,你们从那些已经从上帝领受恩典的人,也就是我们基督徒,学习你们原本不知道的事,于你们原是合宜的;不要想方设法维护你们自己的教义,羞辱上帝的教义。也因此,这恩典已经转赐给我们,如以赛亚所说,'这百姓亲近我,用嘴唇尊敬我,心却远离我;他们虚妄地敬拜我,不过是领受人的盼咐和教导。所以,我要废除他们,消灭他们智慧人的智慧,让聪明人的聪明归于虚无。'②"

第七十九章 他用证据反驳特里弗,证明恶天使反叛了上帝

特里弗有点恼怒,但他仍尊重那些经文,从他的面容可以看出,听到我的话,他说:"上帝的话是圣的,但你的阐释是杜撰的,这从你的解释就可以清楚地看出;不仅如此,甚至是渎神的,因为你说天使犯了罪,反叛了上帝。"

我希望能让他仔细听我说,就用更加温和的口气说:"先生,我敬佩你的这种敬虔,我也祈求你能以同样的态度对待经上所说的那位连众天使都做他仆役的;《但以理书》就曾如此说,[因为经上说,]有一位像人子的被引到那亘古常在者面前,列国都交给他,直到永永远远。但是为了叫你知道,先生,"我接着说,"我们并非因为胆大包天,才采纳了这种

---

① 查士丁认为"撒玛利亚的掳物"就是撒但的掳物;Tertull 认为它们是基督的掳物。
② 《以赛亚书》29:13、14。

被你诟病的解释,我会向你提出从以赛亚本人来的证据,因他证实说恶天使原先住在、现在也住在坦尼斯(Tanis),也就是埃及。他的话如下:'耶和华说:祸哉!这悖逆的儿女。他们同谋,却不由于我,结盟,却不由于我的灵,以致罪上加罪;起身下埃及去,并没有求问我。要靠法老的力量加添自己的力量,并投在埃及的荫下。所以法老的力量必作你们的羞辱;投在埃及的荫下,要为你们的惭愧。坦尼斯①的首领都是恶天使,他们必因那不利于他们的民蒙羞。那民并非帮助,也非利益,只作羞耻凌辱。'②另外,就如你们自己所说的,撒迦利亚告诉我们,恶魔站在祭司约书亚的右边,与他作对;那时耶和华说:'撒但哪,耶和华责备你,就是拣选耶路撒冷的耶和华责备你。'③另外,如你们自己说的,《约伯记》里也写到天使怎样来站在耶和华面前,魔鬼也随他们同来。④我们在《创世记》开头也看到摩西的记载,说蛇引诱夏娃,受了咒诅。我们还知道,埃及有行法术的,他们跟上帝借着忠仆摩西所展示的大能较量。你们又知道,大卫说过,'外邦的神都是鬼魔'⑤。"

第八十章　查士丁关于千年统治的观点;几个大公教徒拒斥这一点

特里弗对此回答说:"我跟你说过,先生,你急于在每个方面都万无一失,所以你仰仗圣经。但请告诉我,你是否真的承认这个地方,即耶路撒冷,必得重建?你是否认为你们的人,无论是我们民族的人,还是在你们的基督到来之前改教归入他们的人,会被招聚起来,与基督、众族长、众先知一起喜乐?还是说,你已经让步并承认这一

---

① 英译本为"琐安"。
② 《以赛亚书》30:1—5。
③ 《撒迦利亚书》3:1。
④ 《约伯记》1:6。
⑤ 《诗篇》96:5。(和合本为"虚无"。——中译者注)

点，以便显得你已在论辩中胜过我们？"

我回答："特里弗，我不是这样一个可怜虫，说的是一回事，想的是另一回事。我前面①向你承认，我与其他许多人都持这种观点，并相信这样的事必会发生，这你无疑是知道的。②另一方面，我也曾向你们指出，许多信仰纯洁而虔诚、为真基督徒的，却持不一样的观点。此外，我还向你们指出过，有些称为基督徒的，却是不敬不虔的异端，传讲的教义完全是渎神的、无神论的和愚妄之言。为了让你们知道我不只是在你们面前才说这话，我要尽我所能拟一份声明，陈述我们之间提出过的所有论证；在这份声明中我会表明自己承认凡向你们承认过的所有观点。③因为我决定跟随的不是人，也不是人的教义，而是上帝和上帝所传讲的教义。如果你们遇到某个人，他虽称为基督徒却不承认这真理④，且胆敢亵渎亚伯拉罕的上帝，以撒的上帝，雅各的上帝，如果他说没有死人复活的事，人灵魂死后被带到天上——遇到这样的人，不要以为他们是基督徒。就如一个人如果有正确的思考，就不会认为撒都该人，或者其他类似的派别，比如创世派（Genistae）、分裂派（Meristae）⑤、加利莱亚派（Galilaeans）、希腊派（Hellenists）⑥、法利赛派、洗礼派（Baptists）是犹太人（当我告诉你们我的想法时不要不耐烦），这些人只是被称为犹太人和亚伯拉罕的子孙而已；如上帝亲口所

---

① 就我们从保存下来的作品所知道的来说，查士丁前面并没有提到这一点。
② "观点"之后或作"以至于全心相信这样的事都会发生"。
③ 关于这本书的来源，参 Kaye 的注释，第 18 页。
④ 即复活。
⑤ Maranus 说，Hieron. 认为，创世派之所以得名，是因为他们源于亚伯拉罕；分裂派之所以得名，是因为他们分割圣经。约瑟夫的作品也证实犹太人在命运和神意问题上分为各不相同的派别，比如法利赛教派把一切都归结于上帝，唯人的意志除外；艾森尼派认为无一例外，一切都归结于上帝。因此我认为，创世派之所以得名，因为他们相信世界总体上由上帝统治；而分裂派之得名，因为他们相信命运或神意属乎各人。
⑥ Otto 说，加利莱亚派这一派别的创立者和首领是犹大·加利莱乌斯，当时罗马人想要在犹太地设立一种税赋，而 Archelaus 王遭流放之后，加利莱乌斯就煽动本族的人起来捍卫自己原先的自由。至于希腊派，或作 Hellenaeans，除了查士丁，没有人提到过这一教派。也可能是希律党（Herodians）或者 Hillelaeans（出自 R. Hillel）。

说,他们嘴里敬拜上帝,心里却远离他。我,还有其他在所有问题上思想正确的基督徒,都相信必有死人复活的事,耶路撒冷也必有千禧年①;到那时,耶路撒冷必重建,受到敬拜,得到扩展,就如先知以西结、以赛亚以及其他人所宣称的。"

第八十一章　他努力从《以赛亚书》和《启示录》证明这一观点

"以赛亚这样谈到此一千年时期:'看哪,我造新天新地,从前的事不再被记念,也不再追想。你们当因我所造的永远欢喜快乐!因我造耶路撒冷为人所喜,造我的民为人所乐。我必因耶路撒冷欢喜,因我的百姓快乐。其中必不再听见哭泣的声音和哀号的声音。其中必没有数日夭亡的婴孩,也没有寿数不满的老者;因为百岁死的仍算孩童,有百岁死的罪人算被咒诅。他们要建造房屋,自己居住;栽种葡萄园,吃其中的果子,喝葡萄酿的酒。他们建造的,别人不得住;他们栽种的,别人不得吃。因为我民的日子必像树木的日子,我选民亲手劳碌得来的必长久享用。他们必不徒然劳碌,所生产的,也不遭灾害。因为都是蒙耶和华赐福的后裔,他们的子孙也是如此。他们尚未求告,我就应允;正说话的时候,我就垂听。豺狼必与羊羔同食,狮子必吃草与牛一样,尘土必作蛇的食物。在我圣山的遍处,这一切都不伤人、不害物。这是耶和华说的。'②现在我们明白,这段话中所说的'我民的日子必像[生命③]树木的日子,我选民亲手劳碌得来的必长久享用',是隐晦地预指一千年。由于上帝告诉亚当,他吃生命树上果子的日子必死,所以我们知道,他没有活满一千年。此外,我们认为'主的日子如千年'④这种表达也与此

---

① 我们按照查士丁的原文翻译。注释者们把这里解释为"耶路撒冷必有一千年",或者"圣徒必在耶路撒冷生活一千年"。
② 《以赛亚书》65:17 以下。
③ 抄本中没有这几个字。
④ 《诗篇》90:4;《彼得后书》3:8。(参和合本《彼得后书》3:8"主看一日如千年,千年如一日。"——中译者注)

主题相关联。再者，有一个人支持我们，他的名字叫约翰，是基督的使徒之一，他根据所显现给他的启示预言说，那些信我们基督的人将在耶路撒冷住一千年；①此后，又要有普世的、简而言之就是永恒的复活以及对众人的审判。正如我们的主所说，'他们也不娶也不嫁，和天使一样，既是复活的人，就为上帝的儿子。'②"

第八十二章　预言里所说犹太人的恩赐转给了基督徒

"预言里的恩赐为我们所有，直到现在。因此你们应当明白，这些原本在你们民中的恩赐已经转给我们。正如与你们圣先知的同时代人中有假先知，同样，如今我们中间也有许多假教师，我们主预先就告诫我们要警惕这些人。所以我们在任何方面都不缺乏，因为我们知道，他已预先知道在他从死里复活升天之后一切将要临到我们的事。他说过，我们可能因他的名必带到死地，遭人嫉恨，又有许多假先知、假基督奉他的名来，蒙骗许多人；事实果真如此发生了。因为有许多人教导不敬、渎神、邪恶的教义，以他的名编造出这些东西，教导、并且现在仍在教导那些从魔鬼的不洁之灵而来，魔鬼放在他们心里的东西。因此，我们无比急切地希望说服你们，不要让这些人领他们走迷了路。因为我们知道，凡是能说真理但没有说的，都要受到上帝的审判，如上帝借以西结证实的，他说：'我立你作以色列家守望的人，所以如果罪人犯罪，你不警戒他，这恶人必死在罪孽之中，我却要向你讨他丧命的血。倘若你警戒恶人，你就是无辜的。'③故此，我们才出于敬畏，真心诚意地渴望按着圣经与人交流，并非出于贪爱钱财、虚荣或享乐。谁也不能以这些中的一样来定我们有罪。我们已不愿继续像你们百姓的统治者那样生活，

---

① 直译为"做、成就一千年"。[非常值得注意的一段话，是对《启示录》20:4—5 的基本阐释。]
② 《路加福音》20:35—36。
③ 《以西结书》, 3:17、18、19。

这样的人上帝曾指责他们说：'你的官长居心悖逆，与盗贼作伴，各都喜爱贿赂，追求赃私。'①所以，如果你们知道我们中间有谁属于这种人，请不要因他们的缘故就毁谤圣经和基督，也不要刻意作出歪曲的解释。"

第八十三章　证明《诗篇》里的话"耶和华对我主说"并不适用于希西家

"你们的老师贸然说，'耶和华对我主说：你坐在我的右边，等我使你的仇敌作你的脚凳'这段经文是指希西家说的，似乎当亚述王遣使来他面前威胁他的时候，有话叫他坐在殿的右边，且以赛亚还叫他不要害怕。现在我们知道并承认以赛亚所说的事已经发生，亚述王在希西家时代停止了对耶路撒冷发动战争，主的使者杀死亚述军队约十八万五千人。但显然，那一篇诗并不是指向他。经上这样写：'耶和华对我主说：你坐在我的右边，等我使你仇敌作你的脚凳。他必向耶路撒冷伸出能力的杖来，它要在你仇敌中掌权。我在晨星升起前在众圣徒的光辉里生育了你。耶和华起了誓，决不后悔，说：你是照着麦基洗德的等次永远为祭司。'②请问，谁不承认希西家从未照着麦基洗德的等次永远为祭司？谁不知道他并非耶路撒冷的救赎者？谁不知道他既没有向耶路撒冷伸出能力的杖，也没有在他仇敌中掌权，倒是上帝在他哀哭、受困以后，才为他挡开了仇敌？但我们的耶稣，他尚未在荣耀里降临就向耶路撒冷伸出能力的杖，即他那呼召和叫人悔改的话语，是为受鬼魔辖管的万民而发的；就如大卫所说：'外邦的神都是鬼魔。'他大能的话说服了多人，使他们抛弃了惯常侍奉的鬼魔，并借此信仰了全能的上帝，因为

---

① 《以赛亚书》1:23。
② 《诗篇》110:1—4。这段话与第三十二章引用的《诗篇》同一篇的话有很大出入。[查士丁往往根据记忆引用经文。]

外邦的神都是鬼魔。①我们前面就提到过,'我在晨星升起前在众圣徒的光辉里生育了你',是指着基督说的。"

第八十四章 "看哪,有童女怀孕生子"等等的预言只适用于基督

"此外,那'看哪,有童女怀孕生子'的预言也是指着基督说的。因为如果以赛亚所指的那一位不是由童女所生,那么圣灵的宣告,'看哪,主自己要给你们一个兆头,必有童女怀孕生子'②又是指着谁说的呢?如果他也是由两性结合所生,就像其他首生的儿子一样,那上帝为何说他要给一个兆头,与所有其他首生子的不同的记号?那真正为兆头的,那将成为值得人类信靠的一位,即那位在所造万物之先首生的,他要借童女之腹成为肉身,生为一个孩子——这一点,如我所说,他曾以各种方式借着说预言的圣灵预告过了。这样,当事件发生时,就叫人知道这是万物之创造者的权能和旨意在运作,正如夏娃从亚当的一根肋骨造出,又如一切生命存在物在起初借着上帝的道而造一样。但你们在这些问题上胆敢歪曲你们的长老,就是在埃及托勒密王那里的长老提出的解释,因你们认为圣经并不是如他们所解释的那样,而是说:'看哪,有年轻女子怀孕生子',似乎一个女子与男人结合生子是什么值得宣告的大事似的。事实上,除了天生不育的女人,几乎所有女人都做这事。但即使是不育者,只要上帝愿意,也能够让她生育。撒母耳的母亲本不能生育,却因上帝的旨意怀孕生子;圣族长亚伯拉罕的妻子也如此;还有生下施洗约翰的伊利莎白也是,以及其他诸如此类的例子。所以你们不可以为上帝想做的事有什么不可能的,尤其是当预言说这事将要发生时,不要放胆歪曲或谬解预言,因为你们[这样做]只会伤害自己,绝不可能伤害上帝。"

---

① 一般认为最后一句是后人添加的。
② 《以赛亚书》7:14。

第八十五章　他根据《诗篇》24篇并从基督对鬼魔的主权证明基督是万军之主

"此外,对于以下预言'你们这些掌权的,抬起你们的城门;永久的门户,你们要被举起!那荣耀的王将要进来',①你们中有些人任意妄解,似乎它也是指希西家的;另有些人则认为它是指所罗门。然而,既没有证据证明这句指的是后者,也没有证据证明它是指前者,总之不能证明这里指的是你们的任何一位王,只能证明它是指我们的基督。如以赛亚、大卫和所有经卷所说,他出现时没有佳形美容,没有体面;但借着父的旨意,就是赐予他尊荣的父,他又是万军之主;他还从死里复活、升天。《诗篇》和其他经文宣告他是万军之主,都表明了这一点。对此,如果你们愿意,发生在你们眼前的事件就可以让你们信服。因为当每个鬼被人奉这位上帝之子——他在所造万物之先为首生的,他借童女成为人并受苦,他在本丢彼拉多手下被你们的民钉十字架,死了,又从死里复活,升天——的名赶出去时,这鬼就被压制和征服了。而你们若奉你们中间哪个人的名赶鬼,无论是奉君王的名、义人的名、先知的名或族长的名,鬼都不会服你们。不过你们中若有人以亚伯拉罕的上帝、以撒的上帝、雅各的上帝之名赶鬼,鬼倒可能服你们。我已经说过,②你们的赶鬼人在赶鬼时肯定都利用技艺,甚至如外邦人那样使用烟熏和咒语。③但是,大卫借着预言吩咐其抬起城门的是天使和众掌权者,为叫那从死里复活的耶稣基督,按照父的旨意做万军之主的,可以进来,这也是大卫的话所表明的。我要再次叫你们注意这一点,因为有些人昨天没有与我们在一起,为了他们的好处,我还要把昨天说的许多事概括

---

① 《诗篇》24:7。
② 第七十六章。
③ καταδεσμοι，有人认为这是把恶鬼赶出去就不会再让它们回来的咒语。柏拉图(《理想国》)谈到召鬼用的咒语,用于召鬼来帮助那些奉行这种仪式的人。但查士丁只提到鬼被赶除。还有人认为这是药物。

一下。虽然这些话我已经向你们重复了很多次，但现在还要说，我知道这样做并不可笑。看见日月星辰始终保持同样的轨道，使四季轮转；看见计算者因可能被问2乘2是几，就不停地说2乘2是4，说了又说，说个不停，那是可笑的。对于其他人都很肯定地承认的事，如果看见人以同样的方式不断地提及，反复承认，也同样是可笑的。然而，人若将讨论建立在圣经的预言上，却又丢开它们以避免时常引用同样的经文，这也是可笑的。难道他以为能提出比圣经更好的证据？我用来证明上帝显明天上既有天使也有诸军的经文如下：'从天上赞美耶和华，在高处赞美他。他的众使者都要赞美他，他的诸军都要赞美他。'①"

然后，第二天与他们一起来的名叫那塞阿（Mnaseas）的人说："我们非常高兴你能为我们的缘故复述同样的话。"

我说："我的朋友们，请听劝导我这样做的经文。耶稣吩咐我们甚至要爱仇敌，以赛亚在很多段落里都预言了这一点；这些段落也包含我们自己重生的奥秘，事实上也是凡指望基督在耶路撒冷显现，并通过自己的工，急切地想讨他喜悦的人重生的奥秘。以赛亚所说的话如下：'你们因耶和华言语战兢的人，当听他的话。我们的弟兄，对那些恨恶你们的人说，耶和华的名已得荣耀。他向你们的喜乐显现，他们必蒙羞。有喧哗的声音出自城中，有声音出于殿中，是耶和华向仇敌施行报应的声音。锡安未曾劬劳就生产；未觉疼痛就生出男孩。这样的事谁曾听见？谁曾看见？国岂能一日而生，民岂能一时而产？耶和华说：我既使她临产，岂不使她生产呢？耶和华说：我既使她生产，岂能使她闭胎不生呢？你们爱慕耶路撒冷的，都要与她一同欢喜快乐，你们为她悲哀的，都要与她一同乐上加乐，使你们在她安慰的怀中吃奶得饱，使他们得她丰盛的荣耀，犹如挤奶，满心欢喜。'②"

---

① 《诗篇》148:1—2。[Kaye 所引用的 Tatian 关于天使和鬼魔的话（第九章），有助于理解查士丁为何不断提到这个主题。]
② 《以赛亚书》66:5—11。

第八十六章　基督借以做王的十字架在旧约里有各种形象

我引完这段经文之后，又说："然后，请你们听，这个由圣经宣称被钉十字架后还要在荣耀里再临的人，他怎样既由经上所记那种在伊甸园里的生命树来象征，又由那些将要发生在所有义人身上的事来象征。摩西奉差时带着杖，要去拯救百姓；他手拿这杖走在百姓前头，为他们分开红海；他借这杖看见水从磐石涌出；他把一根树枝扔进玛拉的苦水里，苦水就变成了甜水。又有雅各，他把树枝插进水槽，就使他舅父的羊怀胎，结果得到了那些羊所生的羊羔。雅各还凭着他的杖夸口自己曾渡过大河，他说，他看见一个梯子，经上说上帝站在这梯子上。不过我们已经引用经文证明这位上帝不是圣父。当雅各在同一个地方把油浇在石头上后，向他显现的这位上帝向他见证，他为向他显现的上帝油膏了一根柱子。这石头象征性地宣告了基督，这一点我们已经用许多经文证明了；而那膏不论是油是没药①，还是其他任何一种混合的甜油，都是指他，这一点我们也证明了。②因为经上说：'所以上帝，就是你的上帝，用喜乐油膏你，胜过膏你的同伴。'③事实上，所有君王和受膏的，都是从他得到各自为君王或受膏者的名分，正如他自己从父领受了君王、基督、大祭司、天使，以及诸如此类他所担当或者曾经担当的头衔。亚伦发了芽的杖表明他是大祭司；而以撒预言，有杖要从耶西的根出来，这杖正是基督。大卫说，义人'要像一棵树栽在溪水旁，按时候结果子，叶子也不枯干'④，又说，义人就发旺像棕树一样。上帝在幔利橡树那里向亚伯拉罕显现，如经上所记。百姓跨过约旦河⑤之后，看到

---

① 雅各也提到被浇油的磐石基督（《创世记》49:24。）
② 可能是指第六十三章，那里引用了同一篇《诗篇》。
③ 《诗篇》45:7。
④ 《诗篇》1:3。
⑤ 不是约旦河，而是红海[《出埃及记》15:27]。

七十棵棕树和十二股清泉。大卫宣告上帝用杖和竿安慰了他。以利沙把一根棍子①扔进约旦河，斧子铁铸的部分就浮起来了；先知的儿子本来是要用这斧子砍树建造房子，在里面诵读研究上帝的律法和诫命的。同样，我们的基督也是借着被钉在树上并用水洁净我们，而救赎了我们，不过他是被投入我们犯下的可怕的罪里，并使我们成了祷告和敬拜的殿。此外还有一根杖以大奥秘指出犹大将做他玛子孙的祖宗。"

第八十七章　特里弗坚持以"住在他身上"
等经文来反驳查士丁，后者则作出解释

我说完这些话后，特里弗说："请不要以为我问我所问的这些，是想要推翻你所作的陈述，我只是希望就我现在所问的方面得到一些信息。所以请告诉我，以赛亚在圣经上说，'从耶西的本必发一条，从他根生的枝子必结果实。耶和华的灵必住在他身上，就是使他有智慧和聪明的灵、谋略和能力的灵、知识和敬畏耶和华的灵'②"（他接着说，"你现在对我承认这话是指基督，你也坚持说他是先在的上帝，按上帝的旨意成了肉身，由童女生而为人），这如何能证明这位充满圣灵各种权能的神——圣经借以赛亚列举了这种种权能，似乎他原本并没有这些权能似的——是先在的呢？"

我回答："你问得非常小心谨慎，说真的，那似乎确实是个难题。但请听我说的话，好叫你也明白其中的缘由。圣经之所以说，以上列举的这些圣灵的权能临到了他身上，并不是因为他缺乏这些，而是因为这些将住在他里面，也就是说，这些要在他里面成全，叫你们民中不再有按着古时的规条做先知的，这一点你完全清楚。因为在他之后，你们中间再没有出过先知。为叫你们知道，你们的先知都是从上帝领受了一样或

---

① 直译作"树"。
② 《以赛亚书》11:1以下。

两样权能之后，才做了、说了我们从圣经上知道的那些事，请注意我以下所要说的话。所罗门拥有智慧的灵，但以理拥有聪明和谋略的灵，摩西有大能和敬虔的灵，以利亚有敬畏的灵，以赛亚拥有知识的灵，其他先知也是如此，各都拥有某种能力或者同时拥有几种能力。耶利米、十二先知、大卫，总之，你们中间的其他先知莫不如此。所以，当他〔基督〕来临之后，他①就安息，即停止做工了；在基督到来后，在他已经在你们②中间成就了这种安排的时代，这些恩赐必然就不再临到你们；而它们既然如预言所说已住在他里面，也就应当再次成为恩赐，他要借着他所蒙圣灵的权能，按他所认为各人应得的分，把这些恩赐分给那些信他的人。我已经说过，现在再说一次，预言早就说过这事他要在升天之后成全。所以他说，'他已升上高天掳掠仇敌，他把恩赐给予人的子孙。'③还有一则预言说，'以后我要将我的灵浇灌凡有血气的，浇灌我的仆人和使女，他们要说预言。'④"

第八十八章　基督并非因为缺乏才领受圣灵

"如今我们中间也可以看到有男人女人拥有上帝之灵的一些恩赐，所以预言说以赛亚所列举的权能将临到他，并不是因为他缺乏这些权能，而是因为这些权能在他到来后就不再给别人了。让以下证据来证明这一点，即我对你们说过的来自阿拉伯的三博士所行的事，他们在孩子刚出生的时候就来拜他，因为他甚至一出生就得了他的权能。然后，他又像其他所有人一样长大，他以适宜的途径为每个成长阶段供应必需之物，且以各种营养维生，等候了大约三十年，直到约翰作为他出现的先行者而在他之前出现，也在他之前给人施洗，如我已经阐述的。然后，耶稣

---

① 这里的"他"即圣灵；前面的"他"则指基督。
② 或作"在他的子民中间"。Otto 持此说。
③ 《诗篇》68:18。
④ 《约珥书》2:28 以下。

去约旦河边,约翰在那里施洗。当他走进水里时,约旦河里有火①燃起;而当他从水里出来时,圣灵就像鸽子在他头上发光,这是我们这位基督的使徒所记载的。我们知道,他走到河里不是因为他需要洗礼,或者需要圣灵像鸽子一样降临,甚至他顺服地出生、被钉,也不是因为他需要做这些,而是因为人类从亚当开始就在死的权势和蛇的诡诈中堕落了,人人都犯了各自的罪过。而上帝希望,不论是天使还是被赋予了自由意志可以自由行事的人,都去行他已经加力量让他们去行的事;他们若选择他所悦纳的事,他就会使他们脱离死亡和惩罚,但如果他们行恶,他就要按他认为合适的方式惩罚他们。我们在前文已表明,有预言说他要骑在驴背上进入耶路撒冷,但他并非因为这事才成为基督的,这事只是向人们证明他就是基督,正如在约翰时代,人们必须看见证据,好叫他们知道谁是基督。约翰在②约旦河边,传讲悔改的洗礼,只穿一件骆驼毛的衣服,腰束皮带,吃的是蝗虫、野蜜,人们以为他就是基督。但他对他们呼喊说:'我不是基督,我就是那呼喊的声音,那比我强大的要来,我连给他提鞋都不配。'③当耶稣来到约旦河,人们以为他是木匠约瑟的儿子,如圣经所说,他看起来没有佳形美容;人以为他只是个木匠(因为他在人中间习惯了做木匠,制造犁头和轭什么的;他借此教导了我们公义、勤劳生活的记号)。可是然后,如我前面所说,为了人的缘故,圣灵以鸽子的样子降到他头上,同时有声音从天上说话;这话大卫也曾以基督的口气说过,他谈到父要对他说的话:'你是我的儿子,我今日生你。'④父说,他将为人而出生,那时他们将认识他:'你是我

---

① [Shechinah 可能伴随着圣灵的降下,而注释里接下来的解释似乎没有什么根据,不必转而说是伊便尼派弄错了真相。参第七十八章,"荆棘里的火"。]查士丁或是根据口传,或是从伪经上看到了这事。伊便尼福音书和另一本称为《保罗预言》(*Pauli praedicatio*)的书里都提到火,这些书的读者和使用者都认为,要正确施行洗礼仪式,必须 *quam mox in aquam descenderung, statim super aquam ignis appareat*(当水面上有规律地出现火的时候,旋即浸入水里)。

② 直译作"坐在"。

③ 《以赛亚书》1:27。(参《马太福音》3:4, 11。——中译者注)

④ 《诗篇》2:7。

的儿子，我今日生你。'①"

第八十九章　唯有十字架因咒诅为特里弗所反感，但它恰恰证明了耶稣是基督

那时特里弗说："请相信我们全民都期盼基督；我们承认，你所引用的经文都是指他。此外，我本人也承认，耶稣这名字，也就是嫩儿子的名，使我非常倾向于接受这个观点。但我们怀疑的是，基督是否必须如此耻辱地被钉十字架。因为律法上说，凡被钉十字架的，都是该受咒诅的，所以我非常怀疑这一点。的确，很清楚，圣经说到基督必须受苦，但我们希望知道，你们能否向我们证明这苦就是律法里所宣告的这种咒诅。"

我回答他说："假如基督不必受苦，假如众先知没有预告他——先知说，没有人能述说他的世代——将因人的罪被牵到死地，受羞辱、遭鞭打，被列在罪犯之中，像绵羊被牵到宰杀之地，那么，你就有充分的理由怀疑这一点。但既然这些都将是他的特点，使得他与众不同，那我们除了一心一意地信他，还有什么选择呢？凡是明白先知的作品的，只要一听到他被钉了十字架，不都会说这就是他，而非别人吗？"

第九十章　摩西伸出的手预示十字架

特里弗说："那就用经文引导我们，让我们也信服你。我们知道他要受苦，像羊一样被牵去。但请向我们证明他是否必须被钉十字架，如此不体面、如此耻辱地以律法里咒诅的死法死去。②因为我们自己对这样的事甚至连想也不敢想。"

"你们知道，"我说，"先知都会用比喻和预表把他们所说和所做的遮

---

① 这样重复似乎完全没有必要。
② 鉴于对十字架的这种深刻憎恶，值得指出，律法下的人都有这些类似的观点。这是一种带有偏见的诉求，适合于犹太人的思维方式。

盖起来，你们也对我们承认过这一点；所以众人要理解他们的大部分言论并非易事，因为他们用这些方式掩藏真理，好叫那些渴望找到真理、学习真理的人为此付出许多的辛劳。"

他们回答："我们承认这一点。"

我说："因此，请听接下来的话。摩西最先通过他所作的记号，表明了这看似为基督所受咒诅的事。"

"你说的是什么记号？"他问。

我说："当百姓与亚玛力开战时，嫩的儿子、那名叫耶稣（约书亚）的领战，摩西则亲自向上帝祷告。他伸出双手，户珥与亚伦则一起整天帮他支撑双手，免得他疲倦时双手垂下。因为如果他这个模仿十字架的姿势稍有走样，百姓就会被打败，正如摩西著作里所记载的；如果他保持这个姿势，亚玛力就被击败，这样，得胜的，乃是借着这十字架得胜。不是因为摩西这样祷告，百姓才变得强大，而是因为当那名为耶稣（约书亚）的人在战场前线时，摩西亲自做了那十字架的记号。你们中谁不知道，一个人祷告时若带着哀号、哭泣，身体俯伏，双膝跪地，他的祷告就最能取悦上帝呢？但不论摩西或别的什么人，都不会一边坐在石头上，一边用这样的动作祷告。甚至这石头也是基督的象征，如我所表明的。"

第九十一章　约瑟的祝福、被举起的蛇都预告了十字架

"上帝借着摩西以另外的方式指示了十字架之奥秘的力量，因为他在祝福约瑟时的祝福词中说：'愿他的地蒙耶和华赐福，得天上的宝物、甘露，以及地里所藏的泉水；得太阳所晒熟的应季美果[①]，各季节所产的果实，得永世的山岭，小山的顶峰；得长流的江河，肥沃之地的出产；

[①] 此处有多种异文，或作 $\alpha\beta\acute{u}\sigma\sigma o\upsilon\ \pi\eta\gamma\tilde{\omega}\nu\ \kappa\acute{\alpha}\tau\omega\theta\epsilon\nu\ \kappa\alpha\theta\alpha\rho\tilde{\omega}\nu$，或作 $\alpha\beta\acute{u}\sigma\sigma o\upsilon\ \pi\eta\gamma\tilde{\omega}\nu\ \kappa\acute{\alpha}\tau\omega\theta\epsilon\nu,\ \kappa\alpha\grave{\iota}\ \kappa\alpha\theta$ $\check{\omega}\rho\alpha\nu\gamma\epsilon\nu\nu\eta\mu\acute{\alpha}\tau\omega\nu$, $\kappa.\tau.\lambda.$，本书采纳后者。

愿那在荆棘中显现的主所悦纳的，都归于约瑟的头上和冠冕上。愿他在他兄弟中得荣耀。①他美如牛群中头生的，他的角如独角兽的角，用以抵触万邦，从地的这极直到那极。'②谁也不能说、不能证明这独角兽的角若不是预表十字架，还能代表什么。一条主干直立，顶部尖上去，形成一角；另一条主干与竖着的主干相接，两端向两边横升出去，同样渐尖成为两角，连于那一只角。中间固定的部分，就是被钉十字架的人所挂之处，也像角一样突出来，看上去也像一个角与另外那些角相连并固定在一起。'他的角……用以抵触万邦，从地的这极直到那极'这话暗示了如今在万民中已成的事实。万民中已经有一些人，他们因这奥秘的大能，已经受到如此"抵触"，即心灵被扎，而抛弃了虚空的偶像和鬼魔，转而侍奉上帝。但同样的形象也揭示了不信者的毁灭和被定罪，正如当百姓从埃及出来时，仅凭着摩西伸开双手的预表以及嫩的儿子耶稣（约书亚）的名，亚玛力就被击败，而以色列得胜。所以看起来，这个预表和记号，即树立起对付那咬了以色列人的蛇，意在拯救这样的人：他们相信此事宣告了从此以后，死必因着将被钉十字架的那一位临到蛇，而不是拯救那样一些人：他们已经被蛇咬了，才投靠那一位差自己的儿子进入世界被钉十字架的。③说预言的圣灵并不是借着摩西教导我们要相信蛇，因为圣经向我们指明蛇从起初就是被上帝咒诅的；又在《以赛亚书》里告诉我们，他要作为仇敌被大能的刀即基督治死。"

第九十二章　若非借着上帝的大恩典理解圣经，
上帝就会显得并非始终在教导同样的义

"因此，若非人借着上帝的大恩典领受能力，能以理解众先知所言所行，那么，他虽然看起来能重述他们的话语和事迹，但若不能解释这些

---

① 此处文本是从七十士希腊文译本译过来的，查士丁的抄本作，"作为头生的在他弟兄中得荣耀"。
② 《申命记》33：13—17。
③ 对《约翰福音》3：14 的一种比较生硬的解释。

话和这些事的道理,仍然与他无益。既然这些话语和事迹由那些并不理解的人叙述出来,在许多人看来,它们岂不当然就显得粗卑低俗吗?如果有人想要问你:既然以诺、挪亚和他的儿子们,以及其他所有处境相同的人,他们既未受割礼,亦未守安息,仍能得上帝悦纳,那么,上帝为何又在许多代之后借着其他首领、并通过颁布律法,来要求生活在亚伯拉罕与摩西之间的人靠割礼称义,又要求那些生活在摩西之后的人靠割礼和其他律例,即安息日、献祭、奠酒、①供物称义呢?面对此问,除非你能表明预知万事的上帝——如我所说——早就知道你们的民只配被赶出耶路撒冷,而且谁也不得再进入,那么,上帝必受毁谤。(因为②如我前面所说的,你们与别国之民的区别无非就在肉身的割礼。但亚伯拉罕被上帝称为义人,并非因为割礼,乃是因为信。在他受割礼之前就有这样的话论到他:'亚伯拉罕信耶和华,耶和华就以此为他的义。'③因此,我们这身体未受割礼,却借着基督信仰上帝,拥有了那对得着之人有益的割礼,即心灵割礼的人,盼望在上帝面前显为义并得他喜悦,因为我们已经借着众先知的话领受了他所作的见证。)[此外,上帝还会在另一个方面受到诽谤,除非你表明]你曾奉命守安息、献供物,而且,主屈尊让一个地方称为上帝名下的,如所说的,是为叫你们不至于因崇拜偶像,忘却上帝就变得不敬不虔;事实上你们的表现也一直都是如此。(我在前文已经证明,上帝正是出于上述原因,才定下守安息、献供物这些律例,不过,考虑到今天才来的人,我还是想差不多完整地复述一遍。)如果你未能这样指明,上帝就会被人毁谤,④人会说他并没有预见能力,也没有教导所有人去认识并实践同样的义行(因为摩西之前已经有很多代人了);还会说,圣经宣告的'上帝是

---

① 或作"灰",即把 $\sigma\pi o\nu\delta\omega\nu$ 读作 $\sigma\pi o\delta\omega\nu$。
② 我们在此采纳了 Maranus 为这里插入的括号。Langus 可能会在前面插入一句,$\tau i\ \acute{\epsilon}\xi\epsilon\tau\epsilon\ \dot{\alpha}\pi o\kappa\rho\acute{\iota}\nu\alpha\sigma\theta\alpha\iota$,即"你们有什么话作答呢"?
③ 《创世记》15:6。
④ 我们在上文已经两次用过这个短语。

真实和公义的,他的道全是正直的,在他毫无不义'①并不属实。但既然圣经是真实的,上帝就始终愿意人,即使像你们这样的人,不要愚顽,也不好只爱自己,好叫你们可以得着基督的救恩②。他是上帝所喜悦的,并且如我所说,他借着提出预言中的圣言为证,领受了从上帝而来的见证。"

第九十三章　上帝把同样的义加给了众人,基督把它总结为两条戒律

"上帝将恒常、普遍性的公正,并将一切的公义摆在各族人面前,所以每个民族都知道通奸、淫乱、杀人③以及诸如此类的行为是有罪的;他们全都犯有这样的事,但他们并非不知道任何时候他们这样做都是在做不义的事,只有一些人除外。他们或被不洁的灵附身了,或被教育、邪恶的习俗和罪恶的制度败坏了,或已丧失,毋宁说已经扑灭和压制了他们天然就有的观念。我们可以看到,这样的人做在别人身上的事,他们自己倒不愿忍受,还心怀恶意为所犯的事彼此指责。因此我想我们的主和救主耶稣基督说得真好,他把公义和敬虔整个总结为两条诫命,如下:'你要尽心、尽性、尽意,爱主你的上帝;又要爱人如己。'④因为人若尽心尽力地爱上帝,充满敬畏上帝的心,他就不会去敬别的神;又因上帝希望如此,所以他也会尊敬那为同一位主上帝所爱的使者。人若爱人如己,那么他自己向往的美事,就会希望别人也得到。所以,爱邻舍的人愿意祷告和劳作,好叫别人跟自己一样得享益处。而所谓邻舍,无非就是跟我们具有相同情感和理性的存在者——人。因此,整个公义就分成两部分,即关乎上帝和人;既然如此,圣经就说,不论是谁,他若尽心、尽性、尽意爱主上帝,并且爱人如己,那他就应是真正的义人。但是事实表明,你们从未怀有对上帝、对众先知或对自己的友谊或爱,

---

① 参《诗篇》92:15。——中译者注
② 直译为"随基督而来的救恩",即借助基督而来的救恩。
③ 抄本中把 $ἀνδροφονία$ 读作了 $ἀνδρομανία$。
④ 《马太福音》22:37。

相反，事实显然证明你们常是拜偶像的，是杀害义人的，你们甚至加手在基督本人身上。时至今日，你们还住在自己的邪恶中，咒诅那些证明你们所钉十字架的这人就是基督的人。不仅如此，你们还认为他被钉十字架是因为他与上帝为敌，受了上帝的咒诅，这样的想法乃出于你们完全没有理性的头脑。你们虽然可以从摩西给你们的记号明白此人就是基督，但你们不肯相信。此外你们还幻想我们不可能拿出什么论据，所以你们心里冒出来什么就问什么，其实一旦遇到信仰稳固的基督徒，你们自己也就不知如何论证了。"

第九十四章　挂在树上的那一位在何种意义上受了咒诅

"请告诉我，那借着摩西吩咐人不可造什么形象或样式，不论天上的地上的，然而又借摩西在旷野造出铜蛇，把它举起来作为记号，叫那些被蛇咬的人因此得救的，不是上帝吗？然而他全然没有不义。如我前面所说，他是借此宣告奥秘，宣告他将打破引诱亚当犯罪的蛇的权势，为凡信这记号[所预示的]那一位，即信要被钉十字架的那一位的人，带来救恩，使他们脱离蛇的尖牙，也就是脱离恶行、拜偶像以及其他不义的行为。这个问题若不这样理解，那请解释一下，为何摩西树起铜蛇为记号，命令被蛇咬的人盯着它看，而且被咬的人就得了医治呢？当他亲自命令不要造任何事物的样式[为偶像]时，也要从这个意义上理解。"

对此，第二天才来的那些人中有一位说："你说得都实在，我们拿不出什么解释来。我屡次向教师们讨教过这个问题，他们谁也没有给我说明原因，因此请继续你所说的话，我们将留心听你解开这奥秘；因它的缘故，众先知的教义都蒙受了毁谤。"

于是我回答："正如上帝虽然吩咐以铜蛇作记号，但他自己却是无可指责的，照样，尽管律法里对被钉十字架的人有咒诅，上帝的基督却不受任何咒诅，反倒是一切犯了该咒诅之事的人都借他得救。①"

第九十五章 基督亲自担当了我们应受的咒诅

"整个人类都将处在诅咒之下。因为摩西律法里记着：'人若不在律法所记的全部事上坚持遵行，必受咒诅！'②然而，事实上没有人完全按律法行事，你们也不敢否认这一点；只不过，有些人遵行所吩咐的律例多一些，有些人遵行得少一些。如果那些在这律法之下的人，由于没有遵行律法的全部规定，就要受咒诅，更何况那拜偶像、引诱少年人、并犯有其他种种罪行的一切外邦人，岂不更显得要在咒诅之下吗？如果万有之父愿意他的基督为了整个人类大家庭而担当众人的咒诅，并知道在基督被钉十字架且受死之后，他还要叫他复活，那么，你们为何要议论他，就是这位按着父的旨意顺服地承受这些苦难的主，似乎他是受了咒诅，却不为你们自己悲泣呢？因为纵然是他的父使他为人类大家庭遭受了这些事，但你们却没有出于顺服上帝的旨意做这样的事。你们杀害众先知就不是奉行敬虔。你们谁也不可说：既然他的父愿意他受这苦，以便人类借他的鞭伤得医治，那我们就没做错什么。事实上，你们若悔改自己的罪，认他是基督并遵行他的诫命，就可以如此宣告，因为如我前文所说，赦罪之恩将属于你们。但如果你们咒诅他和信他的人，趁着有权势就置他们于死地，那么，他怎么可能不报应你们，就如报应那心里全然刚硬、毫无聪明的不义和罪恶之人呢？因为你们曾加手害他。"

第九十六章 那咒诅预言了犹太人要做的事

"律法上说'凡被挂在树上的人都是受咒诅的'③，这话证实了我

---

① 《加拉太书》3:13。
② 《申命记》27:26。
③ 《申命记》21:23。

们的盼望，这盼望端赖于被钉十字架的基督；不是因为那被钉十字架的是被上帝咒诅的，乃是因为上帝预言了你们众人以及那些与你们相类的人将要做的事。这些人不知道，①这位就是那在万有之前就存在的，就是那永远做上帝祭司、是君王也是基督的。你们清楚地看到，这事已经发生了。因为你们在自己的会堂里咒诅一切因基督而被称为②基督徒的人；外邦人则有力地把这样的咒诅付诸行动，把那些仅仅自称为基督徒的人置于死地。我们对所有这些人说，你们就是我们的弟兄，只是你们要承认上帝的真理。但不论他们还是你们都不听我们奉劝，反倒热心于逼我们否认基督的名，所以我们宁愿赴死，心里深信上帝必以他借基督所应许的一切好事来奖赏我们。除了这一切，我们还为你们祷告，愿基督怜悯你们。因为他教导我们也要为仇敌祷告，说：'你们要爱仇敌，你们要慈悲，像你们的父慈悲一样。'③我们看到，全能的上帝满有仁慈怜悯，他叫他的日头照义人，也照那不知感恩的人，叫雨水降给义人，也降给恶人；这一切的人，他教导我们说，他都要审判。"

第九十七章　其他关于基督十字架的预言

"户珥与亚伦举起先知摩西的双手，他就保持这个姿势直到夜晚，这并非没有意图的。事实上，主也几乎留在树上直到傍晚，他们是在黄昏埋葬了他；然后第三天，他复活了。大卫这样宣称这事：'我用我的声音求告耶和华，他就从他的圣山上应允我。我躺下睡觉，我醒着，耶和华都保佑我。'④以赛亚同样提到主将怎样死，他说：'我整天伸手招呼那悖逆、顶嘴的百姓，他们随自己的意念行不善之道。'⑤关于他要复活，

---

① 我们认为这里的 ἐπιστάμενον 应作 ἐπισταμένων；否则译出来就是"上帝预言了你们不知道的事"，云云。
② γενομένων 应作 λεγομένων。
③ 《路加福音》6:35、36。
④ 《诗篇》3:4、5。
⑤ 《以赛亚书》65:2；亦参《罗马书》10:21。

以赛亚自己说:'他的墓地从中间被取去,我要为他的死交出财主。' ① 另外,大卫在《诗篇》21 篇以奥秘的寓言提到受苦和十字架:'他们扎了我的手、我的脚。我的骨头,他们都数过;他们瞪着眼看我。他们分我的外衣,为我的里衣拈阄。'②他们钉他十字架、钉钉子时,就扎了他的手和脚;那些钉他十字架的人分了他的外衣,各人为他所要的拈阄,并且凭拈阄结果决定衣服由谁得。但你们坚持认为这篇诗讲的不是基督;因为你们完全茫然无知,不明白在你们民中没有一个称为君王或基督的人曾经还活着时被扎了手脚,或者以这样奥秘的方式死去——被钉十字架——唯有这位耶稣。"

第九十八章　《诗篇》21 篇关于基督的预言

"我要复述整个《诗篇》21 篇,好叫你们听听他对父的尊崇,听他怎样将一切交托给父,并祈求父救他脱离这死;同时,这首诗篇也指示了那起来抵挡他的人是谁,并指出他实在成为了可能受苦的人。《诗篇》的话如下:'我的上帝,我的上帝!请看顾我,为什么离弃我?我冒犯的话语远离我的救恩。我的上帝啊,我白日呼求,你不应允;夜间呼求,不是因为我里面缺少聪明。但你这以色列所赞美的,住在圣地。我们的祖宗倚靠你;他们倚靠你,便蒙解救;他们向你呼求,便得救;他们倚靠你,就不困惑。但我是虫,不是人,被众人羞辱,被百姓藐视。凡看见我的都嗤笑我,他们撇嘴摇头,说:他把自己交托耶和华,耶和华可以救他吧!耶和华既喜悦他,可以搭救他吧!但你是叫我出母腹的,我在母怀里,你就使我有倚靠的心。我自出母胎就被交在你手里,从我母亲生我,你就是我的上帝。求你不要远离我,因为急难临近了,没有人帮助我。有许多公牛围绕我,肥大的公牛四面困住我;它们向我张口,好像

---

① 《以赛亚书》53:9。(与和合本译文相去甚远:"人还使他与恶人同埋,谁知死的时候与财主同葬。"——中译者注)
② 《诗篇》21:16—18。(和合本为《诗篇》22 篇。——中译者注)

抓撕的狮子。我如水被倒出来，我的骨头都脱了节，我心在我里面如蜡熔化。我的精力枯干，如同瓦片；我的舌头贴在我牙床上。你将我安置在死地的尘中。犬类围着我，恶党环绕我；他们扎了我的手、我的脚。我的骨头，他们都数过；他们瞪着眼看我。他们分我的外衣，为我的里衣拈阄。耶和华啊，求你不要远离我！我的救主啊，求你快来帮助我！求你救我的灵魂远离刀剑，救我的生命脱离犬类，救我脱离狮子的口，使我脱离独角兽的角。我要将你的名传与我的弟兄，在教会中我要赞美你！你们敬畏耶和华的人要赞美他！雅各的后裔都要荣耀他！以色列的后裔都要惧怕他！'"

第九十九章 这篇诗的开头是基督临死之言

我引完《诗篇》中的这些话，接着说："现在我要向你们表明，这整首诗篇都是指基督，我要再次逐句解释。一开始说的，'我的上帝，我的上帝！请看顾我，为什么离弃我'，是从起初就宣告在基督的时代将要说的话。因为当他钉十字架后，他说：'我的上帝，我的上帝！为什么离弃我？'接下来，'我冒犯的话语远离我的救恩。我的上帝啊，我白日呼求，你不应允；夜间呼求，不是因为我里面缺少聪明'，这些既是他说的话，也是他要做的事。因为在他要被钉十字架的那天，他带了三个门徒上到位于耶路撒冷圣殿对面的橄榄山（Olivet），祷告说：'我父啊，倘若可行，求你叫这杯离开我。'然后又祷告说，'然而，不要照我的意思，只要照你的意思'①，这表明他实在成了一个正在受苦的人。但为免得有人说他当时还不知道自己要受苦，他就在诗篇里紧接着说，'不是因为我里面缺少聪明'。就如当上帝问亚当在哪里，或者问该隐亚伯在哪里时，并非上帝这一面有所不知；上帝这样问是要叫各人明白自己是怎样的人，并叫我们可以借着圣经的记载全面了解整件事。同样，基督说，

---

① 《马太福音》26:39。

并不是他无知，无知的是他们；他们以为他不是基督，还幻想着可以把他治死，以为他会像普通凡人那样留在阴间。"

第一百章　基督在什么意义上被称为雅各、以色列以及人子

"接下来的话，'但你这以色列所赞美的，住在圣地'，宣告他要做一件值得赞美、值得惊奇的事，他要在被钉十字架后第三天从死里复活；这是他从父得的能力。我已经表明，基督也被称为雅各和以色列；我也证明了，不仅给约瑟和犹大的祝福以奥秘的方式宣告了与他相关的事，福音书也记载，他曾说，'一切所有的，都是我父交付我的'；'除了父，没有人知道子；除了子和子所愿意指示的，没有人知道父。'①所以，他向我们显明了我们借着他的恩典从圣经了解的一切事，叫我们知道他乃是上帝首生的儿子，在一切被造之物以前就有了。同样，他也是众族长的子孙，因为他借他们家族的童女取肉身，屈尊为人，没有佳形美容，没有体面，且服在受苦之下。因此，他谈到自己将要受苦时所说的话中有这样的话：'人子必须受很多苦，被法利赛人、文士弃绝，被钉十字架，第三日复活。'②他自称是人子，要么因为他是由童女所生，这位童女，如我所说的，是大卫家的，③是雅各、以撒和亚伯拉罕家的；要么因为，亚当不但是基督本人的父，也是之前列举的那些人的父，马利亚的后裔就是从他们而来。我们知道，女子的父也可以算作他们所生孩子的父亲。基督叫他的一位门徒——原来被称为西门——为彼得。既然彼得借着基督之父的启示认他为基督、上帝的儿子，既然我们看到基督几个使徒的回忆录里都记载着他是上帝的儿子，既然我们也称他为圣子，——所以，我们已经明白，他是借着父的权能和旨意，在一切造物之先从父而出（众先知的书中以这样那样的方式，把他称为智慧、

---

① 《马太福音》11:27。
② 《马太福音》16:21。
③ ［注意这里关于马利亚出自大卫支派的见证。］

日子①、东方、刀剑、磐石、权杖、雅各、以色列）；他又借童女成为人，好叫源于蛇的悖逆怎样发端的，就怎样被除去。夏娃原是纯洁无污的童女，只因心里装了蛇的话，就生出悖逆和死。[后来的]童女马利亚却领受了信心和喜乐，那时天使加百列向她宣告好消息说，主的灵要降在她身上，至高者的大能要庇护她，因此，她所生的圣者必称为上帝的儿子。②她回答说：'情愿照你的话成就在我身上。'③于是那一位从她而生。我们已经证明有众多经文都是指着他说的。上帝就是借着他消灭了蛇以及那些像蛇的天使和人，却为那悔改自己的恶行且归信于他的人做成了救恩，使他们脱离死。"

第一百零一章　基督将一切交托给父

"这首诗篇接下来的话是这样的，他说：'我们的祖宗倚靠你；他们倚靠你，便蒙解救；他们向你呼求，便得救；他们倚靠你，就不困惑。但我是虫，不是人，被众人羞辱，被百姓藐视。'这表明他[基督]承认他们是他的祖宗，他们曾信靠上帝并蒙他解救；他们也是这童女的祖先，基督就是从她生而成为人；在这里他也预言他必从同一位上帝得救，但他没有夸口凭自己的意愿和权能成就什么。他在世时行事也完全一样，他回答一个称他为'良善的夫子'的人时说：'你为什么称我是良善的？除了我天上的父之外，再没有良善的。'④但是当他说'我是虫，不是人，被众人羞辱，被百姓藐视'时，他也预言了现在确实存在并且发生在他身上的事。比如，我们这些信他的人处处受到指责，'被百姓藐视'；比如，他被你们的民弃绝、羞辱，遭受了你们所谋划的对他的种种侮辱。

---

① Maranus 说，很难说圣经里哪个地方称基督为日子的。[他显然是指黎明（《路加福音》2:8），如七十士译本对旧约的许多经文的翻译。见《撒迦利亚书》3:8。]或许查士丁想到《诗篇》118:24 的这句话："这是耶和华所定的日子。"亚历山大的克莱门教导说，这里是指基督。
② 《路加福音》1:35。
③ 《路加福音》1:38。
④ 《路加福音》18:18 以下。

接下来的话,'凡看见我的都嗤笑我,他们撇嘴摇头,说:他把自己交托耶和华,耶和华可以救他吧!耶和华既喜悦他,可以搭救他吧',同样是他预言此事要发生在他身上。因为看见他被钉十字架的人各都摇头撇嘴,彼此挤眉弄眼,说嘲笑他的话,如他的使徒在回忆录中所记:'他既说自己是上帝的儿子,就让他下来吧,让上帝来救他吧。'"

第一百零二章　关于基督出生时所发生之事的预言;为何上帝允许这些发生

"接下来的话,'我自出母胎就被交在你手里,从我母亲生我,你就是我的上帝。求你不要远离我,因为急难临近了,没有人帮助我。有许多公牛围绕我,肥大的公牛四面困住我;它们向我张口,好像抓撕的狮子。我如水被倒出来,我的骨头都脱了节,我心在我里面如蜡熔化。我的精力枯干,如同瓦片;我的舌头贴在我牙床上',也预告了要发生的事。比如'我自出母胎就被交在你手里',就要如此来解释。如我前面说的,他一出生在伯利恒,希律王就因从阿拉伯博士那里知道了他的事,要谋划置他于死地,但约瑟却按上帝之命,带着他和马利亚逃到埃及去了。虽然父早就命定他所生的这个子要被置于死地,但不是在他尚未长大成人、传讲从上帝所出的道之前。如果你们有人说,难道上帝不能治死希律吗?那我可以预先作这样的回答:难道上帝不能一开始就剪除蛇,使他不存在,而不是说'我要叫你和女人彼此为敌;你的后裔和女人的后裔也彼此为仇'①吗?难道他不能立刻创造出大群的人来吗?然而他知道,创造出天使和人,让他们都能自愿行义,并且为他们定下时间期限,让他们运用自己的自由意志,这是好的;他同样知道,他既施行普遍审判也施行个别审判,同时又保证各人意志的自由,这也是好的,所以就这样做了。因此,后来当巴别塔倒塌,语言发生分化和改

---

① 《创世记》3:15。

变时，圣经这样说道：'耶和华说：看哪，他们成为一样的人民，都是一样的言语，如今既做起这事来，以后他们所要做的事就没有不成就的了。'①接下来的经文，'我的精力枯干，如同瓦片；我的舌头贴在我牙床上'，也是预言他照着父的旨意将要成就的事。因为他有力的言语带着能力，他常用它来反驳法利赛人和文士，简单说，就是反驳你们民中所有向他提问的教师；当他保持沉默，在彼拉多面前对任何人选择一言不答时，这能力却又突然停住，就像充沛汹涌的泉流，突然关闭了它的闸门。他的使徒在回忆中也叙述了这事，好叫以赛亚记载的话结出应验的果子，那里写着说：'主耶和华赐我舌头，使我知道怎样说话。'②"另外，当他说'耶和华啊，你是我的上帝，求你不要远离我'，他是教导众人都当仰望那位创造万物的上帝，单单从他那里寻求拯救和帮助，而不要像别人那样，以为可以靠出身、财富、力量或智慧得拯救。但你们的行为一直都是如此：你们曾造出牛犊；你们总是表现得忘恩负义，总是表现出你们是杀害义人的，总是夸口自己的出身。如果连上帝的儿子都明确说，他之所以能得救既不是因为他是儿子，也不是因为他有力、有智慧，相反，若没有上帝，他就不可能得救，即便他无罪——如以赛亚所说，（大意是说，）他就是在言语上也不曾有任何过错（因为他嘴里没有任何过犯和诡诈）——那么，何况你们这些指望不靠这盼望得救的人，怎能不看到你们是在自欺欺人呢？

第一百零三章 法利赛人就是公牛，抓撕的狮子就是希律或者魔鬼

"这首诗篇接下来的话，'因为急难临近了，没有人帮助我。有许多公牛围绕我，肥大的公牛四面困住我；它们向我张口，好像抓撕的狮子。我如水被倒出来，我的骨头都脱了节'，同样是在预言他所遭遇的

---

① 《创世记》11:6。
② 《以赛亚书》50:4。

事。那一夜,你们民中一些人受法利赛人、文士和教师差使①,从橄榄山上②来到他面前,四面围住他,圣经就把这些人称为横冲直撞、莽撞行破坏的牛犊。他说'肥大的公牛四面困住我',是预言那些行事像公牛一样的人;那时他被引到你们的教师面前。圣经把他们描述为公牛,因为我们知道公牛是牛犊存在的原因。正如公牛是生牛犊的,同样,你们的教师也是其儿女上到橄榄山抓住主、将他带到他们面前的原因。'没有人帮助我'这话也是预示所发生的事,因为没有一个人帮助他这清白无罪的人。'它们向我张口,好像抓撕的狮子',指当时犹太人的王,他也叫希律,是前一希律的后继者,后者在基督诞生时杀死了伯利恒四境大约同时出生的所有婴孩,因他以为那些孩子中间肯定有阿拉伯博士所说的那个孩子,他不知道上帝的旨意胜过一切,不知道上帝怎样吩咐约瑟和马利亚带着孩子下到埃及,直等到上帝再次向他们显现,让他们回到自己的故乡。他们确实待在那里,直到杀死伯利恒婴孩的那个希律死了,亚基老(Archelaus)继位,但亚基老未等到基督在十字架上成就他的父为他所定的安排就死了。希律继亚基老之位后,彼拉多既领了所分派给他的权柄,就将捆绑的耶稣送到他面前,以表恭贺。上帝预先知道这事要发生,因而早就说:'他们必将他带到亚述当作礼物,献给王。'③或者他用抓撕他的狮子意指魔鬼,也就是摩西称之为蛇,《约伯记》和《撒迦利亚书》称为魔鬼,而耶稣称之为撒但的;这表明魔鬼因它的行为得了这些不同的名字。'撒达'(Sata)在犹太人和叙利亚人的方言里意指背道者,而'那斯'(Nas)就是把他称为"蛇"的由来,也就是说,蛇就是从这个希伯来词译过来的;两个词合为一个词,就成了'撒达那斯'(Satanas,即撒但)。当耶稣从约旦河上来,当时有声音对他说,

---

① 这里没有采纳 κατὰ τὴν διδασκαλίων,而采纳 καί τῶν διδασκάλων 的读法,即"依从他们的指示"。
② 查士丁似乎认为犹太人是从山上某处来到基督面前,而基督当时在下面的山谷。
③ 《何西阿书》10:6。

'你是我的儿子，我今日生你'①，而按照使徒们的回忆记载，这之后魔鬼来到他面前，试探他，最后甚至对他说：'拜我吧！'基督回答说：'撒但退去吧！当拜主你的上帝，单要侍奉他。'②正如魔鬼曾迷惑了亚当，他也指望可以设谋加害基督。此外，'我如水被倒出来，我的骨头都脱了节，我心在我里面如蜡熔化'这句，也是在预言人们跑到橄榄山来抓他的那晚，他所遭遇的事。在我所说由他的使徒及其跟随者所记载的回忆里，记载了当他祷告说，'如若可能，就把这杯撤去'③时，他的汗珠如大血点滴在地上；他的心还有他的骨头都在颤抖；他的心如蜡在他里面熔化。这是要叫我们认识到，父愿意他的儿子为了我们的缘故真实地经受这样的苦难；免得我们说，他既然是上帝的儿子，就感受不到发生在他身上的事和临到他头上的苦。④再者，'我的精力枯干，如同瓦片；我的舌头贴在我牙床上'这句，如我前文指出的，也是预言他的那种沉默：那时，曾经宣告你们的众教师都没有智慧的那一位，却对一切问话不答一言。"

第一百零四章 这首诗篇预示了基督死时的情形

"'你将我安置在死地的尘中。犬类围着我，恶党环绕我；他们扎了我的手、我的脚。我的骨头，他们都数过；他们瞪着眼看我。他们分我的外衣，为我的里衣拈阄'，这些话，如我前文说的，预示他的死，即恶人会要定他死罪，而他把这些人称为犬类和猎人，并指出那些寻索他命的人又是聚集，又是千方百计要定他的罪。这事确实发生了，记载在他门徒的回忆录里。我已经指出，他被钉十字架后，那些钉他十字架的人就分了他的外衣。"

---

① 《诗篇》2:7，参《马太福音》3:17。
② 《马太福音》4:9、10。
③ 《路加福音》22:42、44。
④ 查士丁是指幻影论者的观点，即基督只是表面上受苦，而非真实地受苦。

第一百零五章　这首诗篇还预言了基督钉十字架及他在世上最后祷告的主题

"这首诗篇接下来的话,'耶和华啊,求你不要远离我!我的救主啊,求你快来帮助我!求你救我的灵魂远离刀剑,救我的生命(我的独生者)脱离犬类,救我脱离狮子的口,使我脱离独角兽的角',也表明并预言了将要临到他的事。我已经证明,他是万有之父的独生子,是道、是[上帝的]大能,以独特的方式被父所生,后来借着童女成为人,如我们从那些回忆录所得知的。此外,他将被钉十字架的事也同样在这里被预言了,因为'求你救我的灵魂远离刀剑,救我的生命(我的独生者)脱离犬类,救我脱离狮子的口,使我脱离独角兽的角',这话表明他因之而死的苦难,即钉十字架。因为我已经解释过,'独角兽的角'完全就是十字架的形状。祈求让他的灵魂远离刀剑、狮子的口和犬类的手,也就是祈求他的灵魂不要被人夺去。这样,当我们到达生命终点时,我们也可以向上帝提出同样的祈求,他能阻止一切无耻的恶天使取去我们的灵魂。灵魂是一直存在的,这一点我已经通过女巫应扫罗之请,招上撒母耳的灵魂向你们证明。① 显然,所有相类似的义人和先知,他们的灵魂也归这种掌权的天使管辖,从女巫的例子所显示的事实其实可以推导出这一点。因此上帝也借他的儿子教导我们——这些事看起来就是为我们这样的人所行的——要恒切祷告,临死时也要祷告,叫我们的灵魂不落入这类天使的手中。我从那些回忆录中知道,当基督在十字架上交付他的灵(灵魂)时,他说,'父啊!我将我的灵魂交在你手里'。② 因此他告诫门徒要超越法利赛人的生活方式,并警告他们,若非如此,就可以肯定他们是无法得救的。回忆录里

---

① 没有给出这样的证明。[这是不可能的。那个女人自己因直接求告上帝而惊恐。《撒母耳记上》28:12、13。]

② 《路加福音》23:46。

记载了这样的话：'你们的义若不胜过文士和法利赛人的义，断不能进天国。'①"

第一百零六章　这首诗篇结尾预示了基督的复活

"这首诗篇余下的话表明，他知道父会应允他一切所求，会让他从死里复活。他敦促所有敬畏上帝的人都赞美上帝，因他怜悯各族中凡借着他被钉十字架的奥秘而信的人。他站在他的众使徒弟兄中间（基督复活后，他们从他亲自[显现的证据]，终于信服基督在受难前已向他们指出他必受这些苦难，而且先知也预先宣告了要有这些事。因此，他们都为自己在他被钉十字架的时候离他而去悔改了），与他们一同生活，唱诗赞美上帝，正如门徒的回忆录所表明的。这些话如下：'我要将你的名传与我的弟兄，在教会中我要赞美你！你们敬畏耶和华的人要赞美他！雅各的后裔都要荣耀他！以色列的后裔都要惧怕他。'经上说到他让一位门徒改名为彼得，他的回忆录里记载了确有这样的事发生。此外他还改了另外两兄弟，即西庇太两儿子的名，其中一位被叫作半尼其（Boanerges），就是雷子的意思。这就宣告了这样的事实：雅各正是因他而被称为以色列，何西阿证实因他而被称为耶稣（约书亚），从埃及出来的余民正是在他名下被领入应许给族长们的地土。他要像星星从亚伯拉罕的子孙中兴起，这事摩西预先就宣告了，他说：'有星要出于雅各，有杖要兴于以色列。'②另一句经文说：'看哪，一个人；他的名叫东方。'③所以，如他门徒的回忆中所记载的，他诞生时有一颗星在天上升起，来自阿拉伯的东方博士由此认出了这个记号，就前来拜他。"

---

① 《马太福音》5:20。
② 《民数记》24:17。
③ [或者"黎明、开端"。]《撒迦利亚书》6:22（七十士译本）。

第一百零七章　约拿的经历也教导同样的事

"关于他被钉十字架后要在第三日复活,那些回忆里记载,①你们民中有人问他,说:'显个神迹给我们看';他回答说:'一个邪恶、淫乱的世代求神迹,除了先知约拿的神迹以外,再没有神迹给他们看。'他这话很隐晦,听众必须明白,他说的是他被钉十字架后第三日要复活。他指出,你们的世代比尼尼微城更邪恶、更淫乱。就后者来说,当约拿于第三日从大鱼肚子里出来向那里的人说,三天(另外的版本说四十天)后他们全都要毁灭时,他们就宣告禁食:所有活物,无论人畜都要披上麻衣,真诚哀哭,真心忏悔,转离不义,并相信上帝满有怜悯,会善待一切转离邪恶的人。于是,那城的王亲自行动,还带着他的贵胄们一起,披戴麻衣,不住地禁食祷告,请求不让他们的城倾覆,终于得到了应允。但是约拿很懊恼,因为该城没有如他所宣告那样于第三天(四十天后)倾覆。耶和华就安排在他坐的地方有一棵蓖麻从地里发出来,为他遮阴(这蓖麻是凭空长出来的,约拿既没有栽种,也没有浇灌,它一下子长成绿荫为他挡热),又安排它突然枯萎,使约拿为此忧愁。上帝借此安排,就判定约拿因尼尼微城没有毁灭而不悦是不义的,说:'这蓖麻不是你栽种的,也不是你培养的,一夜发生,一夜干死,你尚且爱惜;何况这尼尼微大城,其中不能分辨左手右手的有十二万多人,并有许多牲畜,我岂能不爱惜呢?'②"

第一百零八章　基督的复活没有使犹太人归信。他们反而从全地派人来指控基督

"虽然你们民中所有人都知道约拿生命中的事件,虽然基督在你们中

---

① 《马太福音》12:38 以下。
② 《约拿书》4:10 以下。

间说过他要给你们看约拿的神迹,从而劝告你们至少等他从死里复活之后应悔改自己的恶行,如尼尼微人那样在上帝面前哀叹,免得你们的民和城不致像后来那样被夺去、毁灭——然而你们不仅不悔改,当你们知道他从死里复活之后,如我在前文所说,①你们还选出并任命一些人,差他们四处扬言说:有一种不敬神、无法无天的异端从名叫耶稣的人出来,他是加利利的骗子,我们把他钉了十字架,但他的门徒夜里把他从坟墓,就是他从十字架上解下来后埋葬的那个坟墓里偷走了,且如今开始蒙骗人,说他复活并升天了。此外,你们还指控他教导不敬、不虔、不圣洁的教义;那些承认他是基督、是从上帝来的夫子、是上帝儿子的人,你们就提这些教义定他们的罪。此外,甚至在你们的城被占领,你们的土地被掳掠之后,你们仍不悔改,还胆敢出言咒诅他和凡信他的人。然而,我们并不恨你们以及像你们一样对我们还有如此偏见的人,相反,我们祷告,愿你们每个人到现在也还可以悔改,得到上帝,就是慈悲、长久忍耐的众生之父的怜悯。"

第一百零九章　弥迦预言了外邦人的归信

"但是,外邦人听了他的使徒从耶路撒冷传讲的教义,又借他们学过这教义之后,就会从自己邪恶不端的生活中悔改。关于这一点请允许我引用十二[小先知]之一弥迦的一小段预言的话:'末后的日子,耶和华殿的山必坚立,超乎诸山,高举过于万岭;万民都要流归这山。必有许多国的民前往,说:来吧!我们登耶和华的山,奔雅各上帝的殿。他们必将他的道教训我们,我们也要行他的路。因为训诲必出于锡安,耶和华的言语必出于耶路撒冷。他必在多国的民中施行审判,为远方强盛的国断定是非。他们要将刀打成犁头,把枪打成镰刀。这国不举刀攻击那国,他们也不再学习战事。人人都要坐在自己葡萄树下和无花果树下,

---

① 第十七章。

无人惊吓。这是万军之耶和华亲口说的。万民各奉己神的名而行,我们却永永远远奉耶和华我们上帝的名而行。耶和华说:到那日,我必聚集受苦的,招聚被赶出的和我所降灾的。我必使受苦的为余剩之民,使赶到远方的为强盛之民。耶和华要在锡安山作王治理他们,从今直到永远。'①"

第一百一十章　预言已经部分应验在基督徒身上,其余的将在基督二次降临时应验

引完这段经文,我接着说道:"先生们,我知道你们的老师承认这段经文的话都是指着基督的;我也知道他们认为基督还没有到来;即便他们说基督已经到来,他们也会说,没有人知道谁是基督,只有等到他清楚而荣耀地显现时,人才能知道那就是他。他们还说,经文里所提到的事都会发生的,似乎预言的话还没有看到任何果效。这些不用理智思考的人!他们不明白这一切经文所证明的事,那就是,它们其实宣告了基督将有两次降临:第一次,经文已经说明,他来是受苦,没有荣光、没有体面,还要被钉十字架;但第二次,他要带着荣光从天降临,彼时,那个离道反教②之人,就是那以奇谈怪论攻击至高者的人,将肆无忌惮在世上行不法之事攻击我们基督徒。而我们既从律法知道了对上帝的真正崇拜,也明白了借耶稣的使徒从耶路撒冷传出的道,就逃到雅各的上帝、以色列的上帝那里求庇护。我们这些原本充满争竞、彼此杀戮、无恶不作的人,如今在全地把我们好战的兵器、就是我们的刀剑打成了犁头,把我们的枪铸成了耕作工具——我们如今耕种的是虔敬、公义、仁爱、信心、盼望,这些我们都是借着那被钉十字架的主从父所得。各人坐在葡萄树下,即各人拥有自己的结发妻子,因为你们知道有预言的话

---

① 《弥迦书》4:1 以下。
② 《帖撒罗尼迦后书》2:3;亦见第三十二章。

说：'他妻子要像多结果子的葡萄树。'①显然，谁也不能恐吓或征服我们这在世上各处信了耶稣的人，因为很显然，我们虽被砍头，被钉十字架，被扔给野兽，受锁链、火刑以及其他各种折磨，却绝不放弃我们的认信。相反，越是有这样的事，就越是有更多的人成为信徒，成为借耶稣之名敬拜上帝的人。这就像人剪去葡萄树结果子的枝子，它会再长出新的枝子，枝叶繁茂，果实累累，我们身上发生的事就是如此；上帝和救主基督栽种的葡萄树就是他的百姓。不过，预言的其余部分要到他第二次降临时才应验。'受苦的和被赶出的'，即从世界被赶出去，这句表明，你们和其他人只要力所能及，就把每个基督徒都赶出去，不但赶离自己的家园，甚至逐出世界，因为你们不许一个基督徒活着。不过你们说，同样的命运也落到了你们自己的民头上。没错，但你们既然是在战败之后被驱逐出去，那你们受如此对待就是罪有应得，所有经文都见证这一点。而我们，虽然我们在晓得上帝的真道后，一样也没有行这类恶事，却蒙上帝为我们作见证说，我们与那位至义的、唯一无瑕、无罪的基督一起，被赶出了这个世界。以赛亚大声说：'看哪，义人死亡，无人放在心上；虔敬人被收去，无人思念。'②"

第一百一十一章　两只羊预示两次降临；第一次降临的其他预表；基督第一次降临时，外邦人借基督的血得自由

"从禁食期间献上的羊祭牲这个记号，就可以明显看出，甚至在摩西的时代就有记号宣告，基督必有两次降临，如我前面所提到的。另外，摩西和约书亚所行的事也象征性地宣告、预告了同样的事。他们俩人一个在山上伸出双手，在人扶持下，保持这个姿势到晚上，这正启示出一个预表，即十字架的预表；另一个改名耶稣（约书亚）的人则带领作

---

① 《诗篇》128:3。
② 《以赛亚书》57:1。

战,最后以色列胜了。这事发生时既关乎圣人,也关乎上帝的先知,这样你们就可以明白,他们中的任何一个都不能单独承载两个奥秘。我是说,十字架的预表和名字的预表。因为无论现在、过去、将来,这都是只属于基督的力量;他的名为各样的权势所畏惧,他们非常痛苦,因为都要被他毁灭。因此我们那位受苦并被钉十字架的基督,他并不是律法所咒诅的;相反,他是显明,唯有他能救那些不离弃他的信心真道的人。逾越节的血涂在各人的门柱和门楣上,解救了那些在埃及的得救之人,而埃及人的头生子却被除灭。逾越节就是基督,他后来被献为祭;以赛亚也说:'他像羊羔被牵到宰杀之地。'①经上记载,你们在逾越节那天拿住他,也在逾越节期间把他钉了十字架。正如逾越节的血救了从前在埃及的人,同样,基督的血也必救信他的人脱离死亡。那么,假如不是门楣上有这记号,上帝就会被瞒过[而认不出他的百姓]吗?我没有这么说,而是说,他借着基督的血预先宣告了人类将来的得救。因为嫩的儿子约书亚派探子进耶利哥时,探子把朱红线绳交给妓女喇合,让她系在她缒他们下去,以避开他们敌人的窗户上,这朱红线绳显然也象征基督的血。借着它,外邦中那些曾经是妓女的人以及不义的人得了拯救,领受了赦罪之恩,不再陷在罪里。"

第一百一十二章 犹太人对这些记号的解释言之无文苍白无力,注意力完全集中在无足轻重的事上

"你们却以低下而属地的方式解释这些事,从而把许多缺点归咎于上帝,因为你们只是像这样听所说的话,却不去考察话中的实质含意。因为倘若照这样理解,就算摩西也会被看作罪人。你看,他曾吩咐说不可做任何形象,仿佛上天、下地、水中百物的形象,然后他自己却造了一个铜蛇,把它放在标杆上,命令那些被蛇咬的人凝望它,而他们一望这

---

① 《以赛亚书》53:7。

铜蛇就得救了。那么，我们是不是就可以认为，上帝一开始所咒诅，并如以赛亚所说①用大刀除灭的蛇，在这个时候反倒保护了百姓呢？我们难道会按你们老师的愚蠢想法领受这些，而不把它们看作记号吗？我们岂不会认为这标杆是指被钉十字架的耶稣的形象？因为摩西也通过伸展的双手，再加上那名为耶稣（约书亚）的人，为你们的民赢取了胜利。这样来理解的话，我们就不会迷惑于这位立法者所做的事了，即他虽然劝百姓仰望一只过犯悖逆所由来的兽，却并没有离弃上帝。这位有福的先知做这样的事，说这样的话，是带着极大的智慧和奥秘。对于任何一位先知所说所做的，毫无例外。如果我们不拥有他们里面所包含的知识，就不可能正确领会。但是，如果你们的老师只向你们解释为何这段经文里说到母骆驼而那段经文却没说到，供物为何用这个分量的细面、这个分量的油，如果他们只是以低下、庸俗的方式解释，而从不敢谈论或者解释意义重大、值得探究的要点，或者强行命令你们不要听我们对这些重点的解释，不要与我们交谈，那么，他们岂不该听我们的主耶稣基督对他们所说的话吗：'粉饰的坟墓，外面好看，里面却装满了死人的骨头；你们将薄荷献上十分之一……你们这瞎眼领路的……骆驼倒吞下去！'②如果你们不鄙弃那些抬高自己、只想别人称其为'拉比、拉比'的人的学说，并怀着真诚和聪明来就近预言的话，甚至从自己的民遭受苦难如众先知本人所遭受的一样，就不可能从先知书里得到丝毫益处。"

第一百一十三章　约书亚是基督的预表

"我的意思是这样的。耶稣（约书亚）这个我不时提到的名字，被派去刺探迦南地的时候还叫何西阿（Oshea），摩西给他改名为耶稣（约书亚）。他为何这样改，你们既没有问，也未对此感到困惑，更没有作严谨

---

① 《以赛亚书》27∶1。
② 《马太福音》23∶27、23、24。〔注意他举出拉比的解释为例子。他赞同他们的原则，但提出更高贵的类比。〕

的考察。因此基督被你们忽略了,你们虽然读了,却不明白;就是现在,你们尽管听说了耶稣是我们的基督,也不认为这名字并非毫无目的或偶然加给他的。你们倒去从神学上探讨亚伯拉罕的第一个名字为何要加上一个'α',又同样夸大其词地争论撒拉的名字为何要加上一个'ρ'。①你们为何不同样研究一下嫩的儿子何西阿,他父亲所取的名字,为何要改为耶稣(约书亚)呢?他不仅改了名字,还被任命为摩西的继承者,也是同时代人中唯一一个从埃及出来的,所以是他领着幸存下来的百姓进了圣地;而且,正是他而非摩西通过抽签把地分给跟他一起进入圣地的民,照样,耶稣基督也必使分散的百姓转回,把美好的地土分给各人,只是并非以同样的方式。前者只分给百姓暂时的居所,因为他既不是那为上帝的基督,也不是上帝的儿子;而后者,在圣洁的复活②之后,必赐给我们永恒的产业。前者改名耶稣(约书亚)并从耶稣的灵领受力量之后,曾使太阳停止不动。我已经证明,那向摩西、亚伯拉罕及所有其他族长显现并与他们交谈的都是耶稣,无一例外,他执行父的旨意;我说,他也是借着童女马利亚生而为人,并永活的那位。因为后者就是父要在他到来之后③并借着他更新天地的那位;就是要在耶路撒冷照射永恒之光的那位;就是按照麦基洗德的等次做撒冷王、做至高者的永恒祭司的那位。前者据记载用石刀第二次为百姓行割礼(石头就是这次割礼的记号;耶稣基督也用这记号为我们行割礼,使我们脱离了由石头和其他材料制造的偶像),又把各处那些受了石刀的割礼,即我们主耶稣的话的割礼而脱离了割礼状态,即摆脱了世界错谬的人聚集起来。因为我已经表明,众先知用比喻宣称基督就是石头、磐石。所以,我们就把石刀理解成他的话,借着他的话,许许多多陷于错谬的人都受了割礼,心里的割礼,割除了未受割礼的状态;上帝借着耶稣,吩咐从

---

① 根据七十士译本,Σάρα 改为 Σάρρα,Αβραμ 改为 Αβραάμ。
② 或者"圣徒的复活"。
③ 查士丁的意思似乎是说,天地的更新要从基督的道成肉身算起(《马太福音》19:28)。

那时起，那些从亚伯拉罕领受了其割礼的人，要再行这心灵的割礼；他说，耶稣（约书亚）要用石刀为那些进入圣地的人行第二次割礼。"

第一百一十四章　有些法则可以分辨哪些经文是说基督。
犹太人的割礼与基督徒所领受的完全不同

"圣灵有时会让某件为将来作预表的事清晰地成就；有时在他谈到以后要发生的事时，就仿佛当时正在发生或已经发生一样。读者若认识不到这种写作手法，就不能按应有的方式理解先知的话。比如，我复述几个预言经段，你们就会明白我说的意思。圣灵借以赛亚说，'他像羊羔被牵到宰杀之地，又像羊在剪毛的手下'①，就好像这受苦的事已经发生了。他再次说，'我整天伸手，招呼那悖逆、不认主的百姓'②，又说，'我们所传的有谁信呢'③——这些话说得都像是在宣告已经发生的事。我已经指明，基督在比喻里常被称为石头，也常被比作雅各和以色列。另外，当他说'我观看你指头所造的天'④时，我若不明白他的用词方式，我就不可能理解这话的意思，而只会像你们的教师那样，以为万物之父，非受生的上帝有手脚、指头和灵魂，就如一个合成之物；也因此，你们的教师就教导说，是父本身向亚伯拉罕、向雅各显现。因此，我们这些用石刀受第二次割礼的人是有福的。你们的第一次割礼无论以前还是现在都是用铁器行的，因为你们仍旧存刚硬的心；而我们的割礼是第二次割礼，是在你们的割礼之后制定的，它用锋利的石头，即非人手所凿的那块房角石的使徒所传讲的话，给我们行了割礼，使我们脱离了偶像崇拜，也彻底脱离了种种邪恶。我们的心就这样受割礼脱离了恶，因此我们为那良善磐石的名欣然赴死。这磐石使活水自那些借着他爱万物

---

① 《以赛亚书》53:7。
② 《以赛亚书》65:2。
③ 《以赛亚书》53:1。
④ 《诗篇》8:3。

之父的人心里涌流出来,又给愿意的人喝那生命之水。而你们听我说这些事却不明白,因为你们还不理解经上所预言基督要行的事,也不相信我们这些提请你们注意经上记载之事的人。耶利米由此大声说:'你们有祸了!因为你们离弃了永活的泉源,为自己凿出破裂不能存水的池子。锡安山所在地岂不会有旷野吗?因为我已当你们的面给了耶路撒冷休书。'①"

第一百一十五章 《撒迦利亚书》关于基督徒的预言;犹太人在争论中所行的恶道

"但你们应当相信撒迦利亚,他用比喻指示基督的奥秘,用隐晦的方式宣告它。以下是他所说的话:'锡安的女子啊,应当欢乐歌唱,因为我来要住在你中间。这是耶和华说的。那时,必有许多国归附耶和华,作我的子民,我要住在你们中间,他们就知道万军之耶和华差遣我到你那里。耶和华必收回犹大作他圣地的分,也必再拣选耶路撒冷。凡有血气的都当在耶和华面前敬畏,因为他兴起,从他神圣的云中出来了。他指给我看,大祭司耶稣(约书亚)站在耶和华的使者面前,魔鬼也站在他的右边与他作对。耶和华向魔鬼说:拣选耶路撒冷的耶和华责备你。看哪,这不是从火中抽出来的一根柴吗?'②"

特里弗正准备回答并反驳我时,我说:"等等,请先听我说,因为我要给出的解释不是你所以为的,似乎在巴比伦土地上,就是你们为囚奴的地方并不曾有过名叫约书亚(耶稣)的祭司。但即使我像你们以为的那样解释,我也已经表明,如果你们民中有一个名叫约书亚(耶稣)的祭司,那么,先知也并非在他的启示中看见他,就如他并非在醒着时亲见魔鬼或耶和华的使者,而是在魂游象外中、在启示向他显现时看

---

① 《耶利米书》2:13。
② 《撒迦利亚书》2:10—13, 3:1, 2。

见的。①但我现在说,就如圣经里说嫩的儿子、名叫耶稣(约书亚)的人成就了大能的作为和功绩,预告了我们的主将要做的事。同样,现在我要进一步表明,祭司耶稣(约书亚)时代在巴比伦向你们的民显明的启示,也是在宣告我们的大祭司将要成的事。他是上帝,是基督,是万物之父上帝的儿子。"

我接着说:"其实我很疑惑,刚刚我在说话时你为何保持沉默,我说从埃及出来的人中唯有嫩的儿子与圣经所描述的年轻一代一同进入圣地时,你为何没有打断。因为你们总是像苍蝇一样看到伤口就蜂拥而上。就算人说了一万句很好的话,但只要刚好有一个小词,因为不够清晰或者准确而让你们不悦,你们就无视众多说得好的话,而抓住那个小词,极端热心地确证它是不敬而罪恶的东西。这样,当上帝用同样的审判来审判你们时,你们就可以有更有分量的说辞来推诿你们的厚颜无耻,或是恶行,或是从歪曲真理而得的拙劣的解经。你们怎样论断别人,就用什么来论断你们,这是公义的。"

第一百一十六章　表明这预言如何与基督徒吻合

"为了向你们解释关于圣耶稣基督的启示,我要继续我的讨论。我认为即便那个启示,也是为我们这些信靠大祭司基督,也就是这位被钉十字架的主的人显明的。虽然我们曾经生活在淫乱和各种污秽交往中,但如今我们借着我们耶稣的恩典,照着他父的旨意,已经脱去了从前沉溺其中的种种污秽的恶行。虽然魔鬼常在近旁与我们作对,急切地引诱众人归向他,然而那位上帝的使者,即借着耶稣基督差来我们这里的上帝的权能责备他,他就离开我们去了。我们之洁净先前的罪,正好比从火里被拉出来,从魔鬼及其仆役试探我们的痛苦和火的试炼中救出来。上帝的儿子耶稣又应许我们,只要我们行他的诫命,他就把我们从这试炼

---

① 先知的异象值得注意。

中搭救出来，①让我们穿上预备好的衣服；他还要给我们预备一个永恒的国度。正如被先知称为祭司的耶稣（约书亚）显然是穿着污秽的衣服——因为经上说他娶了妓女作妻子，②且把他说成从火里拉出来的一根柴——因为当抵挡他的魔鬼受到责备之后，他就领受了赦罪之恩。同样，我们这些借着耶稣的名，同心如一人相信万物的创造者上帝的人，也借着他独生子的名，脱下了污秽的衣服，即我们的罪孽，既被他呼召的话猛烈点着，我们就成了真正的上帝大祭司一族，就如上帝亲自见证的，他说各外邦人之地都向他献上讨他喜悦的、纯洁的祭。而上帝不从任何人接纳祭物，唯有通过他的祭司接纳。③"

第一百一十七章 玛拉基关于基督徒祭献的预言；
不能把它理解为犹太人大散居时的祷告

"所以，上帝既预先看见我们借这名献上的一切祭，就是耶稣基督吩咐我们以圣餐饼和杯所献上的，也是普天下基督徒所献上的，就作见证说，这些祭物是他所悦纳的。但他明确拒斥你们以及你们的那些祭司献上的祭，说：'我不从你们手中收纳供物；从日出之地到日落之处，我的名在外邦人中必尊为大；你们却亵渎我的名。'④即使现在，热衷于争竞的你们也说上帝不接纳当时住在耶路撒冷，被称为以色列人的所献的祭；但又说，他喜悦那民大散居时一些个别人的祷告，并称他们的祷告为祭。我也承认，由相称的人所献上的祷告和感恩，才是唯一完全的、上帝所喜悦的祭。事实上，唯有基督徒献上这样的祭品，他们是借固体

---

① Maranus 把 ὰποσπῷ 改成了 ἀποσπᾶν，本书采用此观点。Otto 则保留了抄本中的写法："上帝的儿子耶稣又把我们从其中抢夺出来。他应许说，他将以……为衣给我们穿上……"云云。
② 查士丁或者混淆了约撒答（Josedech）的儿子约书亚与先知何西阿，或者指犹太人的传统，即"污秽的衣服"指非法婚姻、百姓的罪孽或被掳的悲惨。
③ [《以赛亚书》66:21；《罗马书》15:15、16、17（希腊文）；《彼得前书》2:9。]
④ 《玛拉基书》1:10—12。

和液体的食物带来的记念作用献上；他们从中回想起上帝儿子①所受的苦难，而你们民中的大祭司和你们的文士，却使他儿子的名在全地受到玷污和亵渎。你们曾把这些污秽的衣服穿在凡借耶稣之名成为基督徒的人身上，上帝却表明，这衣服要从我们身上脱去；到那时，他要叫众人都从死里复活，并指定其中一些人成为不朽坏的、不死的，在永恒、不毁灭的国度里，不再有一丝忧愁，却打发另一些人进到永火的刑罚里去。至于你们和你们的老师，你们自欺欺人，把经文解释成是指着你们民中那时还处在大散居中的一些人说的，并认为这些人在各处献上的祷告和祭物是纯洁的，讨上帝喜悦的。你们这些人要明白，你们在说虚谎的话，想方设法要欺骗自己。因为，头一条，即使今天，你们的民也没有从日出之地伸展到日落之处，有些民中根本没有你们的人居住。因为人类中没有哪一个民族，不论化外人、希腊人或者称为别的什么名的民族，还是游牧民、流浪民或住帐棚的牧羊人，其祷告和感恩不是借着被钉十字架的耶稣之名献上的。②而正如圣经表明的，在那时，③也就是玛拉基写这话的时候，你们像今天这样散居世界各地的事还没有发生。"

第一百一十八章　他告诫要在基督到来之前悔改；
基督徒因为信基督，就远比犹太人虔敬

"因此你们倒不如断了好争吵的心，在那审判的大日到来之前悔改，到那时，你们各支派中凡扎过这位基督的人都要哀哭；如我所表明的，这是圣经里的宣告。我已经阐明主曾'按着麦基洗德的等次'④起誓，也解释过这话是什么意思；我也说过，以赛亚的预言'他的墓地从中间

---

① 或作"上帝的上帝"。
② ［注意这是证明 2 世纪教会之普世性的证据。亦参 Kaye（对照 Gibbon 的看法），cap. vi. 112。］
③ εἶπα δὲ for εἰδότες.
④ 《诗篇》110:4。

被取去'①，是指着将来基督的埋葬和复活说的；我还不时指出，这位基督就是一切活人死人的审判者。拿单也对大卫谈到他说：'我要作他的父，他要作我的子；我的慈爱不离开他，像离开在他面前所废弃的；我必确立他在我家里，在他的国里，直到永远。'②以西结说：'这家里除了他没有别的王。'③他是被拣选的祭司、永恒的王、基督，因他是上帝的儿子。不要以为以赛亚或者其他先知说的是他第二次降临时陈设在坛上的血祭或奠酒，他们说的其实是真正的、属灵的赞美和感恩。我们并非徒然信他，并非被教导我们这些教义的人引入迷途了；其实这一切都已借着上帝奇妙的预知发生了，好叫我们借着新的永约——也就是基督——的呼召，最终比你们这些在人看来又爱上帝、又聪明其实却不然的人更聪明，更敬畏上帝。以赛亚曾充满敬慕地说：'君王要向他闭口。因所未曾传与他们的，他们必看见；未曾听见的，他们要明白。我们所传的有谁信呢？耶和华的膀臂向谁显露呢？'④

我接着说："特里弗，我就你们所允许的复述了这些经文⑤，我这样做是为了那些今天跟你一起来的人，不过我只是简明扼要地复述。"

他回答说："你做得很好。虽然你有点冗长地重复同样的话，但请相信我和我的同伴都很乐意听。"

第一百一十九章　基督徒就是所应许给亚伯拉罕的圣民，他们像亚伯拉罕一样蒙召

然后我又说："先生们，假如我们不是照着他所喜悦的旨意领受了恩典，能以分辨是非，你们认为我们竟能明白圣经里的这些事吗？这是要

---

① 《以赛亚书》53:8。
② 《撒母耳记下》7:14 以下。
③ 《以西结书》44:3。（和合本无此节内容。——中译者注）
④ 《以赛亚书》52:15，53:1。
⑤ ［请注意这里的歉词。］

让摩西的话①应验，'他们敬拜别神，激怒我，行可憎恶的事，惹了我的怒气。所祭祀的鬼魔并非真神，乃是素不认识的神，是近来新兴的，是你列祖所不认识的。你抛弃生你的上帝，忘掉养你的上帝。耶和华看见他的儿女惹动他，就厌恶，惹了怒气，他说：我要向他们掩面，看他们的结局如何。他们本是极乖僻的族类，心中无诚实的儿女。他们以那不算为上帝的，触动我的愤恨，以虚无的神惹了我的怒气。我也要以那不成子民的，触动他们的愤恨，以愚昧的国民惹了他们的怒气。因为我的怒中有火烧起，直烧到极深的阴间，把地和地的出产，尽都焚烧，山的根基也烧着了。我要将祸患堆在他们身上。'②那义人被处死后，我们发旺成为一支新的民，如同茁壮的新谷从地里冒出来，如先知所说：'那时，必有许多国为一个民归附耶和华，他们要住在全地。'③我们不只是一支民，还是圣洁的民，就如我们已经表明的。④'人必称他们为圣民，为耶和华的赎民'，⑤因此我们不是一支可藐视的民，也不是野蛮族类，不是像卡里亚人（Carian）和弗吕家人（Phrygian）那样的民；上帝甚至拣选了我们，并向那些未曾寻求他的人显明，他说：'看哪，素来没有访问我的，我向他们显现。'⑥这就是上帝古时所应许给亚伯拉罕的民，那时上帝宣称要使亚伯拉罕成为多国之父。然而，他不是指着阿拉伯人、埃及人或以土买人说的，因为以实玛利成了一个大国的父，以扫也如此；现在还有数目庞大的亚787人。此外，挪亚是亚伯拉罕的祖先，事实上也是所有人的祖先；其他民族也各有其他的祖先。那么基督给予亚伯拉罕有什么更大的恩典吗？这就是：他发声以同样的呼召召他离开他所住的本地。他也用那个声音呼召我们众人，我们原先像住在地上的其他

---

① 直译为"在摩西的时代"。
② 《申命记》32:16—23。
③ 《撒迦利亚书》2:11。
④ 见第一百一十章。
⑤ 《以赛亚书》62:12。
⑥ 《以赛亚书》65:1。

人一样在邪恶中度日,如今我们已经离弃原先奉行的生活之道;我们将与亚伯拉罕一起住在圣地,那时我们将领受那永世无尽的产业,因我们借着同样的信,也是亚伯拉罕的儿女。就如他相信上帝的声音,而这就算为他的义;同样,我们既信了上帝借基督的使徒发出、借众先知传给我们的声音,也就弃绝了一切世上的事物,甚至死也甘心。因此,上帝应许给亚伯拉罕一支具有同样信心的国民,是敬畏上帝的、公义的、以父为乐的国民;但不是指你们,因为你们是'心中无诚实①'的儿女。"

第一百二十章　基督徒被应许给以撒、雅各和犹大

"也请注意,同样的应许如何给了以撒和雅各。他这样对以撒说:'地上万国必因你的后裔得福。'②对雅各说:'地上万族必因你和你的后裔得福。'③这话他既没有对以扫说,也没有对流便或者别的什么人说,只对基督将来要照着安排、借着童女马利亚兴起于其中的那些人说。如果你们思考对犹大的祝福,就会明白我说的话。因为那后裔自雅各而分,经犹大、法勒斯、耶西到大卫。这象征一个事实,你们民中有些将被发现是亚伯拉罕的子孙,并得享基督的分;另一些虽然确实是亚伯拉罕的儿女,却要像海边的沙,贫瘠不结果子,数量很多,事实上是数不胜数,但不结任何果子,唯喝海水。你们民中一大部分人被判定属于这一类,专喝那苦涩、不敬神的教义之水,却把上帝的道吐出来。因此,他在提到犹大的段落里说:'圭必不离犹大,杖必不离他两腿之间,直等到这一切所预备给的那一位到来,他必是万民所盼望的。'④这里说的显然不是犹大,而是基督。我们这从万民中来的人,也不是期待犹大,而是期待那曾领你们祖宗出埃及的耶稣。这句预言甚至还提到了基督的降

---

① 这里的"诚实"与"信"是同一个词。
② 《创世记》26:4。
③ 《创世记》28:14。
④ 《创世记》49:10。

临:'直等到这一切所预备给的那一位到来,他必是万民所盼望的。'因此,耶稣已经来过了,这一点我们已详尽说明,而且人们也盼望他再次在云上显现;你们却亵渎他的名,并不辞辛苦地叫这名在全地也受亵渎。先生们,"我接着说,"你们这样翻译经上的话,说此处写的是'直等为他预备的事物到来',对此,我是可以反驳你们的。其实七十士译本不是这样翻译的,而是译作'直等到这一切所预备给的那一位到来'。但既然后面的话指明这里所说的是基督('他必是万民所盼望的'),我就不与你们咬文嚼字了,因为我不试图根据你们不认可的经文段落确立关于基督的证明,就是我引用的先知耶利米、以斯拉和大卫的话,而要根据至今你们都还认可的经文来证明,可以肯定,如果你们的老师真的理解了这些经文,他们必会删除它们,就像他们删除那些讲到以赛亚之死的话一样:以赛亚是你们用木头锯子锯开的。这是奥秘的预表,预表基督必将你们的民切为两半,并高举那些配得尊荣的,叫他们与圣族长和众先知一同升入永恒的国度;但他也说,他要把另一些人与万国中一样悖逆不悔罪的人一同打发到永不熄灭的火中受刑。他说:'从东从西,将有许多人来,在天国里与亚伯拉罕、以撒、雅各一同坐席;惟有本国的子民,竟被赶到外边黑暗里去。'①我提到这些事,是将一切置之度外,只为讲出真理;我也拒不受任何人强迫,即使我可能立即被你们撕成碎片。我曾与凯撒通信,②说到我本族的人,即撒玛利亚人时,我也没有给他们留任何情面,反倒指明他们倚靠自己民中行邪术的西门是错误的,因为他们说,这个西门就是超乎一切权能、权威和能力的上帝。"

第一百二十一章　从外邦人相信耶稣这一事实看,显然他就是基督

当他们保持沉默时,我接着说:"我的朋友们,圣经借大卫谈到基督

---

① 《马太福音》8:11 以下。
② 《第一护教篇》第二十六章,《第二护教篇》第十五章。

时就不再说'因他的后裔'万民得福,而是说'因他'。经文是这样说的:'他的名要永远兴起,胜过日头。万国要因他蒙福。'①既然万国要因基督蒙福,我们这些从万国中来的人也都信了他,那么他确实就是基督,我们就是那些因他蒙福的人。上帝原先把太阳给人作为崇拜的对象,②如经上记载,但不曾出现哪个人因对太阳的信心而能忍受死亡。可是,为了耶稣的名,你们可以看到,各国的人都忍受过,并正在忍受着各种苦难,他们宁愿如此,也不肯不认他。因为那带着他真理和智慧的道,比日光更加炽热,更能给人光明,一直渗入人的心灵和思想的深处。因此圣经也说:'他的名要永远兴起,胜过日头。'还有,撒迦利亚说:'他的名是东方。'③谈到同样的事,他还说:'各支派都必悲哀。'④既然他在第一次降临时(当时他毫无尊荣,没有佳形,非常卑微)就如此光耀、如此大能,没有哪国不知道他,各处的人都悔改从前按本国方式生活时的恶行,以至鬼魔也服了他的名,一切权势和国度都畏惧他的名,甚于畏惧一切的死人,那么,当他在荣耀里降临时,他岂不更会用各种方法毁灭那些憎恨他、不义地离弃他的人,而赐平安给他自己的民,以他们所寻求的一切来回报他们吗?因此,至于我们,就得蒙应允,能以聆听并领会基督,靠这位基督得救,又认识父[所显明]的一切真理。因此父对基督说:'你要称作我的仆人,使雅各众支派复兴,使以色列中得保全的归回,尚为小事;我还要使你作外邦人的光,叫你施行我的救恩,直到地极。'⑤

第一百二十二章 犹太人毫无理由地认为这是指改宗者

"你们认为这些话指寄居的⑥和改宗者(proselytes),其实它们是指我

---

① 《诗篇》72:17。
② 查士丁从《申命记》4:19 得出这样的结论。参第五十五章。[要解释这节经文并不很难(见《罗马书》1:28),只是查士丁一不留神说错话了。]
③ 《撒迦利亚书》6:12。
④ 《撒迦利亚书》12:12。
⑤ 《以赛亚书》49:6。
⑥ Γηόρα 或者 Γειόρα。见于七十士译本《出埃及记》12:19 以及《以赛亚书》14:1。

们这些被耶稣照亮的人，基督也可以对此作见证。而你们现在加倍成了地狱之子，如他亲口说的。①因此，众先知所记载的话不是指着那些人讲的，而是指着我们说的，经上有关于我们的话说：'我要引瞎子行不认识的道，领他们走不知道的路。耶和华说：我是见证，我所拣选的仆人。'②那么，基督是作谁的见证呢？显然是那些信他的人。而改宗者不仅不信，还比你们加倍亵渎他的名，想要折磨并治死我们这些信他的人，因为他们在一切事上都努力像你们一样。主还在另外的地方大声说：'我耶和华凭公义召你，必搀扶你的手，保守你，使你作众民的约（中保），作外邦人的光，开瞎子的眼，领被囚的出牢狱。'③先生们，这些话其实也是指基督及被他照亮的国民；难道你们还要说，他是在对属律法的人和改宗者说话？"

第二天来过的那些人中有些叫起来，似乎他们是在剧院里，"什么？难道他不是指律法，指那些被律法照亮的人？因为这些人就是改宗者。"

"不"，我看着特里弗说，"假如律法能照亮万国和那些拥有律法的人，那么为何还要一个新的约？但上帝既已预先宣告他要立一个新约和一个永恒的律法、诫命，所以我们不能认为这是指旧的律法和改信律法的人，而是指基督和归信基督的人，也就是我们这些蒙他照亮的外邦人。如他在某处所说的：'耶和华如此说：在悦纳的时候，我应允了你；在拯救的日子，我济助了你。我立你作百姓的约，复兴遍地，使你承受荒凉之地为业。'④基督的产业是什么呢？不就是列国吗？上帝的约是什么呢？不就是基督吗？他在另一处说：'你是我的儿子，我今日生你。你求我，我就将列国赐你为基业，将地极赐你为田产。'⑤"

---

① 《马太福音》23:15。
② 《以赛亚书》42:16, 53:10。(和合本该节作"你们是我的见证"。——中译者注)
③ 《以赛亚书》42:6。
④ 《以赛亚书》49:8。
⑤ 《诗篇》2:7 以下。

第一百二十三章 犹太人可笑的解释；基督徒是真正的以色列

"因此，正如这后面的预言都是指着基督和列邦说的，你们当相信前面的预言也是指着基督和列邦说的。改宗者并不需要再立一个约，因为，既然只有同一个律法加给凡受割礼的人，圣经就这样说及他们：'寄居的必与他们联合，紧贴雅各家。'①接受割礼以进入这民中的改宗者，是成了跟这民一样的人；而我们这些被认为配称为民的，却是外邦人，因为我们未受割礼。此外，你们幻想着你们自己的眼睛闭着，改宗者的眼睛却会睁开；你们自己被认为成了瞎子、聋子，他们却会得光照，这岂不可笑。更可笑的是，你们说律法已经给了外邦人，而你们却尚不知道它；若然，你们就会害怕上帝的愤怒，就不会做那无法无天、偏离正道的子孙了；就会大大畏惧上帝了，因他常说：'心中无诚实的儿女。谁比我的仆人眼瞎呢？谁比那治理他们的耳聋呢？耶和华的仆人成了眼瞎的。你常常看见却不遵守，耳朵开通却不听见。'②上帝对你们的建议不可敬吗？上帝为他的仆人作的见证不适当吗？你们虽然常听到这话，却不知耻。你们听了上帝的警告也不战兢，因为你们是愚顽而心里刚硬的民。'所以，我要除去这个民'，耶和华说，'我除去他们，消灭智慧人的智慧，隐藏聪明人的聪明。'③这也是罪有应得，其实你们既不智慧也不审慎，只有狡诈和狂妄；你们只是在作恶上聪明，在认识上帝隐藏的谋略、主诚实的约，或者寻找永恒的路上却完全无能为力。'耶和华说：我要把人的种和牲畜的种，播种在以色列家和犹大家。'④他借以赛亚谈到另一个以色列：'当那日（有一个）以色列必与埃及、亚述三国一律，使地上的人得福，因为万军

---

① 《诗篇》14:1。
② 《申命记》32:20；《以赛亚书》42:19 以下。
③ 《以赛亚书》29:14。
④ 《耶利米书》31:27。

之耶和华赐福给他们,说:埃及我的百姓,亚述我手的工作,以色列我的产业,都有福了!'①既然上帝赐福这民,称之为以色列,宣称他们要成为他的产业,怎么你们还觉得似乎唯有你们才是以色列,而不从此悔改,不再自欺,不再咒诅那蒙上帝赐福的民呢?当他对耶路撒冷及其周围郊邑说话时,他加上这样的话:'我必生人在你上面,哪怕你是我的民以色列;他们必得你为业,你将成为他们的产业,你也不再丧失他们。'②"

"那怎样?"特里弗说,"你们是以色列人吗?上帝说你们是以色列人了吗?"

我回答他说:"其实,假如我们不曾对这些话题作过长篇③讨论,我可能会怀疑你问这个问题是否出于无知。但既然我们已经通过例证,并在你认可的情况下得出了问题的结论,我不相信你对我刚刚所说的还是一无所知,或者只是想争辩;我会认为,你是在敦促我向这些人提出同样的证明。"他用眼神表示对此的认可,于是我接着说:"如果你们有耳可听,同样在《以赛亚书》里,上帝也用比喻说到基督,称他为雅各和以色列。他这样说:'雅各是我的仆人,我要扶持他;以色列是我拣选的,我要将我的灵赐给他,他必将公理传给外邦。他不喧嚷,不扬声,也不使街上听见他的声音。压伤的芦苇,他不折断;将残的灯火,他不吹灭。他凭真实将公理传开。他必发光,必不丧胆,直到他在地上设立公理,外邦人必信奉他的名。'④因此,正如从称姓以色列的雅各一人,你们整个民族都得称为雅各和以色列,同样,我们也因基督——他生我们归与上帝,就像雅各、以色列、犹大、约瑟、大卫归于上帝一样——得称为、并且就是上帝的真儿子,谨守基督的诫命。"

---

① 《以赛亚书》19:24 以下。
② 《以西结书》36:12。
③ 我忍不住要提一下文本中的这个"美国式"用语。
④ 《以赛亚书》42:1—4。

第一百二十四章　基督徒是上帝的子孙

我看到他们听我说我们是上帝的子孙而迷惑不解，就预料到他们会提问，于是我就说："先生们，你们听听圣灵怎样说到这个民，他说，他们全是至高者的儿子；再听这位基督将如何出现在他们的会中，并对众人施行审判。这些话是借大卫说的，按照你们的译本，如下：'上帝站在诸神的会中，在诸神中行审判。你们审判不秉公义，徇恶人的情面，要到几时呢？你们当为贫寒的人和孤儿伸冤，当为困苦和穷乏的人施行公义。当解救穷乏的人，救他们脱离恶人的手。他们仍不知道，也不明白，在黑暗中走来走去，地的根基都动摇了。我曾说：你们是神，都是至高者的儿子。然而你们要死，与世人一样；要仆倒，像王子中的一位。上帝啊，求你起来审判世界，因为你要得万邦为业。'①但七十士译本是这样写的：'看哪，你们要死，与世人一样；要仆倒，像王子中的一位。'②这是为了表明人（我是指亚当和夏娃）的悖逆，也表明王子中一位（那称为蛇的）的坠落；他大大倾覆、全然堕落了，因为他诱骗了夏娃。只是我的讨论意不在此，我是要向你们证明圣灵指责人，因为他们被造时本来像上帝，只要守他诫命就没有受苦，也没有死，且被认为配称为他的儿子，然而他们却像亚当和夏娃一样为自己引来了死。姑且让这篇诗篇的解释就像你们希望的那样，但即便如此也可以表明，所有人都被看为配成为'神'，配得着权柄成为至高者的儿子；同时，各人也将像亚当和夏娃一样，受他亲自审判和定罪。因为我已经详尽证明圣经把基督称为上帝。"

第一百二十五章　他解释以色列这个词的实义，
以及这个词为何适合基督

我说："先生们，我希望从你们得知以色列这个名称有什么力量。"

---

① 《诗篇》82篇。
② 文中没有给出明确的区别。但如果读希腊文，前半句是"如一个人"，就能够明白查士丁的论证了。

他们没说话,于是我接着说:"我要告诉你们我所知道的,因为我认为,我若知道而不说,或者我怀疑你们明明知道却出于嫉妒或有意疏忽而自我欺骗①,就继续在心里着急,这都是不对的。我说的一切都简洁而坦诚。如我主所说,'有一个撒种的出去撒种,撒的时候,有落在路旁的,有落在荆棘里的,有落在石头地上的,有落在好土里的'②,因此,我说话的时候必须指望在某处找到好土。 因为我的那位主,强壮有力的主,是前来向众人索回属他自己的东西;而且,只要他看出仆人因为知道主是强大的,且是来索回属他自己的东西,就在每个田埂上撒种而不问理由,他就不会责备他的仆人。因此,以色列这个名字的意思是,一个战胜权势的人:Isra 就是得胜的人,El 就是权势。③雅各与那位向他显现的——他显现是因他执行父的旨意,但他也是上帝,因为他是在所造万物之先首生的——较力,这奥秘已预言了基督成为肉身之后将行这事。如我前面指出的,基督成为人后,魔鬼——那称为蛇、撒旦的权势——前来试探他,叫基督拜他,企图使他垮台。但他消灭并推翻了魔鬼,证明他是邪恶的,因为他要求别人把他当上帝来敬拜,违背了圣经;他乃是反抗上帝旨意的背道者。基督这样回答魔鬼:'经上记着说:当拜主你的上帝,单要侍奉他。'④魔鬼被击败和定罪,当时就离开了。但由于我们的基督要变得"麻木",即因疼痛和经历苦难而失去知觉,于是他就预先暗示这事,他摸雅各的大腿,使它萎缩了。以色列一开始是基督的名字,因他以自己的名祝福雅各,就把蒙福的雅各的名改成了以色列;由此宣告,所有借着他逃到父面前寻求庇护的人,就组成有福的以色列。但你们对此一点都不明白,也不准备去搞明白,只因按肉身说是雅各的子孙,就以为自己肯定能得救。然而,在这样的问题上你们是自欺欺

---

① 此处作 ἐπίσταμαι αὐτός,但抄本常代之以ἀπατᾶν ἑαυτούς。
② 《马太福音》13:3。
③ [关于查士丁用的希伯来文圣经,参 Kaye, p. 19。]
④ 《马太福音》4:10。

人，我已经说了很多话来证明这一点。"

第一百二十六章　基督按两性而有的不同名称；
圣经表明他是上帝并曾向众族长显现

我接着说："特里弗，如果你知道他是谁——他有时被以赛亚称为大策士的使者，有时被以西结称为人，大卫称他为人子，以赛亚称他为婴孩，大卫称他为当受敬拜的基督和上帝，许多人称他为基督和磐石，所罗门称他为智慧，摩西称他为约瑟、犹大和星，撒迦利亚称他为东方，以赛亚又称他为受难者、雅各、以色列，还有杖、花、房角石、上帝的儿子——你们就不会亵渎那来过、生过、苦过又升天的他了。他还会再来，到那时你们的十二支派就要哀哭。你们若明白众先知所写的话，就不会不认他是上帝，也是那独一、非受生的、不可言说的上帝的儿子了。摩西在《出埃及记》的某处说：'上帝晓谕摩西说：我是耶和华。我从前向亚伯拉罕、以撒、雅各显现为他们的上帝，至于我名耶和华，他们未曾知道。我与他们坚定所立的约。'①他又说'有一个人来和雅各摔跤'②，并宣称那人就是上帝。经上的叙述说，雅各这样说：'我面对面见了上帝，我的性命仍得保全。'③又记载说，雅各把上帝与他摔跤、向他显现并祝福他的地方起名叫"上帝之面"（毗努伊勒）。摩西说，上帝也曾在幔利橡树那里，向亚伯拉罕显现，当时正值正午，亚伯拉罕正坐在帐棚门口。摩西接着说：'他举目观看，见有三个人在对面站着。他一见，就跑去迎接他们。'④稍后，其中一人应许亚伯拉罕要得一儿子，说：'撒拉为什么暗笑，说，我既已年老，果真能生养吗？耶和华岂有难成的事吗？到了日期，明年这时候，我必回到你这里，撒拉必生一个儿子。然

---

① 《出埃及记》6：2以下。
② 《创世记》32：24。
③ 《创世记》32：30。
④ 《创世记》18：2。

后他们就离开亚伯拉罕。'①他又说到他们：'三人就从那里起行，向所多玛观看。'②然后，那昔在、今在的上帝又对亚伯拉罕说：'我所要做的事岂可瞒着亚伯拉罕呢？'③"于是我引用并解释了摩西作品中后面的记载，并说，"我已由此证明，圣经把那位向亚伯拉罕、以撒、雅各和其他族长显现的描写成上帝，他受父和主的权威指派，执行父的旨意。"然后我又说了前面没有说过的话："同样，当百姓想要吃肉，摩西也对那一位——他在那里被称为天使，且应许上帝会让他们饱足——失去了信心时，圣经也描写到这位既是上帝又是天使、受父差遣的，说了这些话，做了这些事。圣经是这样说的：'耶和华对摩西说：耶和华的手岂是不够吗？现在叫你知道我的话向你应验不应验。'④又有另外的话这样说：'耶和华曾对我说：你必不得过这约旦河。耶和华你们的上帝必引导你们过去，将这些国民在你们面前灭绝。'⑤"

第一百二十七章　圣经里的这些段落不适用于父，乃适用于道

"这些以及其他话都是这位立法者和众先知记载的，我想我已经充分陈述清楚，不论在哪里⑥，无论是'上帝离开亚伯拉罕上去'⑦，还是'耶和华对摩西说'⑧，还是'耶和华降临，要看看世人所建造的塔'⑨，又或'耶和华把挪亚关在方舟里头'⑩，你们都不可以为是那位非受生的上帝本身从什么地方降下，或者上到什么地方去了。因为不可言说的万物

---

① 《创世记》18:13 以下。
② 《创世记》18:16。
③ 《创世记》18:17。
④ 《民数记》11:23。
⑤ 《申命记》31:2 以下。
⑥ ὅταν που，而不是ὅταν μου。
⑦ 《创世记》18:22。
⑧ 《出埃及记》6:29。
⑨ 《创世记》11:5。
⑩ 《创世记》7:16。

之父和主既不来到什么地方，也不行走、睡觉、起来，他始终在自己的地方，不论那是哪里；他很快看见，很快听见，没有眼睛和耳朵，却具有不可言喻的权能；他看见一切，知道一切，我们谁也逃不过他的眼目；他不移动，也不局限于世上某一个地点，因为他在世界被造之前就存在。他怎么可能与什么人说话，或者被什么人看见，或者出现在地上最小的地方呢？从前西奈山下的百姓甚至不能看从他所差来的那一位的荣光；当摩西所立起的帐棚被上帝的荣光充满时，摩西本人也无法进入其中；当所罗门把约柜运入他为之建造的耶路撒冷时，祭司无法在圣殿前站立。因此，无论是亚伯拉罕、以撒、雅各还是其他人，都未曾见过不可言说的万有的父、不可言说的主，他也是基督的父。他们看见的是那奉他旨意为他儿子的，但他是上帝，也是天使，因为他执行父的旨意；父也乐意让他借着童女出生为人；当他在荆棘中向摩西说话时，他也是火。我们若不这样理解圣经，那就必须得出这样的结论，当摩西所写的以下这些事发生时，万物之父和主已不在天上：'耶和华将硫磺与火，从天上耶和华那里，降与所多玛'①；同样，当大卫说，'众掌权的啊，你们要抬起城门！永久的门户，你们要被举起，那荣耀的王将要进来'②，又当他说，'耶和华对我主说：你坐在我的右边，等我使你的仇敌作你的脚凳'③时，也必是如此。"

第一百二十八章　道被差不是作为一种无生命的力量，而是作为生而拥有父本体的人

"以上所说，已经充分证明了基督是主，是作为上帝之子的上帝，曾带着权能显现为人、天使，曾在火的荣光里显现在荆棘中，也曾在对所

---

① 《创世记》19:24。

② 《诗篇》24:7。

③ 《诗篇》110:1。

多玛施行的审判中显现出来。"然后我再次复述前面已经引过的《出埃及记》的所有经文，论到荆棘的异象和约书亚（耶稣）名字的由来，然后接着说："先生们，我不断地复述这些话，不要以为我在饶舌，多此一举；这是因为我知道有人想要抢在这些话之前，说那向摩西、亚伯拉罕或雅各显现，并从万物之父那里差来的权能，他被称为使者，因为他曾来到人这里（父的命令借着他向人宣告）；被称为荣光，因为他有时在人所无法承受的异象里显现；也被称为人、世人，因为他随父所喜悦的，在显现时披戴上这些样式；他们也称他为道，因为他把父的消息带给人；同时他们坚持认为这权能与父不可分、不能离，正如他们说地上的阳光不能与天上的太阳分割、分离一样；正如太阳下山了，光也随着它收回，同样，他们说，有时父决定让他的权能发出，有时又决定让这权能回到他那里。他们教导说，他就这样创造了天使。但可以证明，有些天使永远存在，再也不回到他们原初的样式。另外，先知的话里称为上帝——这一点也已充分证明——和使者的这权能，并非像阳光那样，只被算为名称不同，而是确实在数量上不同的事物，这一点在前文我已经简洁地讨论过了。我指出，这权能靠着父的权能和意志生于父，但不是从父切割下来，似乎父的本质有了分离；他不像其他所有分割、分离的事物那样，分离后就不同于分离前了；为了说明这点，我举了火种点燃火的例子，我们看到，被点燃的火与火源截然不同，然而，那可以点燃许多火的火源却丝毫不见减少，而是保持原来的样子。"

第一百二十九章　从圣经的其他段落可以确证这一点

"现在我要再次引用已经说过的话以证明这一点。圣经说：'耶和华将硫磺与火，从天上耶和华那里，降与……'先知的话暗示这里从数目上讲有两位，一位在地上，圣经说他降下来，看见所多玛的哭喊；另一位在天上，他也是地上这位主的主，因为他是父和上帝，是他权能的原因，也是他本身是主和上帝的原因。另外，圣经记载，上帝在起初说：

'看哪，亚当已经像我们中的一位'①，这句话里'像我们中的一位'也暗示了数目；这话不允许我们从比喻的意义上去理解，如诡辩家试图添加的，他们既不能说明，也无法理解真理。智慧书里写着：'我若要跟你说平常之事，就会留意从起初来数算。在耶和华造化的起头，在太初创造万物之先，就有了我。从亘古、从太初，未有世界以前，我已被立。没有深渊，没有大水的泉源，我已生出。大山未曾定，小山未有之先，我已生出。'②"我复述了这些话之后，又说："听我言的人们啊，你们如果注意听，就会明白圣经宣告这后裔是父在万物造出以前被生的；被生的不同于生他的，这里有数量上的分别，任何人都会承认这一点。"

第一百三十章 他回头谈外邦人的归信，并表明此事早有预言

众人都表示认同之后，我说："现在我要引几段前面没有引过的经文。这是忠心的仆人摩西以比喻形式记载的：'诸天哪，当与他一同欢呼，上帝的诸天使当崇拜他，'③我又加上后面的经文：'你们外邦人，当与主的百姓一同欢呼，上帝的众使者要在他里面得坚固。因他要伸他子孙流血的冤，报应他的敌人，报应那恨恶他的人，洁净他百姓的地。'通过这些话他宣告，我们这些外邦人要与他的百姓一同欢呼，也就是与亚伯拉罕、以撒、雅各、众先知，简而言之就是与那民中凡为神所喜悦的人一同欢呼，这是我们双方已经认可的观点。但我们不会接受你们民中的所有人，因为我们从《以赛亚书》④知道，他们当中那些犯罪的人必被虫子叮咬，被永不熄灭的火焚烧，直到永永远远。于是，他们成为所有属血气者的笑柄。但除此之外，先生们，"我说，"我希望加上摩西的另外一些经文，从中你们会明白，上帝从古时起曾按亲族和方言分散了众

---

① 《创世记》3:22。（参和合本"那人已经与我们相似"。——中译者注）
② 《箴言》8:22以下。
③ 《申命记》32:43。（出自使徒的圣经，和合本中无此节。——中译者注）
④ 《以赛亚书》66:24。

人,又从众多的族类中取了你们这一族——这无用、悖逆、不信的一代人——归他自己。他曾表明,那些从各邦中拣选出来的人借着基督——上帝也称之为雅各,给他取名叫以色列——遵行了他的旨意,而这些人,如我前文充分阐述的,必定就是雅各和以色列。他说,'你们外邦人,当与主的百姓一同欢呼',这是把同样的产业分给他们,只是没有用同样的名字称呼他们。①但他既说他们外邦人要与他的百姓一同欢呼,那就是他在称他们为外邦人以责备你们。正如你们用偶像崇拜惹动他的怒气,同样,他也看那些原本拜偶像的人为配得认识他的旨意、承受他的产业。"

第一百三十一章 归信基督的外邦人比犹太人对上帝忠心得多

"我要引用那段表明上帝将万民分开的话,'问你的父亲,他必指示你;问你的长者,他必告诉你。至高者将世人分开,就如他分开亚当的子孙。他照以色列人的数目,立定万民的疆界。耶和华的分,本是他的百姓;他的产业,本是雅各。'②"说完这些话,我又说:"七十士译本将它译为'照上帝使者的数目立定万民的疆界'。不过,我们的论据绝不会因翻译上的差别受到削弱,所以我采纳了你们的解释。而你们若承认真理,就必须承认,我们这些借着可鄙而可羞的十字架奥秘(因认信、顺服十字架,也因着我们的敬虔,众鬼魔和魔鬼的军队就在你们的协助下加给我们各样刑罚,甚至于死)蒙上帝呼召的人,我们这些受尽折磨也不否认基督——哪怕口头上的否认,因为我们借着基督蒙召领受父所预备的救恩——的人,比你们更加忠信于上帝。你们曾被大能的手、靠大荣耀的眷顾救赎出了埃及;红海为你们分开,露出干地;这海曾为你们的缘故被开出道路,上帝却使海水回流,把追赶你们的人连同他们精良

---

① 译文是"以同样的名称呼他们"。但整个论证表明,犹太人和外邦人以名字相区别。〔不过,这里的重点是,对外邦人也以同样的名(以色列)称呼。〕

② 《申命记》32:7 以下。

的装备、辉煌的战车一起淹没在海里;你们还有光柱照耀你们,要叫你们比世上众民都更拥有那独特的光,永不熄灭、永不沉没的光;他又为你们从天上降下吗哪作食粮,就是天上使者的食粮,好叫你们不用再准备吃的;又有玛拉的水也[为你们]变甜;他又为你们显出被钉十字架的那一位的记号,如我已经说过的蛇咬你们一事(上帝在所定的时间到来以前就预示出这些奥秘,为要将恩典加到你们身上,而你们总是对他忘恩负义),还有摩西举起双手的预表,以及何西阿被称为耶稣(约书亚)的事,都表明了这记号。你们与亚玛力争战时,上帝吩咐此事应当记载下来,耶稣这名也当存留在你们的知识中,他说,这就是要将亚玛力的记念从天下涂抹的那位。很显然,关于亚玛力的记忆在嫩的儿子之后仍然保留着,所以上帝其实是在表明,借着耶稣——就是被钉十字架的,关于他的那些记号也预示了要发生在他身上的一切事——众鬼魔将被灭绝,并将惧怕他的名,一切掌权的、一切王国都将畏惧他,而万民中信他的人将被显明为敬畏上帝的和平之人。特里弗,我所引用的事实都表明了这一点。另外,当你们想吃肉时,就有那么多的鹌鹑赐给你们,数量多得数不清;为了你们,水从磐石涌出;云柱跟随你们,为你们遮阴挡寒,宣告另一个新天的样式和意义;你们的鞋带没有断开,鞋子没有磨坏,衣服也没有穿破,甚至孩子们的衣服也随着他们的长大而变大。"

第一百三十二章 旧约里耶稣的名有多大的力量

"这之后,你们却造了一只牛犊,醉心于与外族女子行淫,侍奉偶像。而再一次,伟大的权能展现出来,把那地交给你们,以至于你们亲自见证了①因着那名叫耶稣(约书亚)的人的命令,日头就停在空中不动,三十六个小时不落下;还有其他为你们所成就的神迹,也都有时间

---

① [又是一处美国化的英译。希腊文作 θεάσασθαι。]

为你们效力。①似乎我可以来谈谈这些神迹中的另一件，因为此事有助于你们认识耶稣；这位耶稣，我们也知道他是基督，上帝的儿子，被钉十字架、复活，又升天，且他还要再来审判众人，直到亚当本人。"我接着说，"你们知道，那时约柜被仇敌亚实突人夺走，②结果一种可怕而无法医治的疾病就在他们中间爆发，最后他们决定把约柜放在车上，又给车套上两只刚生了牛犊的母牛，目的是想试试看，是否上帝的权能因约柜的缘故而降瘟疫给他们，以及上帝是否希望他们把约柜送回被运来前所在的地方。当他们这样做时，母牛在没有人牵着的情况下，不是走向约柜原来所在的地方，而是走到某个名叫何西阿的人的田地；如前面所说的，这名跟那位后来改名为耶稣（约书亚）的名字是一个，也就是领百姓进入那地并分地给他们的人。牛进入这些田地后，就停在那里，由此向你们证明，它们是被那大能的名引导的，③正如先前那些从埃及出来而存活的百姓，在那位领受耶稣（约书亚）之名的人——他原名叫何西阿——引领下进入该地一样。"

第一百三十三章　犹太人心里刚硬；基督徒为他们祷告

"虽然这些以及所有其他诸如此类、出人意料的神奇之工在不同时期行在你们中间，被你们所看见，但你们还是被众先知定了罪，因你们长期将自己的子女献给鬼魔；除了这一切的事外，你们还放肆地行那些敌对基督的事；就是现在，你们也一如既往地反基督。但愿你们为此获得上帝和他基督的怜悯和拯救。上帝既预先就知道你们要做这类事，就借着先知以赛亚向你们宣告如下咒诅：'他们的灵魂有祸了！他们生出恶计害自己，说，我们要把义人捆起来，因为他是我们所厌恶的。因此他们必吃自己行为所结的果子。恶人有祸了，恶必照他自己手所行的临到

---

① 原文中用破格。
② 见《撒母耳记上》5章。
③ 或作"那名的大能"。[《撒母耳记下》6:14，英文版为约书亚。]

他。我的百姓啊,勒索你们的要收拾你们,敲诈你们的要统治你们。我的百姓啊,说你有福的人使你走错,并毁坏你所行的道路。但现在耶和华要起来帮助他的百姓施行审判,他要与民中的长老和首领一起审判。你们为何烧毁我的葡萄园?为何向贫穷人所夺的都在你们家中?你们为何压制我的百姓,羞辱贫穷人的脸?'①同一位先知还在另外的话里说了同样的意思:'祸哉!那些以长绳牵罪孽的人,他们又像以小母牛的套绳拉罪恶,说:任他急速行,让以色列圣者所谋的来吧,好叫我们知道。祸哉!那些称恶为善、称善为恶,以暗为光、以光为暗,以苦为甜、以甜为苦的人!祸哉!那些自以为有智慧,自看为通达的人!祸哉!那些勇于饮酒,以能力调浓酒的人!他们因受贿赂,就称恶人为义,将义人的义夺去。火苗怎样吞灭碎秸,干草怎样落在火焰之中,照样,他们的根必像朽物,他们的花必像灰尘飞腾;因为他们不会拥有万军之耶和华的训诲,反而藐视耶和华以色列圣者的言语。所以万军之耶和华非常生气,把手伸出攻击他们,山岭就震动,他们的尸首在街市上好像粪土。虽然如此,他们还不悔改,他们的手依然高举。'②没错,你们的手高举行恶,因为你们杀了基督,并不为此悔改;不仅如此,你们还憎恨我们这些借着基督信上帝和万物之父的人,一有机会就杀害我们;你们不住地咒诅他,以及那些跟随他的人;但我们都为你们祷告,也为所有人祷告,因为我们的基督和主教导我们这样做;他命令我们甚至要为仇敌祷告,恨我们的,要爱他,咒诅我们的,要祝福。"

第一百三十四章　用雅各的婚姻比喻教会

"如果众先知和基督本人的教导感动了你们,那你们不如就跟随上帝吧,胜过跟随你们那轻率而瞎眼的师傅,他们甚至到今天还允许人娶

---

①　《以赛亚书》3:9—15。(本段基本上按英文直译。——中译者注)
②　《以赛亚书》5:18—25。

四五个妻子；他们若有谁见了美貌的女子，想拥有她，就引用那称为以色列的雅各以及其他族长的做法，认为这样做并没错。但是很可悲，他们对这个问题一无所知。如我前文所说，重大奥秘的某些安排，就是借着种种这类行为来成全的。我们来看看，在雅各的婚姻中成全了怎样的安排和预言，好叫你们知道，你们的师傅从未去看促成每个行为的神圣动机，而只盯住卑下、败坏的情欲。所以请注意我说的话。雅各的婚姻预示了基督将要成全的事。雅各同时娶两姐妹是不合法的，于是，他为得拉班的一个女儿，他服侍拉班；但他受了骗，没有娶到小女儿，就又服侍了拉班七年。要知道，[姐姐]利亚就是你们的民和会众，而拉结是我们的教会。为这两者，为这两群中做仆人的，基督直到今天仍在服侍。挪亚把第三个儿子的子孙应许给了他的两个儿子做仆人，但如今基督到来，不但复兴了他们中间的自由之子，也复兴了他们中间为仆的，把同等的尊荣加给凡谨守他诫命的；就如自主妇人与为奴妇人从雅各生的儿女都是儿女，同样尊贵。这里预告了各人按着等级，并按着预知应该是什么。雅各服侍拉班为得有斑点的羊；基督服侍，为得人类各个族类，甚至做了十字架的奴仆，通过在十字架上所流的血和十字架的奥秘得着他们。利亚弱视，你们心里的眼睛也是极度虚弱。拉结偷了拉班的神像藏起来，直到今天。我们也丢了我们父母的神灵们。雅各始终遭兄弟仇恨；现在我们以及我们的主本身也被你们和众人仇恨，尽管我们原本都是兄弟。雅各被称为以色列，而我们已经证明以色列就是基督，他就是，并且被称为耶稣。"

第一百三十五章　基督是以色列的王，基督徒也是以色列一族

"圣经说：'我是耶和华上帝，以色列的圣者，就是造你们的君王以色列为人所知的'①，你们难道不明白，基督其实就是永恒的君王吗？

---

① 《以赛亚书》43:15。

你们知道,以撒的儿子雅各从未做过王。因此圣经又向我们解释,说到雅各和以色列是指什么样的王:'雅各是我的仆人,我必扶持他;以色列是我拣选的,我心必悦纳他。我已将我的灵给他,他必将公理传给外邦。他不喧嚷,不扬声,也不使外面听见他的声音。压伤的芦苇,他不折断;将残的灯火,他不吹灭。他凭真实将公理传开。他将发光,必不丧胆,直到他在地上设立公理。外邦人必信靠他的名。'①外邦人和你们自己将要信靠的难道是族长雅各吗?难道不是基督吗?因此,就如基督就是以色列和雅各,同样,我们这些从基督肚腹中发掘出来的人,也才是真正的以色列族。我们不妨再听这样的话,'我必从雅各中领出后裔,'耶和华说,'从犹大中领出承受我圣山的。我的选民、我的仆人必拥有产业,必住在那里,草丛里必有羊群的圈,亚割谷必成为牛群躺卧之处,都为寻求我的民所得。但你们这些离弃耶和华,忘记我的圣山,给鬼魔摆筵席,给鬼魔盛满酒的,我要命定你们归于刀下,都必屈身被杀。因为我呼唤,你们没有答应;我说话,你们没有听从,反倒行我眼中看为恶的,拣选我所不喜悦的。'②这就是圣经的话。所以,要明白雅各的后裔是另有所指,并非如你们可能以为的那样指你们的民。因为雅各的后裔不可能包括雅各的所有子孙,上帝也不可能接纳他曾指责不适合接受产业的人,也不可能应许再把产业给他们;相反,就如先知所说:'雅各家啊,来吧!我们在耶和华的光明中行走。他离弃了他百姓雅各家,是因为他们的地上充满了占卜的和观兆的,就如最初那样'③;同样,我们这里也必须指出,有两个犹大的后裔、两个族类,就如有两个雅各家,一个是按血气生的,另一个是借信心和圣灵生的。"

---

① 《以赛亚书》42:1—4。
② 《以赛亚书》65:9—12。
③ 《以赛亚书》2:5 以下。

第一百三十六章　犹太人弃绝基督，就是弃绝那差他来的上帝

"你们看现在他怎样对百姓说话，稍前他说：'葡萄酒中寻得新酒，人就说：不要毁坏，因为福在其中。我因我仆人的缘故也必照样而行，不将他们全然毁灭。'①然后他又说：'我必从雅各中领出后裔，从犹大中领出……'所以很显然，若说他恼怒了他们，威胁不留他们什么人，那么，他也应许要领出另一些人，他们将住在他的山上。这些就是他曾说要播撒、要生出的人。至于你们，他呼召的时候，你们不能忍受他，他对你们说话的时候，你们没有听从他，你们只是在主面前作恶。但是你们作恶的顶点就是，你们恨恶那义者，杀了他；对那些从他领受了自己一切所是、所有的人，以及那些敬虔、公义和仁慈的人，你们也是这样对待。因此主耶和华说：'他们的灵魂有祸了！他们生出恶计害自己，说，我们要把义人捆起来，因为他是我们所厌恶的。'②诚然，你们不再像你们的祖先那样习惯向巴力献祭，或者把糕饼放在树丛里、放在高处敬天军；但是你们没有接待上帝的基督。凡是不认识基督的，就不认识上帝的旨意；凡是侮辱、憎恨他的，就是侮辱、憎恨那差他来的上帝。凡是不信他的，也不信众先知的宣告，因为众先知向众人传讲、宣告他。"

第一百三十七章　他劝告犹太人要归信

"我的弟兄们，不要说恶言攻击那被钉十字架的主，不要讥笑他受鞭打，众人都会因此而得医治，就如我们得医治一样。你们要信服圣经，割去心里的刚硬，这才是好的。但这不是你们从根深蒂固所信的教义而有的割礼，那割礼赐给你们只是作为记号，并非义行，你们从圣经不得

---

① 《以赛亚书》65:8 以下。
② 《以赛亚书》3:9。

不承认这一点。因此要服膺上帝的儿子,不再嘲笑他;不要顺从法利赛教师,也不要讥讽那位以色列的王,就如你们会众的领袖在你们祷告之后教导你们做的;因为,如果碰了上帝不悦纳的人就如碰了上帝眼中的瞳仁①,更何况碰了他所爱的呢!而他所爱的,就是这位基督,这是已经充分证明了的。"

看他们保持沉默,我就接着说:"我的朋友们,现在我要提到七十士译本对这些经文的翻译。前面我按你们拥有的译本引用了这些经文,并提出证据确定你们的意图是什么。②按七十士译本,圣经说:'他们有祸了!他们生出恶计害自己,说,我们要把义人赶走,因为他是我们所厌恶的。'③但在刚开始讨论时,我加上了你们译本的翻译:'我们要把义人捆起来,因为他是我们所厌恶的。'只是你们一直忙于关注另外的问题,听时候似乎对这句话并无留意。现在,既然白日将尽,太阳快要落山了,我就要对前面所说的再加上一句,然后作出总结。其实我已经说过同样的话,但我想对此再作些思考应该是恰当的。"

第一百三十八章 挪亚是基督的预表,基督用水、信心和木头(十字架)使我们重生

"先生们,你们知道,"我说,"《以赛亚书》里上帝曾对耶路撒冷说:'我在挪亚的洪水里救了你。'④上帝这话的意思是指得救之人的奥秘已显现在洪水中。义人挪亚与洪水中的其他人,即他自己的妻子、三个儿子及他们的妻子,总共八人,象征第八天,基督从死里复活后就在这一天显现,他永远是掌权的首生者。因为基督作为在一切造物之先首生

---

① 《撒迦利亚书》2:8。
② [查士丁引用同一段经文的不同译文显然是有目的的。不过可参看 Kaye 关于七十士译本中文本的注解,这可回应 Wetstein 的异议。20 页以下。]
③ 《以赛亚书》3:9。
④ 《以赛亚书》54:9 比其他任何段落更接近这里的引文,但准备的引文不在《以赛亚书》里,也不在圣经的其他任何书卷。[很可能《以赛亚书》54:9 被犹太人误解了,特里弗似乎承认这一点。]

的，再次成为另一重生族类的首领，这一族类是他亲自借着水、信心和木头——包含十字架的奥秘——重生的；同样，挪亚与家人凌驾于诸水之上时，也是被木头救出。因此当先知说'我在挪亚时代救了你'时，如我已经指出的，他也是在对同样忠信上帝，并拥有同样记号的民说话。摩西有杖在手，领着你们的民过了大海，你们就以为这话只是对你们的民或大地说的。但整个大地，如圣经所说，都被淹没了，水涨上来超过所有山脉十五肘高，所以这显然不是对大地说的，而是对顺服他的民说的。他以前还为他们在耶路撒冷预备了安息之地，就如前面通过洪水时的所有记号证明的。我是说，那些事先预备好了、悔改自己所犯罪行的人，必借着水、信心和木头逃脱临近的上帝的审判。"

第一百三十九章　挪亚所宣告的祝福和咒诅是对将来的预言

"挪亚时代成全并预告了另一奥秘，你们却不知道。这就是挪亚用以祝福他两个儿子的祝福，和挪亚向他儿子的儿子所宣告的咒诅。说预言的灵不会咒诅那与[他的弟兄们]一起受过上帝祝福的儿子，但由于对罪的惩罚要随着那嘲笑过父亲赤身露体的儿子的全部后裔，所以，挪亚就让咒诅从那儿子的儿子开始。①在他所说的话里，他预告闪的后裔将拥有迦南的财产和居所；又说，雅弗的后裔将占据闪的后裔从迦南的后裔那里夺来的财产，并要掳掠闪的后裔，一如闪的后裔曾掳掠迦南的后裔那样。请听这是如何成就的：你们源于闪的血脉，按着上帝的旨意侵入迦南后裔的领土，占有了它。显然，雅弗的子孙反过来又按着上帝的审判侵略你们，从你们手上夺了你们的地土，占有了它。经上是这样记载的：'挪亚醒了酒，知道小儿子向他所做的事，就说：迦南当受咒诅，必给他弟兄作奴仆。又说：耶和华闪的上帝是应当称颂的，愿迦南作闪的

---

① [但查士丁接下来表明，先知的远见只是说，咒诅只会随着邪恶的后裔，发明偶像崇拜的人。这咒诅已被基督废除。《马太福音》15∶22—28。]

奴仆。愿上帝使雅弗扩张，使他住在闪的帐棚里，又愿迦南作他的奴仆。'①也就是说，二族，即出于闪的一族和出于雅弗的一族受到祝福；而且，闪的后裔命定要先占据迦南的居所，然后雅弗的后裔按预言又要转过来接受同样的财产，出于迦南的一族要给另外两族一代一代作奴仆。同样，基督已按着全能父赐给他的权柄到来，他一面召唤人们要彼此友好相待，要祝福人，要悔改，要和睦同居，一面应许说——就如已经证明的——众圣徒将来都必得这地为业。因此各地的人，不论为奴的，自主的，只要相信基督，认出他亲口所说的话和他先知的话所包含的真理，都知道他们必在那地上与他同在，承继永恒而不朽坏的美物。"

第一百四十章　在基督里众人都是自由的；犹太人因自己是亚伯拉罕的子孙就徒然盼望拯救

"因此如我前面所说，雅各本身就是基督的预表，他娶了他两个自主妻子的两个侍女，与她们生育儿子；目的在于预先指出，基督甚至要接纳雅弗支派中那些出于迦南的后裔，与接纳自主人同等，所生的儿女也要同为后嗣。我们就是这样的儿女。但是你们不理解这一点，因为你们不能从上帝那活水的泉源喝水，只能从破裂不能存水的池子喝水，如圣经所说。②那些是破裂不能存水的池子，你们自己的师傅所挖的，圣经也曾明确说，'[他们]只把人的命令教训人。'③此外，他们蒙骗自己，也蒙骗你们，以为永恒国度必然给予那分散各处、只在肉身是亚伯拉罕血脉的人，尽管他们是罪人，无信心，悖逆上帝；但圣经已经证明事实并非如此。因为倘若果真如此，以赛亚绝不会说：'若不是万军之耶和华

---

① 《创世记》9:24—27。
② 《耶利米书》2:13。
③ 《以赛亚书》29:13。

给我们稍留余种,我们早已经像所多玛、蛾摩拉的样子了。'①以西结也不会说:'即使挪亚、雅各、但以理为儿女祷告,他们的恳求也不应允。'②'但父不会因子毁灭,子也不会因父灭绝,各人都因自己的罪死,各人也凭自己的义得救。'③以赛亚又说:'他们必观看那些违背我人的尸首,因为他们的虫是不死的,他们的火是不灭的。他们必在一切有血气者的眼前感到羞耻。'④[若果真如此,]我们的主也就不会——根据那位差他来的、为万物之父、之主的旨意——说这话了:'从东从西,将有许多人来,在天国里与亚伯拉罕、以撒、雅各一同坐席;惟有本国的子民,竟被赶到外边黑暗里去。'⑤此外,我在前面⑥已经证明,那些被预知要成为不义者的,不论是人是天使,都不是因上帝的过错而成为恶的,各人都因自己的过错成为他将显现的样子。"

第一百四十一章 人和天使的自由意志

"但是我预料到你们可能会推脱说,基督必定是要被钉十字架,你们的民中间必定是要出现恶人的,情形不可能是另外的样子。为了防止你们说这样的话,我已预先简略指出,上帝愿意人和天使都跟从他的旨意,所以决定创造人时让他们自主行义;也让他们拥有理性,叫他们知道自己是谁创造的,又是借着谁从原先的不存在进入现在的存在的;又立下律法,如果他们做任何违背正当理性的事,就要受到他的审判。我们人本身,还有天使,若不提前悔改,都将被定为犯了罪。但是,如果上帝的话预言有些天使和人必受惩罚,这也是因为他预先知道他们必然会不可逆转地作恶,而不是因为上帝造他们如此。所以他们若悔改了,

---

① 《以赛亚书》1:9。
② 《以西结书》14:18、20。
③ 《以西结书》18:20。
④ 《以赛亚书》66:24。(和合本最后一句为'凡有血气的都必憎恶他们'。——中译者注)
⑤ 《马太福音》8:11 以下。
⑥ 第八十八章,第一百零二章。

只要愿意，就能从上帝得怜悯；圣经也预言这样的人必得福，说：'耶和华不算为有罪的，这人是有福的！'①——也就是说，他悔改了自己的罪，所以就可以得上帝赦免他的罪；不能像你们和另外一些与你们相像的人那样自欺欺人，说，尽管他们是罪人，但他们认识上帝，所以主不会加罪于他们。我们拿大卫唯一的那次跌倒来证明这一点，那是因他自夸导致的。如圣经记载，大卫在深切悲哀痛哭之后得到了宽恕。如果这样一个人，伟大的君王、受膏者、先知，尚且不悔改就不给予他赦免，而唯有当他悲泣哀哭，表现出懊悔之情后才得赦免，更何况那不洁、彻底被丢弃的人呢，他们若不哭泣、悲啕、悔改，岂能指望主不降罪于他们呢？先生们，大卫在乌利亚妻子一事上的这一次跌倒，证明族长有多个妻子不是为了通奸，而是要叫某种特定的安排，叫一切奥秘借着他们成全；否则，假如人娶谁作妻子都行，或者想娶多少就娶多少，想怎样娶就怎样娶，就如你们民中的男人在全地所做的——不论他们在哪里寄居，不论他们被打发到何处，他们都以婚姻的名义把女人娶来——那对大卫，就更会允许他这样做了。"

亲爱的马尔库斯·庞佩乌斯 (Marcus Pompeius)，我说完这些，就打住了。

第一百四十二章 犹太人答谢后离开查士丁

特里弗稍稍迟疑了一会儿，说："你看，我们不是有意来讨论这些问题的。但我承认这次会谈使我特别愉快。我想这些观点与我自己的观点完全一样。我们发现的比我们指望的更多，也比我们可能指望的更多。如果我们能够经常这么讨论，在探索圣经经文上必然会受益良多。可是，"他说，"你就要离开了，并且你每天都期待着能扬帆启航，那么，你去以后，请不要不情愿记得我们这些朋友哦。"

---

① 《诗篇》32:2。

我回答说:"就我来说,假如留下来的话,我希望每天都做这一件事。但现在,我既靠着上帝的意愿和帮助打算启航,我就要劝告你们,在这为你们自己的得救而从事的伟大争战中,要竭力勤勉,要从内心看重全能上帝的基督胜于你们自己的师傅。"

然后他们就走了,祝愿我旅途平安,一帆风顺。我为他们祷告,说:"先生们,我对你们最美的祝愿莫过于此:祝愿你们也能像这样认识到智慧是赐给每个人的,从而就与我们有同样的想法,并相信耶稣就是上帝的基督。"①

---

① 最后一句话非常可疑。这里把 παντὶ ἀνθρώπινον νοῦν 读作了 παντὶ ἀνθρώπω τὸν νοῦν,把 ποιήσητε 读作了 πιστεύσητε;最后,也把 τὸ ἡμῶν 读作了 τὸν˙Ἰησοῦν。[毫无疑问,结尾具有感人的美;特里弗似乎真的"离上帝国不远"。注意查士丁对旧约圣经惊人的知识,他在谈话中可以随心所欲地使用经文。他凭记忆从《诗篇》引用的经文比其他人更准确。见 Kaye, p. 141。]

译名对照表

Achilles,阿喀琉斯

Adonis,阿多尼斯

Adrian,哈德良

Aesculapius,阿斯克勒庇俄斯

Alcmene,阿尔克墨涅

Amphilochus,安菲罗科斯

Antinous,安提诺斯

Antiope,安提俄珀

Archelaus,亚基老

Argos,阿耳戈斯

Ariadne,阿里阿德涅

Bacchius,巴克西乌

Bacchus,巴克斯

Baptists,洗礼派

Basilidians,巴西理得派

Barchochebas,巴尔科谢巴斯

Bellerophon,柏勒洛丰

Boanerges,半尼其

Briseis,布里塞伊斯

Capparetaea,卡帕勒泰阿

Carian,卡里亚人

Claudius,克劳狄

Corinthus,克林妥

Crescens,革勒士

Cyrenius,居里扭

Danae,达娜厄

Dancers,但塞派

Deucalion,丢卡利翁

Dioscuri,狄俄斯库里

Dodana,多达那

Erebus,埃里伯斯

Familiars,服役的精灵

Felix,菲利克斯

Ganymede,甘尼美德

Genistae 创世派

Gitto,吉托

Helena,海伦娜

Hellenists,希腊派

Heraclitus,赫拉克利特

Hermes,赫耳墨斯

Hercules,赫拉克勒斯

Hezekiah,希西家

Hystaspes,希斯塔斯普

Justin,查士丁

Latona,拉托那

Leda,勒达

Lucius,卢修斯

Marcians,马西昂派

Marcion,马西昂

Marcus Aurelius,马可·奥勒留

Marcus Pompeius,马尔库斯·庞佩乌斯

Meander,米安德

Menander,米南德

Mercury,墨丘利

Meristae,分裂派

Minos,弥诺斯

Mithras,密特拉,古代波斯的光神

Mnaseas,那塞阿

Musonius,缪索尼乌

Neptune,尼普顿

Perseus,珀耳修斯

Pegasus,珀伽索斯

Philaenidians,菲拉尼狄亚派

Phrygian,弗吕家人

Pluto,普鲁图

Pompeianus,庞培亚努

Pontus,本都

Priscus,普里斯库斯

Proselytes,改宗者

Proserpine,普洛塞尔皮娜（冥后）

Ptolemeaus,托勒密

Pytho,庇索

Rhadamanthus,剌达曼提

Sardanapalus,撒丹纳帕路斯

Satanas,撒达那斯,即撒但

Saturn,萨图恩

Saturnilians,萨图尼利主义者

Semele,塞墨勒

Serenius Granianus,塞勒尼乌·格拉尼亚努

Sibyl,西比尔

Simon Magus,术士西蒙

Sotadists,索达德派

Syrophoenicia,叙利腓尼基

Thetis,忒提斯

Tiberius,提比略

Titus Aelius Adrianus Antoninus Pius Augustus Caesar,安东尼·庇护

the Unbegotten God,非受生的上帝

Tryphon,特里弗

Ulysses,尤利西斯

Urbicus,乌尔比库斯

Valentinians,瓦伦廷派

Verissimus,维里西姆

Vitrasius Pollio,维特拉修·波利奥

Xystus,叙斯图斯

译后记

本书收集了查士丁最重要的三篇作品:《第一护教篇》、《第二护教篇》、《与特里弗的对话》。这三篇作品的中文翻译工作是本人在 2012 年在意大利博洛尼亚大学访学期间完成的,是访学的成果之一。所以,借此机会我要特别地表达一下对诸位朋友的感激之情。

首先要特别感谢博洛尼亚大学的吴功青博士,他不仅帮我联系了博洛尼亚大学古典学系的洛伦佐·佩罗内(Lorenzo Perrone)教授,得到他们学校的邀请,而且我要特别地感谢他的妻子李申莉女士。他们夫妇俩一起帮助我安排好住处以及提供必要的生活所需,让我在语言不通的情况下在意大利宾至如归!更重要的是在博洛尼亚期间,功青还帮助我学习拉丁语,使我打下了比较扎实的拉丁语基础。在我完成查士丁的三篇译稿后,他又热心地找来希腊语和意大利语版本,帮我一起校对。虽然由于时间有限,这样卓有成效的校对工作只进行了几章,但确实让我受益匪浅。

其次要特别感谢佩罗内教授,这位博学又慈祥的老人是世界著名的奥利金研究权威,却为人谦逊,待人热情,为我查询资料提供一切可能的帮助;也感谢他为由北京三联书店出版的奥利金的《驳塞尔修斯》所写的长篇中译本导言。

再次要感谢博洛尼亚大学法学院的陈传真同学,在我办理居留证明期间,他不厌其烦地一次又一次陪着我跑各个部门,做我的翻译。还有徐诗凌博士给我的种种帮助,以及在博洛尼亚大学就读的其他一些中国学生,不一一列举,在此一并谢过!

最后要特别感谢我的学校浙江工商大学的"蓝天计划"为本次访学提供资助。

本译著译自 the Ante-Nicene Fathers, translation of the Writings of the Fathers down to A. D. 325, the Rev. Alexander Roberts, D. D., James Donaldson, LL. D., editors, American reprint of the Edinburgh edition, vol. I, T & T Clark Edinburgh, WM. B. Eerdmans Publishing Company, Grand Rapids, Michigan.

本译著也是国家社科基金"希腊化和中世纪早期的哲学主流研究"(批准号:10BZX046)的中期成果之一。

石敏敏
浙江工商大学
2013 年 7 月